Josef Schreiner · Jeremia II

Josef Schreiner

Jeremia II

25, 15–52, 34

Echter Verlag

CIP-Kurztitelaufnahme der Deutschen Bibliothek

Die *Neue Echter Bibel.* – Würzburg : Echter-Verlag
Kommentar zum Alten Testament mit der Einheitsübersetzung / hrsg. von:
Josef G. Plöger ; Josef Schreiner. Unter Mitarb. von: Georg Braulik...
Lfg. 9. Schreiner Josef: Jeremia.
2. 25,15–52,34. – 1984
NE: Plöger, Josef G. [Hrsg.]; Braulik, Georg [Mitverf.]; Abt.

Schreiner, Josef:
Jeremia / Josef Schreiner. – Würzburg: Echter-Verlag
2. 25,15–52,34. – 1984.
(Die Neue Echter Bibel : Kommentar zum Alten Testament mit der Einheitsübers. ; Lfg. 9)
ISBN 3-429-00909-X

Gesamtherstellung: Echter Würzburg
Fränkische Gesellschaftsdruckerei und Verlag GmbH
ISBN 3-429-00909-X

DIE EINLEITUNG ZU DEN GERICHTSWORTEN ÜBER DIE VÖLKER: 25$^{15-38}$

Der Zornbecher für die Völker: 25$^{15-29}$

15 Ja, so hat der Herr, der Gott Israels, zu mir gesprochen: Nimm die-
sen Becher voll Zornwein aus meiner Hand, und gib ihn allen Völ-
kern zu trinken, zu denen ich dich sende. 16 Trinken sollen sie, tau-
meln und torkeln vor dem Schwert, das ich unter sie schicke. 17 Da Jes 51^{17}
nahm ich den Becher aus der Hand des Herrn und ließ alle Völker
trinken, zu denen der Herr mich sandte: 18 Jerusalem und die Städte

25^{15} So: *koh* steht auch in der Redeeinführung vor dem Auftrag zu symbolischen Handlungen 13^{1} und 19^{1}, wo G τότε »damals« liest. Dies ist vielleicht 13^{1}19^{1}25^{15} und auch 17^{19} ursprünglich. Die Botenspruchformel ist hier unpassend.

25$^{15-29}$ Schon auf den ersten Blick zeigt sich, daß dieser Text nicht aus einem Guß ist: ^{17} läßt der Prophet die Völker trinken, ^{27} aber sagt er erst an, daß sie es tun sollen, und ^{28} wird mit ihrer Weigerung gerechnet. Nach $^{27.29}$ ist das Schwert, nicht der Becher $^{16-18}$ das Strafwerkzeug Jahwes. Zudem ist die Liste der Völker $^{19-26}$, die in sich selbst wieder uneinheitlich ist (Völker, Herrscher, Städte, »alle Könige von« wechseln sich ab), nur eine Explikation von »allen Völkern« ^{15}. Jerusalem wird einbezogen ^{29} und doch wieder eigens herausgestellt ^{18}.
Ursprünglich ist sicher die im bildlichen Wort verbleibende symbolische Handlung mit dem Becher, die dem Propheten befohlen wird ^{15}; das Schwert dient zur Erläuterung und soll besagen, daß der Herr nicht nur Betäubung verhängt, sondern den Tod. Das Wort vom berauschenden Becher wird Jes 51$^{17.22}$ Ez 23$^{32-34}$ zu Jerusalem, Jer 49^{12} Klgl 4^{21} zu Edom, Jes 51^{23} zu den Feinden Jerusalems, Jer 25$^{15-29}$ zu den Völkern, Ps 75^{9} über alle Frevler der Erde gesprochen. Es mag seinen »Sitz im Leben« darin haben, daß man seinen Gegner trunken macht, um ihn auszuschalten oder zu töten (vgl. z. B. 2 Sam 13^{28}). Der Gewalttäter verfährt so, um sogar seinen Freund in Schande zu stürzen (Hab 2^{15f}). Das Becherbild steht im Hintergrund, wenn vom »betäubenden Wein« (Ps 60^{5}), von »trinken und taumeln« (Ob^{16}), »betrunken und ohnmächtig sein« (Nah 3^{11}) als Ansage des göttlichen Strafgerichts über das Volk des Herrn, alle Völker oder Ninive die Rede ist. Nach Jer 51^{7} ist Babel ein berauschender Becher in der Hand des Herrn, der den Völkern den Verstand nimmt.
In $^{15-29}$ dürfte ein Becherwort an Jerusalem stecken, das unter dem Eindruck der Zerstörung der Stadt (»wie es heute ist« ^{18}) nicht nur auf Edom ^{21}, sondern auf alle Völker bezogen wurde. Es könnte gelautet haben: »^{15} So hat der Herr zu mir gesprochen: Nimm diesen Becher voll Zornwein aus meiner Hand und gib ihn ganz ^{18} Jerusalem zu trinken, ^{27} und sag zu ihnen: So spricht der Herr: Trinkt, berauscht euch und speit, stürzt hin und steht nicht mehr auf« (vgl. 13^{13}). Zu Fall kommen und nicht mehr aufstehen bedeutet

Judas – samt seinen Königen und Fürsten –, um sie zu Trümmerhau-
fen zu machen, zu einem Bild des Entsetzens, zum Gespött und zum
Fluch [wie es heute ist], [19] den Pharao, den König von Ägypten, samt
seinen Höflingen und Fürsten und seinem ganzen Volk, [20] das ge-
samte Völkergemisch, alle Könige des Landes Uz, alle Könige des
Philisterlandes, (die Städte) Aschkelon, Gaza, Ekron und den Rest
von Aschdod, [21] Edom, Moab und die Ammoniter, [22] alle Könige von
Tyrus, alle Könige von Sidon sowie die Könige der Inseln jenseits des
9^{25} Meeres, [23] Dedan, Tema, Bus und alle mit gestutztem Haar, [24] alle
Könige Arabiens und alle Könige des Völkergemisches, die in der
Wüste wohnen, [25] alle Könige von Simri, von Elam und Medien,

25^{18} Und zum Fluch ... ist: fehlt ursprünglich in G.
25^{23} Tema, G: Teman.
25^{24} Und alle Könige des Völkergemisches, vgl. [20], wohl Dittographie zu »alle Könige Arabiens« (*ᶜᵃrāb, hāᶜæræb*).
25^{25} Alle Könige von Simri, fehlt ursprünglich in G, vielleicht ein Atbasch für Elam (Rudolph nach Perles).

den Untergang (vgl. Am $5^{2}8^{14}$). Er wird von Jahwe über die Bewohner Jerusalems verhängt und über sie hereinbrechen.

Das wird [18] mit Hinweis auf die Könige und Fürsten ($1^{18}2^{26}$), auch auf die Städte Judas im Blick auf die erfolgte Zerstörung (»Trümmerhaufen« $7^{34}22^{5}$, »Entsetzen«, »Gespött« 19^{8}, »Fluch« 26^{6}) entfaltet. – Sodann reicht die Nachinterpretation den Zornesbecher des Herrn, wie es das Anliegen der exilisch-nachexilischen Zeit ist (Jes 51^{23} Ob^{16}), den bzw. allen feindlichen Völkern weiter. Jeremia soll sie aus diesem Becher voll Zornwein trinken lassen, da er als Völkerprophet 1^{5} eingesetzt ist und dorthin gehen muß 1^{7}, wohin der Herr ihn sendet 1^{7}. Um keinen Zweifel zu lassen, daß das Gericht Jahwes über sie kommt (vgl. [29]), wird der Bericht über die Ausführung [17] des göttlichen Befehls noch vor der Aufzählung der einzelnen Völker [18–26] gebracht. Jerusalems nahe und weiter entfernte Nachbarn werden genannt, wobei die Namen zumeist aus 46–51 genommen sind: Ägypten 46^{2-26} mit dem Pharao $46^{2.25}$, die Philister 47^{1-7} mit Aschkelon $47^{5.7}$ und Gaza $47^{1.5}$, Edom 49^{7-22}, Moab 48, die Ammoniter 49^{1-6}, Tyrus, Sidon, Insel (Kaftor) 47^{4}, Dedan 49^{8}, Teman 49^{7}; Elam 49^{34-39}; Medien $51^{11.28}$; Babel 50^{1}–51^{64}. Offensichtlich nimmt 25^{15-38} auf die Worte gegen die Völker Bezug und steht daher in G als Zusammenfassung 32^{1-24} nach den Gerichtsworten über die Völker 26–31. In M fungiert der Abschnitt als Hinweis auf den letzten Teil des Jeremiabuches 46–52. Das Völkergericht wird als umfassende Strafe, der nichts, kein König und kein Reich entgehen kann [26], verstanden. Darum werden auch andere Namen genannt, die nicht in den Völkersprüchen stehen: die Philisterstädte Ekron und Aschdod (Am 1^{8} Zef 2^{4}); Uz im Anschluß an Klgl 4^{21}, die Heimat Ijobs im (südlichen?) Ostjordanland; Bus wohl im nordarabischen Raum und wie Uz in der Nähe Edoms; die mit gestutztem Haar (vgl. 9^{25}), sind arabische Stämme; das Völkergemisch [20] wird die Fremdstämmigen in Ägypten be-

[26] auch alle Könige des Nordens, die in der Nähe und die in der
Ferne, einen nach dem andern, ja, alle Reiche [der Welt], die es auf
der Erde gibt; und zuletzt soll der König von Scheschach trinken.
[27] Sag zu ihnen: So spricht der Herr der Heere, der Gott Israels:
Trinkt, berauscht euch, und speit, stürzt hin, und steht nicht mehr auf
vor dem Schwert, das ich unter euch schicke. [28] Weigern sie sich aber,
den Becher aus deiner Hand anzunehmen und zu trinken, dann sag
zu ihnen: So spricht der Herr der Heere: Trinken müßt ihr. [29] Denn
seht, bei der Stadt, über der mein Name ausgerufen ist, beginne ich
mit dem Unheil, und da solltet ihr ungestraft bleiben? Nein, ihr werdet nicht ungestraft bleiben; denn ich rufe das Schwert gegen alle Bewohner der Erde – Spruch des Herrn der Heere.

Das Gericht über die Völker: 25[30–38]

[30] Du aber sollst ihnen als Prophet alle diese Worte verkünden und zu 20[1]
ihnen sagen:

Aus der Höhe herab donnert der Herr, Ps 29
von seiner heiligen Wohnung her Joël 4[16]
läßt er seine Stimme erschallen. Am 1[2]

25[26] Scheschach ist ein Atbasch für Babel, vgl. 51[41], eine Vertauschung der Buchstaben des Alphabets, gelesen *'-t* und *t-'*, also *š* statt *b*, *k* statt *l*. – Und zuletzt ... trinken, fehlt ursprünglich in G.

25[30] Donnert, wörtlich: »brüllt«.

zeichnen. Nach [25] ist wohl zur Zeit das persisch-medische Reich mächtig. Nachträglich wird [26b] noch einmal darauf hingewiesen, daß in den Tagen Jeremias die Gefahr von Babel her kam.

[27–29] begründen das Gericht über die Völker, das durch das Schwert (durch Kriege) vollstreckt wird ([27.29.16]), einfach damit, daß sie, wenn schon Jerusalem gestraft wird, nicht verschont bleiben können. Eine ähnliche Argumentation erfolgt 49[12]. Es geht wie im ursprünglichen Text von [15–27*] nicht um den Aufweis der Schuld, sondern darum, daß das Gericht sicher, total und unabwendbar ist. Jerusalems Zerstörung war nur ein Anfang.

[30–38] malen, eigens und insgesamt als Verkündigung Jeremias bezeichnet [30a] und [31b.32a] als Jahwewort deklariert, obwohl weder er noch Jahwe spricht, mit Bildern der Strafe und der Zerstörung das angekündigte Gericht aus: Jahwes, des richtenden Stimme [30.31]; das kommende Unheil [32.33]; die Vernichtung der Hirten [34.35]; das verwüstete Land [36–38]. Verschiedene Einzelaussprüche sind aneinandergereiht.

[30.31] wird im Anschluß an Am 1[2] gesagt, daß Jahwe hinter dem Gericht steht. Doch er brüllt (wie ein Löwe) nicht vom Zion, sondern vom Himmel (Höhe), seiner eigentlichen Wohnung her, und »seine Flur« ist nicht mehr Palästina, sondern die ganze Erde ([31]). Eingeblendet wird das Bild vom Keltertreter, dessen rotbespritztes Gewand an blutigen Kampf und Jes 63[2.3] Joël 4[13] an das

Mächtig donnert er über seiner Flur
und ruft wie die Keltertreter.
Jes 16[9f] [31] Zu allen Erdbewohnern dringt der Schall,
ja bis ans Ende der Erde;
Hos 4[1] denn der Herr hat einen Rechtsstreit mit den Völkern:
Er hält Gericht über alle Sterblichen
und liefert die Schuldigen dem Schwert aus
– Spruch des Herrn.
[32] So spricht der Herr der Heere:
23[19] Seht, Unheil schreitet von Volk zu Volk,
6[22] ein gewaltiger Sturm bricht los
von den Grenzen der Erde.
9[21] 16[4] [33] Die vom Herrn Erschlagenen liegen an jenem Tag
Jes 66[16] von einem Ende der Erde bis zum andern.
Man beklagt sie nicht,
man sammelt sie nicht
und begräbt sie nicht;
8[2] sie werden zum Dünger auf dem Acker.
[34] Klagt, ihr Hirten, und schreit;
6[26] wälzt euch im Staub, ihr Herren der Herde!
Klgl 4[18] Denn die Zeit ist gekommen,
daß ihr geschlachtet werdet;
ich zerschmettere euch, daß ihr berstet
wie ein Prunkgefäß.
[35] Es gibt keine Flucht mehr für die Hirten,
kein Entrinnen für die Herren der Herde.
[36] Horcht, wie die Hirten schreien
und die Herren der Herde wehklagen,

25[34] Ich ... Prunkgefäß, Text unsicher. Das kaum zu übersetzende *ūtᵉpō-ṣōtīkæm* ist von *pṣṣ* »zerschmettern« abgeleitet; es fehlt in G.

Strafgericht über die Völker, die »zertreten« werden, erinnert. Warum Jahwe (in Nachahmung von Hos 4[1]) einen Rechtsstreit mit ihnen hat, sie verurteilt und hinrichten läßt, wird nicht gesagt (s. oben).

[32.33] Mit der Formel »an jenem Tag« angeschlossen, wird das Unheil geschildert. Wie ein Sturm kommt es von den Grenzen der Erde (vgl. 6[22]) und sucht alle, ein Volk nach dem anderen, heim: Jahwe erschlägt die Menschen. Die Wirkung wird [33b] wie 16[4a] beschrieben.

[34.35] Die Bestrafung der Hirten, d. h. der Könige, wird mit der Schlachtung bei einem Opferfest, dessen Termin gekommen ist, verglichen [34]. »Prunkgefäß« sprengt das Bild. Vielleicht ist besser mit G *kᵉ'ēlē* zu lesen: Ihr fallt wie erlesene Widder. Alle Könige (vgl. [20–26]) werden von der Strafe des Herrn getroffen.

[36.37] Nach [34] klagen die Könige wegen ihres eigenen Untergangs, nach [36] wegen der Vernichtung ihrer Länder, wobei möglicherweise [37a] an die Menschen gedacht ist, die um-

weil der Herr ihre Weide verwüstet.
37 Verdorrt sind die friedlichen Wiesen
vor dem glühenden Zorn des Herrn.
38 Er verläßt sein Versteck wie ein Löwe; 4^{7}
ihr Land ist zu einem Bild des Entsetzens geworden
durch sein rasendes Schwert
und durch die Glut seines Zorns.

DIE GERICHTSWORTE ÜBER ISRAEL UND JUDA: 26^{1}–29^{32}

Die Tempelrede: 26^{1-19}

7^{1-15}

26 1 Im Anfang der Regierung Jojakims, des Sohnes Joschijas, des Königs von Juda, erging vom Herrn dieses Wort: 2 So spricht der Herr:

25^{38} *kī* ist wohl Dittographie zum vorhergehenden Wort. – Schwert, mit G, M: »Zorn«.

kommen ($49^{26}50^{30}$; Ni. von *dmm*). Das Feuer des göttlichen Zornes ^{37b} läßt die Länder verdorren.

^{38} Sie werden zur Wüste. Und noch einmal wird mit dem Bild des Löwen, der auf Raub ausgeht, auf Jahwe verwiesen, auf sein Schwert, seinen Zorn. Vielleicht erinnert sich der Verfasser an Nebukadnezzar (vgl. 4^{7}), der, von Jahwe gerufen, einst Judas Land zum Bild des Entsetzens machte.

26^{1-16} Mit 26^{1} beginnt ein zweiter Teil des Jeremiabuches (26–45), der überwiegend Berichte über oder um Jeremia enthält; in ihn sind auch die Heilsweissagungen (besonders in 30–35) hineingestellt. Die Berichte, die man meist Baruch, dem »Sekretär« des Propheten (vgl. 36) zuschreibt, setzen mit einer Darstellung der Vorgänge bei der Tempelrede (vgl. 7^{1-15}) ein. 26 will, anhand dieser Rede, berichtend in die anschließend erzählte Auseinandersetzung mit falschen Propheten (27–29), gegen die sich Jeremia in 23^{9-32} grundsätzlich äußert (s. dort), einführen.

26 besteht aus drei Teilen: $^{1-16}$ der Verhandlung gegen Jeremia; $^{17-19}$ einem Hinweis auf den Propheten Micha; $^{20-24}$ dem Bericht über den Propheten Urija. Denn mit ^{16} ist die Gerichtsverhandlung abgeschlossen, die $^{17-19}$ in der Rede einiger Ältesten, auf die hin nichts geschieht, nur einen literarischen Nachtrag erhält und mit der Urijas Schicksal nichts zu tun hat.

26^{1-16} sind nicht aus einem Guß: Warum sollte Jeremia den Tod erleiden, wenn sein Wort nur eine ernste Mahnung ($^{3-5.13}$) war? Der Ruf nach der Todesstrafe durch die Priester ist doch nur verständlich, wenn sich der Prophet mit dem Wort von der unbedingt eintretenden Zerstörung des Tempels ihrer Auffassung nach gegen Jahwe stellt. Die Mahnworte und die Aussage von der Vernichtung der Stadt sind also sekundär.

1^{15} 4^{16} $7^{17.34}$ Stell dich in den Vorhof des Hauses des Herrn, und sag zu den Leu-
7^{2} ten, die aus allen Städten Judas kommen, um im Haus des Herrn an-
7^{23} $11^{3.4.8}$ 29^{23} zubeten, alles, was ich dir ihnen zu verkünden aufgetragen habe; kein
35^{14} Dtn 4^{2} 13^{1} Wort sollst du weglassen. ^{3} Vielleicht hören sie und kehren um, jeder
von seinem bösen Weg, so daß mich das Unheil reut, das ich ihnen
15^{7} 18^{11} 25^{5} wegen ihrer schlechten Taten zugedacht habe. ^{4} Sag also zu ihnen: So
4^{4} 21^{12} 44^{22} spricht der Herr: Wenn ihr nicht auf mein Wort hört und meiner

Zudem sind $^{3-5(6).13(-15)}$ mit Ausdrükken durchsetzt, die bei nachträglichen Bearbeitungen von Jeremiaworten verwendet werden und zum großen Teil dtr Sprachgebrauch aufweisen (s. die Randverweise). Daher muß man mit einer Überarbeitung einer älteren Erzählung bei 26^{1-16} rechnen.

Diese dürfte gelautet haben: »^{1} Im Anfang der Regierung Jojakims erging vom Herrn dieses Wort: ^{2} Stell dich in den Vorhof des Hauses des Herrn ^{4} und sag: So spricht der Herr: ^{6} Ich verfahre mit diesem Haus wie mit Schilo. ^{7} Die Priester und die Propheten hörten, wie Jeremia diese Worte vor dem Haus des Herrn vortrug, ^{8} und sie ergriffen ihn und schrien: Jetzt mußt du sterben. ^{9} Warum weissagst du: Wie Schilo wird es diesem Haus gehen? Das ganze Volk rottete sich beim Haus des Herrn zusammen. ^{10} Als die Beamten Judas von diesen Vorgängen hörten, gingen sie vom Königspalast zum Haus des Herrn hinauf und setzten sich am Eingang des Neuen Tempeltores nieder. ^{11} Die Priester und Propheten sagten zu den Beamten: Dieser Mann hat den Tod verdient. ^{12} Jeremia aber erwiderte: Der Herr hat mich gesandt, damit ich als Prophet gegen dieses Haus verkünde. ^{16} Da sagten die Beamten: Dieser Mann hat den Tod nicht verdient; denn er hat im Namen des Herrn, unseres Gottes, geredet.«

Diese in drei »Szenen« ($^{1-6.7-9.10-12.16}$) aufgebaute Erzählung verwendet die Tempelrede Jeremias, um eine Thematik zur Sprache zu bringen, die ihr angesichts der Erzählungen über die falschen Propheten (28;29) und das Geschick Jeremias (36–45) wichtig erschien. Es geht nicht um das Schicksal Jeremias; davon handeln $^{16-24}$. Auch um ein Lehrzuchtverfahren, das gegen eine Falschaussage angewandt oder gegen Amtsanmaßung durchgeführt würde (vgl. Dtn 18^{20}), handelt es sich nicht; denn »im Namen des Herrn« (^{9}) nimmt ^{16} die Aussagekraft und ist ein vorwegnehmender Zusatz. Das Ziel der Geschichte liegt in ^{16}. Sie will sagen: Wer als Prophet wirklich im Namen Jahwes spricht, darf, auch wenn er Unheil und selbst die Vernichtung des Tempels verkündet, nicht mit dem Tod dafür bestraft werden. Dies wird durch einen förmlichen Gerichtsbeschluß, der bei der Gerichtsverhandlung im Tor gefaßt wird, festgestellt. Die handelnden Gruppen bleiben recht unbestimmt: die Priester, die Propheten als Ankläger und die Beamten als Richter; das Volk ist nur Zuschauer. Der »Oberaufseher im Haus des Herrn« (20^{1}, vgl. 29^{26}), der zuständig gewesen wäre, tritt nicht auf, ebenso der König nicht. Von ihm kann man vermuten, er sei abwesend oder »im Anfang der Regierung« (^{1}), das heißt, in den Monaten bis zum offiziellen Regierungsantritt (Spätsommer 609 nach Absetzung des Joahas bis zum Jahresbeginn im Frühjahr) noch nicht voll im Amt oder im normalen

Weisung nicht folgt, die ich euch gegeben habe, 5 wenn ihr nicht auf 2 Kön 10^{31}
die Worte meiner Knechte, der Propheten, hört, die ich immer wie- 9^{12} 44^{10} Dtn 4^{8}
der zu euch sende, obwohl ihr nicht hört, 6 dann verfahre ich mit die- 25^{4} 7^{25} 29^{19}
sem Haus wie mit Schilo und mache diese Stadt zu einem Fluch bei 7^{12} 9^{10}
allen Völkern der Erde. 7 Die Priester, die Propheten und das ganze 25^{18}
Volk hörten, wie Jeremia diese Worte vor dem Haus des Herrn vor-

Gerichtsverfahren nicht zuständig gewesen. Die ursprüngliche Erzählung sieht demnach eher wie eine theologische Lehrerzählung aus, kaum wie ein historischer Bericht, was nicht ausschließt, daß Jeremia wegen seiner Worte gegen den Tempel tatsächlich angegriffen wurde (vgl. $^{17-24}$). Sie will sagen, daß das Recht zur prophetischen Verkündigung und der Maßstab für sie das wirkliche Reden »im Namen des Herrn, unseres Gottes« ^{16} ist. Das kann Jeremia im Gegensatz zu den falschen Propheten für sich in Anspruch nehmen, und er kann von sich behaupten, daß er in göttlichem Auftrag spricht.

Diese Lehrerzählung wird in der Überarbeitung zu einem mahnenden Drohwort ausgestaltet, das die ganze Unheilsverkündigung des Propheten ($^{2.8}$) gegen Jerusalem ($^{6.9.11.12.15}$) in den Blick nimmt. Zu diesem Zweck wird ganz Juda im Tempel versammelt (^{2}), wobei an ein Fest gedacht ist, das alle im Haus Jahwes zusammenführt, wie etwa das Herbstfest (vgl. Dtn 16^{16f} 1 Sam 1^{3}). Damit ist der umfassende Hörerkreis geschaffen, auf den es der Nachinterpretation ankommt. Allerdings wird dann die Rolle »des ganzen Volkes« uneinheitlich: Ursprünglich kommen die Leute – als stumme Zuschauer und Zeugen – zusammen (^{9}), als die Priester und Propheten Jeremia ergreifen. Jetzt sind sie Zuhörer (^{7f}), dann Richter ($^{11.12.16}$) und ^{8b}, falls der Ausdruck hier nicht versehentlich zugefügt ist, sogar Ankläger. Am Ende (^{16}) soll das Volk sicherlich mit den Beamten zusammen bestätigen, daß Jeremia ein wahrer Prophet ist. Das ist eine Verstärkung der Mahnung. Dem Propheten befiehlt der Herr im Sinn dtr Entfaltung jeremianischer Botschaft, alle Unheilsworte zu sagen und nichts wegzulassen. Noch könnte Aussicht bestehen (^{3}), daß das Wort ankommt und Umkehr bewirkt (vgl. 36^{3}), so daß Gott seinen Unheilsplan nicht durchführen muß. Die Strafe, die auf die bösen Taten des Volkes antwortet, ist hier, anders als in der Grunderzählung (s. o.), nur eine bedingte. Sie tritt für den Fall des Ungehorsams ein. Das wird nach der langen reflektierenden Einleitung ($^{1-3}$) im Jahwewort ausgesprochen ($^{4-6}$) und nunmehr vor allem mit dem Gericht über Jerusalem begründet (^{6}). Dementsprechend lautet jetzt die Anklage: »Dieser Mann hat den Tod verdient; denn er hat gegen diese Stadt geweissagt, wie ihr mit eigenen Ohren gehört habt« (^{11}). Die Nachinterpretation schaut schon aus einem gewissen Abstand auf die Zerstörung Jerusalems zurück und erklärt sie als Folge des Ungehorsams und des mangelnden Willens zur Umkehr. So wird denn auch die Botschaft, die Jeremia im Zusammenhang mit seinem Tempelwort zu sagen hat, auf das Gotteswort und die Weisung (Tora) Jahwes ganz allgemein sowie auf die gesamte Verkündigung der Propheten (^{5}) nach dtr Verständnis, und möglicherweise noch einmal nachträglich unter Heranziehung der Un-

trug. 8 Als Jeremia alles gesagt hatte, was er im Auftrag des Herrn vor
dem ganzen Volk zu verkünden hatte, ergriffen ihn die Priester, die
Propheten und alles Volk und schrien: Jetzt mußt du sterben.
9 Warum weissagst du im Namen des Herrn: Wie Schilo wird es die-
sem Haus gehen, und diese Stadt wird verwüstet und entvölkert wer-
33^{10} 34^{22} 44^{12} den? Das ganze Volk rottete sich beim Haus des Herrn um Jeremia
24^{1} 29^{2} zusammen. 10 Als die Beamten Judas von diesen Vorgängen hörten,
gingen sie vom Königspalast zum Haus des Herrn hinauf und setzten
sich am Eingang des Neuen Tempeltors nieder. 11 Die Priester und
Propheten sagten zu den Beamten und zum ganzen Volk: Dieser
Mann hat den Tod verdient; denn er hat gegen diese Stadt geweis-
sagt, wie ihr mit eigenen Ohren gehört habt. 12 Jeremia aber erwiderte
allen Beamten und dem ganzen Volk: Der Herr hat mich gesandt,
damit ich als Prophet gegen dieses Haus und diese Stadt alle Worte
2^{33} 7^{3} 35^{15} verkünde, die ihr gehört habt. 13 Nun also, bessert euer Verhalten und
$3^{13.25}$ 7^{23} euer Tun, und hört auf die Stimme des Herrn, eures Gottes! Dann
18^{8} 42^{10} Dtn 4^{30} wird den Herrn das Unheil reuen, das er euch angedroht hat. 14 Ich
Jos 9^{25} selbst bin in eurer Hand; macht mit mir, was ihr für gut und recht
haltet. 15 Aber das sollt ihr wissen: Wenn ihr mich tötet, bringt ihr un-
7^{6} Dtn 21^{8} schuldiges Blut über euch, über diese Stadt und ihre Einwohner.
28^{9} Denn der Herr hat mich wirklich zu euch gesandt, damit ich euch
alle diese Worte in die Ohren rufe. 16 Da sagten die Beamten und das
ganze Volk zu den Priestern und Propheten: Dieser Mann hat den
Tod nicht verdient; denn er hat zu uns im Namen des Herrn, unseres

ermüdlichkeitsformel (vgl. $7^{25}25^{4}$), ausgeweitet.

$^{8-11}$ Sofort kommt es zur Reaktion der Zuhörer: Der Prophet wird abgelehnt; man fordert seinen Tod. Die Begründung zielt anscheinend auf eine Anklage wegen Gotteslästerung ab: »Wer den Namen des Herrn schmäht, wird mit dem Tod bestraft« (Lev 24^{16}). Jeremia hat im Namen des Herrn gegen seinen Tempel und seine Stadt gesprochen (9), ihn also nach Ansicht der Zuhörer selbst geschmäht. Vor den Beamten und dem Volk wird dann förmlich Anklage erhoben (11), damit das angebliche Verbrechen, auf dem die Todesstrafe steht, gesühnt wird.

$^{12-16}$ Jeremia benützt die Gelegenheit, die ihm seine Verteidigungsrede bietet, zu einer Mahnung, wie er sie nach dtr Auffassung öfter vorgebracht hat (13): Wandel des Verhaltens und der Tat, also Gehorsam gegen den erklärten Willen Gottes sind nötig, wenn der Herr von dem geplanten Unheil Abstand nehmen soll. Zugleich weist er noch einmal auf seine gesamte Unheilsverkündigung hin (12.15). Er weiß, in welcher Gefahr er sich befindet (14), betont seine Unschuld (15) und ein weiteres Mal (vgl. 12.15) sein Gesendetsein. Wenn man ihn tötete, wäre das eines jener Verbrechen, deren er Jerusalem immer wieder anklagen muß (15). Eindrucksvoll schließt das Urteil (16) den erweiterten Text ab. Auch das Volk stimmt mit ein: Jeremia ist kein Verbrecher, sondern ein echter Jahweprophet. Wenn er aber im Namen des Herrn spricht, dann unterstreicht

Gottes, geredet. 17 Einige von den Ältesten des Landes standen auf
und sagten zu der ganzen Volksversammlung: 18 Micha von More-
schet, der zur Zeit Hiskijas, des Königs von Juda, als Prophet wirkte,
hat zum ganzen Volk Juda gesagt: So spricht der Herr der Heere: Mi 3^{12}
Zion wird umgepflügt zu Ackerland, Jerusalem wird zum Trümmer-
haufen, der Tempelberg zur überwucherten Höhe. 19 Haben ihn etwa
Hiskija, der König von Juda, und ganz Juda deshalb hingerichtet?
Hat er nicht Gott gefürchtet und den Zorn des Herrn besänftigt, so
daß den Herrn das Unheil reute, das er ihnen angedroht hatte? Und
wir sollten ein so großes Unrecht tun zu unserem eigenen Schaden?

Die Ermordung des Propheten Urija: 26^{20-24}

20 Damals wirkte noch ein anderer Mann als Prophet im Namen des
Herrn, Urija, der Sohn Schemajas, aus Kirjat Jearim. Er weissagte
gegen diese Stadt und dieses Land mit ganz ähnlichen Worten wie Je-
remia. 21 Der König Jojakim, alle seine Heerführer und alle Beamten
hörten von seinen Reden. Daher suchte der König ihn zu töten. Als
Urija davon erfuhr, bekam er Angst, floh und gelangte nach Ägypten.

das noch ein letztes Mal die Warnung ($^{4-6}$) und Mahnung (^{13}), die der erweiterte Text verkündet.

$^{17-19}$ Die Lehrerzählung (s. o.) wird mit einem Beispiel untermauert. Dies geschieht im Nachtrag: Zwei andere Gruppen stehen sich, abweichend von $^{1-16}$ gegenüber; die Ältesten des Landes sprechen zur Volksversammlung, die hier zur Gerichtsgemeinde wird und über die Anklage zu entscheiden hat. Dazu kommt es freilich in der nachgetragenen Szene nicht. Die Sippenhäupter (vgl. 1 Kön 20^{7}) vertreten den bereits gefaßten Beschluß (^{16}), in dem sie auf Micha verweisen. Der Prophet aus Moreschet (Mi 1^{1}) hat sein Wort gegen den Tempel und die Stadt gesprochen (Mi 3^{12}), das ebenso hart und unerbittlich war wie die Botschaft Jeremias. Seine Drohung wurde richtig verstanden. Hiskija ließ sich zur Gottesfurcht aufrufen und machte, wie es wörtlich heißt, Jahwes Antlitz milde. Anscheinend ist hier an die 2 Kön 18^{4} berichtete Kultreform gedacht, durch die der Tempel von fremdem Kult gereinigt wurde. Nicht den Propheten beseitigen, sondern seine Mahnung ernst nehmen und befolgen! Das ist der richtige Weg, um Unheil abzuwenden.

$^{20-24}$ Gefahr aber drohte Jeremia vom König ($^{20-23}$), nicht erst von Zidkija, der durch Unentschlossenheit und Nachgiebigkeit beinahe am Tod des Propheten schuldig geworden wäre, sondern schon durch Jojakim. Dieser gewalttätige Despot verfolgte die Boten Jahwes, die Unheil verkündeten. Das wird am Beispiel Urijas aus Kirjat-Jearim, 10 km nordwestlich von Jerusalem, heute *dēr el-azhar* (s. auch 1 Sam $6^{21}7^{1}$), aufgezeigt ($^{20-23}$). Er war ein Unheilsprophet; über seine Botschaft ist Näheres nicht bekannt. ^{21} Anscheinend wandte er sich auch gegen den König. Die Flucht war vergebens; denn als ägyptischer (2 Kön 23^{34}) Vasall (609–605) konnte Jojakim leicht die Auslieferung erwirken. Elnatan, aus einflußreicher Familie (2 Kön 24^{8}), wird

22 Der König Jojakim aber schickte Leute nach Ägypten, nämlich El-
natan, den Sohn Achbors, mit einigen Männern. 23 Sie holten Urija
aus Ägypten und brachten ihn zu König Jojakim; dieser ließ ihn mit
dem Schwert erschlagen und seinen Leichnam zu den Gräbern des
niedrigen Volkes werfen. 24 Ahikam jedoch, der Sohn Schafans, be-
schützte Jeremia, so daß man ihn nicht dem Volk auslieferte, das ihn
töten wollte.

Das Joch Babels: 27^{1-22}

27 1 Im Anfang der Regierung Zidkijas, des Sohnes Joschijas, des Kö-
nigs von Juda, erging vom Herrn folgendes Wort an Jeremia. 2 So

27^{1} Zidkijas, M: »Jojakims«. ^{1} ist bis auf die Worte »an Jeremia« dem Text von 26^{1} gleich. 27^{1} fehlt in der ursprünglichen G.

auch $36^{12.25}$ genannt. Das grausame Schicksal Urijas wird dadurch noch härter, daß er nicht ordentlich, wohl im Familiengrab (vgl. 2 Sam 19^{38}), bestattet, sondern auf die Gräber des gemeinen Volkes geworfen wird (vgl. 22^{19}) – eine über den Tod hinaus wirkende Entehrung. ^{24} Jeremia war nach seiner Tempelrede, auf die die Schlußnotiz mit der Bemerkung, daß das Volk (^{8}) ihn töten wollte, wieder zurücklenkt, in der gleichen Gefahr wie Urija. Er aber hatte einen mächtigen Beschützer: Ahikam, der wie auch sein Vater Schafan Minister unter König Joschija war (2 Kön 22^{8-14}). Sein Sohn war der spätere Statthalter Gedalja (Jer 40^{5}), zu dem Jeremia nach der Eroberung Jerusalems ging (40^{6}), um mit ihm zusammenzuarbeiten. Auch in dieser Stunde der Konfrontation nach der Tempelrede erweist sich Jahwes Zusage, die er bei der Berufung gegeben hatte (1^{18}), als zuverlässig. Er läßt seinen Propheten nicht im Stich.

27–29 sind miteinander verbunden durch das Thema (»falsche Propheten«) und stilistische Eigenheiten (der Name des babylonischen Königs lautet hier Nebukadnezzar statt sonst in Jer Nebukadrezzar; mit Jahwe zusammengesetzte Eigennamen erscheinen in der Kurzform auf *-ja,* nicht auf *-jahu;* Jeremia und Hananja werden häufig »der Prophet« genannt). Jer 27–29 sind redaktionell gestaltet als ein für sich stehender Großabschnitt, der »den geschichtlichen Beleg« zu den »grundsätzlichen Sprüchen« Jeremias in 23 (Volz 255) bieten soll. Um den Bericht von der Auseinandersetzung mit dem falschen Propheten Hananja (vgl. 28) sind als Rahmen 27 und 29 gelegt, die ein Jeremiawort (in 27) und einen Brief des Propheten an die Verbannten in Babel (vgl. 29) verwenden und ausgestalten, um die Verwerflichkeit der Falschprophetie und die Gefahr, die von ihr ausging, aufzuzeigen: Jeremia verlangte, den Willen Jahwes, der sich in den gegebenen Verhältnissen manifestiere (Herrschaft des babylonischen Königs; lange Dauer der Verbannung), zu akzeptieren. Die vom Herrn nicht gesandten Propheten widersprachen ihm zum Schaden des Volkes. Jeremia verkündigt Gottes Wort. Jahwe selbst macht es deutlich (vgl. 28^{16f}).

27^{1-22} besteht aus zwei thematisch

sprach der Herr zu mir: Mach dir Stricke und Jochhölzer, und leg sie 28[10]
dir auf den Nacken! [3] Dann schick eine Botschaft an den König von
Edom, den König von Moab, den König der Ammoniter, den König
von Tyrus und den König von Sidon, durch die Gesandten, die zu
Zidkija, dem König von Juda, nach Jerusalem gekommen sind. [4] Gib
ihnen folgenden Auftrag an ihre Gebieter: So spricht der Herr der
Heere, der Gott Israels: Sagt so zu euren Gebietern: [5] Ich bin es, der 32[17] 10[12] Jes 45[12]
die Erde erschaffen hat samt den Menschen und den Tieren, die auf Gen 1[25]

27[3] Schick eine Botschaft, M: »schick sie«, nämlich die Stricke und die Jochhölzer. Auch G liest »sie«.

27[5] Wem ich will, wörtlich: »dem, der recht war in meinen Augen.« Vgl. zur Redewendung Dtn 6[18] 12[25] u. ö.

unterschiedenen Abschnitten: [1–15] geht es um das »Joch des Königs von Babel«, [16–22] um die Tempelgeräte.

[1–15] ist nicht aus einem Guß, wie schon die Unstimmigkeit zwischen [1] und [3.12] zeigt: Nach [1] datiert das Jeremiawort in der Zeit Jojakims, so richtig M (s. u.), nach [3.12] aber richtet es sich an Zidkija. Es enthält zwei verschiedene Botschaften: eine an eine Reihe von Königen ([11]), eine andere an Zidkija allein ([12]).

Letztere – ein rhythmisch mit je 3 Wortakzenten geformter Text – bildet den Grundbestand in [1–15], sie läßt sich so herauslösen: »[2] So sprach der Herr zu mir: Mach dir Stricke und Jochhölzer, und leg sie dir auf den Nacken! [3] Dann schick sie zu Zidkija, dem König von Juda, [4] sagend: So spricht der Herr: [12] Beugt euren Nacken unter das Joch des Königs von Babel und seid ihm untertan; dann bleibt ihr am Leben.« Der Prophet wird von Jahwe angewiesen, eine symbolische Handlung zu vollziehen und dazu ein deutendes Wort zu sprechen. Symbolhandlung und Deutewort richten sich an den König von Juda und damit an sein Volk; zu ihnen ist Jeremia gesandt (vgl. Jer 1). Der Prophet legt sich auf Befehl des Herrn ein Joch auf die Schultern und schickt es dann zu Zidkija mit der Forderung, daß Juda dem König von Babel dienstbar sein und bleiben soll. »Das Joch der Pflugochsen ist – noch heute in Palästina und sonst – eine etwa eineinhalb Meter lange und acht Zentimeter dicke Eichenstange, die über den Nacken der Tiere gelegt und mit Stricken und Haken an Hals und Hörnern befestigt wird« (Nötscher EB). Jeremia verwendet das Bild vom Joch, das ein Symbol der Dienstbarkeit ist (vgl. Gen 27[40] 1 Kön 12[4–14] Klgl 3[27]), wo er Israel vorwirft, es habe den Dienst Jahwes aufgegeben (2[20] 5[5]). Insofern hat es für ihn nicht die negativen Farben von Unterdrückung wie anscheinend für Hananja (28[2–4]).

Seit der Eroberung Jerusalems 597 v. Chr. mußte auch der führenden Schicht in Juda klar sein, daß Nebukadnezzar die Herrschaft über das Südreich ausübte. Offensichtlich war dies Jahwes Wille; denn er hatte die Stadt den Babyloniern in die Hände fallen lassen. Jeremia hatte es angekündigt, lange vorher den Feind aus dem Norden kommen und das Strafgericht des Herrn vollstrecken sehen. Nebukadnezzar hatte als seinen Vasallen Zidkija, den König von Babels Gnaden, eingesetzt (2 Kön 24[17]). Dieser hatte Treue geschwo-

Dtn $4^{34.37}$ 9^{29} der Erde leben, durch meine gewaltige Kraft und meinen hoch erho-
benen Arm, und ich gebe sie, wem ich will. [6] Jetzt gebe ich alle diese
25^{9} 43^{10} Länder in die Hand meines Knechtes, des Königs Nebukadnezzar
von Babel; selbst die Tiere des Feldes mache ich ihm dienstbar. [7] Alle
Völker sollen ihm untertan sein, ihm, seinem Sohn und seinem Enkel,
25^{14} bis auch für sein eigenes Land die Zeit kommt, daß große Völker und
mächtige Könige es knechten. [8] Will aber ein Volk oder Reich dem
König Nebukadnezzar von Babel nicht untertan sein und seinen Nak-
ken nicht unter das Joch des Königs von Babel beugen, so werde ich
21^{9} 24^{10} 29^{18} dieses Volk mit Schwert, Hunger und Pest heimsuchen – Spruch des

27^{6} Wörtlich: »Und nun, ich, ich habe gegeben ... ich habe ihm dienstbar gemacht.«

27^{7} Fehlt in G ursprünglich. – es: *bāh.* M: *bō.*

27^{8} Ausgeliefert: *tittī* mit S. Ist *tummī* M von 24^{10} beeinflußt?

ren (Ez 17^{13}), war eine Verpflichtung eingegangen, die er nicht abschütteln durfte (Ez 17^{15-21}). Auflehnung, Aufkündigung des Vasallenverhältnisses mußte den Untergang nach sich ziehen. Doch der Prophet wendet sich nicht nur gegen gefährliche politische Unvernunft, wie sie der Vertragsbruch darstellte, sondern auch gegen den Ungehorsam gegenüber Jahwe. Seiner Weisung, die im Geschichtsverlauf zu erkennen und aus der Botschaft Jeremias zu vernehmen war, müssen König und Volk gehorchen: Es ist Jahwes Wille, daß Juda dem babylonischen König untertan ist. Andernfalls verspielen sie ihr Leben.

Das Wort an die Gesandten der Könige aus den Nachbarstaaten $^{(1).3^*.4^*.5.6.8.11}$ setzt Jeremias symbolische Handlung und Botschaft voraus (s. o.) und entfaltet sie im Sinn des Völkerpropheten (vgl. Jer 1). Die Könige werden mit der gleichen Symbolhandlung konfrontiert (^{3}) und erhalten den nämlichen Befehl (^{7a}), jedoch in verallgemeinerter Form; er ist zu einer alternativen Predigt abgewandelt ($^{8.11}$), die Unheil bzw. Heil verkündet. Der Verfasser schaut schon auf die Zeit zurück, in der sich Nebukadnezzar nicht nur Syrien – Palästina – dafür stehen die Namen von Judas Nachbarn: Edom, Moab, Ammon, Tyrus und Sidon (^{3}) – unterworfen, sondern auch Juda 586 zerstört (^{8}) und den großen Teil seiner Bevölkerung verschleppt hatte (vgl. ^{11}). Es ist die Zeit des Exils, in der diese Ausweitung der ursprünglich an Zidkija gerichteten Botschaft erfolgt. Jeremia, deutlich in Ansehen und Geltung im Vergleich zu seinen Lebzeiten erhöht (vgl. 1^{10}), hat die Macht, den königlichen Gesandten zu befehlen, wie er es gegenüber Baruch tut (32^{13} $36^{5.8}$). Sie müssen das vom Propheten übermittelte Jahwewort ihren Gebietern ausrichten. Die Predigt, die an die fremden Könige gerichtet ist, aber doch Jahwes Volk ansprechen soll, ist theologisch fundiert (^{5}): Israels Gott ist, was die fremden Gesandten kaum akzeptiert hätten, der Schöpfer der Erde, um die es im folgenden geht, und aller Lebewesen (Menschen und Tiere, vgl. Gen 6^{7} 7^{23} u. ö.). Darin zeigt sich, wie in dtr Sprache (besonders: »mit hoch erhobenem Arm« Dtn 4^{34} u. ö.) gesagt wird, seine Macht; dies begründet seine absolute Verfügungsgewalt, die

Herrn –, bis ich es seiner Hand ausgeliefert habe. 9 Ihr aber, hört 14^{13f}
nicht auf eure Propheten, Wahrsager, Träumer, Zeichendeuter und 23^{16} 29^{8}
Zauberer, wenn sie zu euch sagen: Ihr werdet dem König von Babel
nicht untertan sein. 10 Denn sie lügen, wenn sie euch weissagen, und 23^{25f} 29^{9}
damit vertreiben sie euch aus eurer Heimat; denn ich verstoße euch,
so daß ihr zugrunde geht. 11 Das Volk aber, das seinen Nacken unter
das Joch des Königs von Babel beugt und ihm untertan ist, lasse ich
ungestört auf seinem heimatlichen Boden – Spruch des Herrn –; es

27^{9} Eure Träumer: *ḥol^e mēkæm*, vgl. Dtn $13^{4.6}$. M: »eure Träume«.

er auch ausübt. Er hat bereits (^{6}) für die gegenwärtige Epoche eine entsprechende umfassende Anordnung getroffen, alle genannten Länder (^{3}) samt allen Lebewesen dem König von Babel unterstellt. Dieser ist sein »Knecht«, sein Sachwalter und Vertreter, wie es für Israel David (2 Sam 7^{5} 1 Kön $11^{13.32–38}$ u. ö.) war. Ihm sind, wie es bei Kyrus geschah (Jes 45^{1}), die Völker von Jahwe unterworfen. So gibt es für sie keine Wahl (^{8}). Weigern sie sich, Nebukadnezzar untertan zu sein, verfallen sie dem mit stereotypen Wendungen beschriebenen Strafgericht Jahwes. Wenn zunächst die negative (^{8}), dann erst (^{11}) die positive Folgerung gezogen wird, ist das wohl ein Zeichen dafür, daß die über die Völker bzw. Juda verhängte Strafe für den Autor des Textes Wirklichkeit war. Die heilvolle, dem Gehorsam in Aussicht gestellte Alternative (^{11}) ist, jedenfalls für die Jerusalemer und Judäer, nicht eingetroffen; sie waren nach Babel verschleppt worden. Der Verfasser des Wortes an die Gesandten geht ganz von der eingetretenen Unheilssituation aus, im Vergleich zu der das bloße ungestörte Wohnen in der Heimat schon Heil bedeutet. Er vermag auch für die Bestellung des »Jahwe-Knechtes« Nebukadnezzar im Gegensatz zu dem Kyrus-Orakel von Jes 44^{28}–45^{6} nicht zu sagen, mit welchem Auftrag und Ziel der König von Babel in die Weltherrschaft eingesetzt wird; er geht von den Tatsachen aus und interpretiert sie im Sinn des Jeremiawortes.
^{7} ist anscheinend ein Nachtrag, der auf das Ende Babels zurückschaut. Die beiden länger regierenden Nachfolger (562–539) Nebukadnezzars gelten ihm als dessen Söhne, was auf eine späte Abfassungszeit schließen läßt (vgl. Dan 5^{2}), wo Belschazzar als Sohn Nebukadnezzars bezeichnet wird. Jahwe hat auch der babylonischen Herrschaft ihre Grenze gesetzt.
$^{9.10}$ und $^{14.15}$ bringen, vor allem im Hinblick auf 28, das Thema »falsche Propheten« ein, sozusagen schon als Vorwarnung für den Auftritt Hananjas, $^{9.10}$ im engen inhaltlichen Anschluß an das Wort an die Gesandten (vgl. besonders ^{8}), $^{14.15}$ bezogen (vgl. ^{13a}) auf das Wort an Zidkija. Die Völker werden ^{9} auch vor all den Zukunftsdeutern gewarnt, die Dtn $18^{10.14}$ vom Herrn zwar ihnen konzediert, Israel aber verboten sind; diese gelten ebenfalls als falsche Propheten. Vor ihnen, vor all den Wahrsagern, sollen sich – das ist die Absicht von ^{9} – die Jerusalemer und Judäer hüten; denn sie werden in ^{10} in den Blick genommen: Sie wurden vertrieben, aus dem Land entfernt (Ez 11^{16}) und verstoßen ($24^{9}$$29^{14.18}$). In den Gesandten der fremden Könige sollte Jerusalem an-

kann ihn bebauen und auf ihm wohnen. [12] Auch zu Zidkija, dem Kö-
nig von Juda, redete ich ganz in diesem Sinn: Beugt euren Nacken
unter das Joch des Königs von Babel, und seid ihm und seinem Volk
untertan; dann bleibt ihr am Leben. [13] Warum sollt ihr, du und dein
Volk, durch Schwert, Hunger und Pest umkommen, wie der Herr
dem Volk, das dem König von Babel nicht untertan sein will, ange-
14[14] 29[8f] droht hat? [14] Hört nicht auf die Reden der Propheten, die zu euch sa-
gen: Ihr sollt dem König von Babel nicht untertan sein. Denn was sie
euch weissagen, ist Lüge. [15] Ich habe sie nicht gesandt – Spruch des
Herrn –; darum ist es Lüge, wenn sie in meinem Namen weissagen;
die Folge wird sein, daß ich euch verstoße und daß ihr zugrunde
geht, ihr und die Propheten, die euch weissagen.
[16] Zu den Priestern und dem ganzen Volk sagte ich: So spricht der
Herr: Hört nicht auf die Reden eurer Propheten, die euch weissagen:
Die Geräte des Hauses des Herrn werden aus Babel zurückgebracht
werden, und zwar bald. Denn was sie euch weissagen, ist Lüge.

27[12] Ganz in diesem Sinn, wörtlich: »gemäß allen diesen Worten«.
27[13] Fehlt in G ursprünglich.
27[16] Und zwar bald: fehlt in G.

gesprochen sein. Noch einmal, und nun ganz auf die falschen Propheten, die eigentliche Gefahr, bezogen, wird [14] die Warnung nur an Zidkija und das Volk gerichtet. Die Falschpropheten sind deswegen so gefährlich, weil sie im Namen Jahwes ([15]) auftreten, des heilswilligen Gottes, und Heil verkünden, das der Herr, wenn es den Ungehorsam und die Abkehr des Volkes nicht gäbe, schenken würde. Aber Jahwe steht nicht hinter ihrem Wort; sie sind ohne Auftrag. Sie täuschen die Menschen und werden für sie zum Verderben.

[12a.13] wurden zur Überleitung eingefügt, nachdem die Botschaft an Zidkija zu einer Aufforderung an die Könige der Nachbarvölker erweitert worden war, wobei [13] anscheinend erst in einem zweiten Gedankenschritt zugesetzt wurde. [13] nimmt die ezechielische Mahnung (Ez 18[31]33[11]) auf, sich nicht selbst ins Verderben zu stürzen ([8]), wo die Möglichkeit zum Leben offensteht. Das Prophetenwort hat sie [11.12] aufgezeigt.

[1] Die redaktionelle Überschrift wiederholt 26[1], ohne den Namen Jojakim, wie es vom Inhalt des Kap. 27 gefordert ist, durch Zidkija zu ersetzen. Gesandtschaften der Nachbarvölker, die einen Aufstand planten, wären allerdings wohl eher unter Jojakim (vgl. 2 Kön 24[1]) als unter Zidkija denkbar. Nachrichten darüber haben wir für die Zeit der beiden Könige nicht. Für einen zeitlichen genauen Ansatz des Jeremiawortes (s. o.) erbringt [1] nichts. Manche denken mit 28[1] an das 5. Jahr Zidkijas (594 v. Chr.).

[16–22] enthalten eine Rede an die Priester und das ganze Volk, die dem Propheten Jeremia in den Mund gelegt ist. Sie nimmt ihr Thema »Tempelgeräte« aus 28[3] und weist, schon bevor Hananja das Wort ergreift, im anders lautenden Jahwewort nach, daß er, ein falscher Prophet ([16]), im

[17] Hört nicht auf sie! Seid dem König von Babel untertan; dann bleibt
ihr am Leben. Warum soll diese Stadt ein Trümmerhaufen werden?
[18] Wenn sie Propheten sind und das Wort des Herrn wirklich bei ih-
nen ist, so mögen sie doch den Herrn der Heere bestürmen, daß die
Geräte, die noch im Hause des Herrn, im Palast des Königs von Juda
und in Jerusalem verblieben sind, nicht auch nach Babel kommen. 2 Kön 24[13–16]
[19] Denn so spricht der Herr der Heere über die Säulen, das Eherne 2 Kön 25[13–17]
Meer, die fahrbaren Gestelle und den Rest der in dieser Stadt noch
verbliebenen Geräte, [20] die Nebukadnezzar, der König von Babel,
nicht mitgenommen hat, als er Jojachin, den Sohn Jojakims, den Kö-
nig von Juda, aus Jerusalem nach Babel verschleppte samt allen Vor-

27[17–22] G liest ursprünglich einen kürzeren Text.

Unrecht ist. Der Abschnitt [16–22] besteht aus drei Worten des Herrn [16–18.19f.21f.], von denen das zweite und dritte das erste begründen. Jedoch spricht Jahwe selbst (in der 1. Person) nur in [22], und die Botenspruchformel in [21] ist nur als Wiederaufnahme aus [19] wegen des in [19.20] eingebrachten geschichtlichen Rückblicks notwendig. [16–18] sind eine prophetische Mahnung, nicht Rede Jahwes. In [16–22] bietet G einen viel kürzeren Text, ein Zeichen dafür, daß hier bis in späte Zeit hinein ergänzt wurde. Läßt man sich von G anregen, kann aus [21f] ein Jeremiawort gewonnen werden: »So spricht der Herr über die Geräte, die im Haus des Herrn verblieben sind: Nach Babel werden sie gebracht.« Das wäre nach 28[5] als Erwiderung auf Hananjas Prophezeiung 28[3a] möglich, findet sich aber im dortigen Zusammenhang nicht und paßt nicht in den Gang der Erzählung (s. u.). Anscheinend schließt das Wort über die noch vorhandenen Geräte eher an 27[16] an, der nicht von [17] weitergeführt wird. Es dient als Argument für die Aussage, daß die Weissagung der falschen Propheten über die Rückkehr der Tempelgeräte nach Jerusalem eine Täuschung ist. Es untermauert die Forderung, nicht auf diese trügerische Weissagung zu hören ([16]). Ein zweites Mal wird die Aufforderung, nicht auf die Lügenpropheten zu hören ([17]), ausgesprochen. Hier wird die Mahnung Jeremias ([12]) wiederholt; auf ihre Befolgung kommt es an. Und im Stil von [13a] wird auf die drohende Zerstörung der Stadt und die Möglichkeit, sie noch abzuwenden, hingewiesen. [18] schaltet eine Reflexion über das Prophetenamt ein, verweist auf 7[16], wo Jeremia verboten wird, den Herrn zu drängen (nur 7[16] und 27[18] wird *pg*[c] von der prophetischen Fürbitte gebraucht), und zitiert König Joschafats Urteil über Elischa: »Bei ihm ist das Wort des Herrn« (2 Kön 3[12], vgl. Jer 37[17]). Der echte Prophet, bei dem Gottes Wort ist, hat demnach vor Jahwe Fürbitte für sein Volk zu leisten. Hier geht es darum, neues und alles vernichtendes Unheil abzuwenden. [18] schaut jedoch wohl auf die Zerstörung Jerusalems zurück; er weiß, daß alles, was in der Stadt an kostbaren Geräten vorhanden war, geraubt und nach Babel verbracht wurde.

[19–21] führen dies mit Bezug auf 2 Kön 24[13–16]25[13–17] näher aus. [22] hat darüber hinaus auch Kenntnis von der Rückgabe der Tempelgeräte

nehmen Judas und Jerusalems: ^{21} Ja, so spricht der Herr der Heere,
der Gott Israels, über die Geräte, die im Haus des Herrn, im Palast
des Königs von Juda und in Jerusalem verblieben sind: ^{22} Nach Babel
werden sie gebracht, und dort bleiben sie bis zu dem Tag, an dem ich
Esra 1^{7-11} mich ihrer annehme – Spruch des Herrn – und sie wieder an diesen
Ort heraufbringe.

Der falsche Prophet Hananja: 28^{1-17}

28^{1} Im selben Jahr, im Anfang der Regierung Zidkijas, des Königs von Juda, im fünften Monat des vierten Jahres, sagte der Prophet Hananja, der Sohn Asurs aus Gibeon, im Haus des Herrn vor den

28^{1} G liest: »Und es geschah (M: *waj^ehi*) im vierten Jahr Zidkijas, des Königs von Juda, im fünften Monat«. – Zu Jeremia, M: »zu mir«. Doch wird ab ^{5} über Jeremia berichtet.

(Esra 1^{7}) durch Kyrus (so schon Volz 258). $^{18-22}$ sind also »nachträgliche Weissagung« (vaticinium ex eventu). Wegnahme und Rückgabe der Tempelgeräte sind von Jahwe verfügt im Vollzug seines Gerichts- und Heilswortes. So erhalten sie in ihrem Schicksal über den Dienst hinaus, zu dem sie bestimmt sind, theologische Funktion. Sie bezeugen die Abkehr des Herrn von seinem Volk wie seine erneute Zuwendung und seine unbeschränkte Verfügungsgewalt. Wenn er sich ihrer annimmt ^{22}, nimmt er sich auch seines Volkes an (29^{10}) und führt es aus der Knechtschaft heraus (vgl. Ex $3^{16}4^{31}$).
28 ist keine ursprüngliche, mit nur wenigen Glossen versehene (so Thiel II 10), sondern eine redaktionell gestaltete Einheit. $^{5-9}$ reflektieren über wahres und falsches Prophetentum und sprengen die in $^{1-4.10.11}$ berichtete, in sich aber selbst wieder uneinheitliche (s. u.) Symbolhandlung Hananjas. Die Botschaft, die Jeremia seinem Widersacher Hananja im Auftrag Jahwes ausrichten soll ($^{12-14}$) hat nichts mit dem zu tun, was Jeremia dann $^{15.16}$ wirklich sagt. Das auf den Völkern liegende Joch Nebukadnezzars ($^{11.14}$) ist wie in $27^{5-8.11}$ ein Ergebnis der Nachinterpretation. Darum können auch $^{11.14}$ und damit ebenfalls ^{12}, der sich in der Redeweise eng an ^{11} anschließt, und folglich ^{13} nicht zum ursprünglichen Bericht über die symbolische Handlung Hananjas und Jeremias Reaktion gehören. Ferner sind $^{3.4}$ aus 2 Kön 24^{13-16} aufgefüllt: Eine Rückkehr Jojachins konnte, nachdem Zidkija König geworden war, für den judäischen Staat nicht sinnvoll sein. Ebenso wird man die Ansage einer Rückführung der Verschleppten kaum als ein Heilswort betrachtet haben, sagte man doch in Jerusalem: »Sie sind fern vom Herrn; das Land ist uns zum Besitz gegeben« (Ez 11^{15}). Dagegen dürfte eine Rückgabe der Tempelgeräte (^{3}), die sicherlich in den Augen der Judäer und Jerusalemer eine Bereicherung und Stärkung des Tempels und damit eine Bestätigung ihres Vertrauens auf den Tempel (vgl. ^{15} mit 7^{4}) bedeutete, als eine Heilszusage betrachtet worden sein. ^{1a} ist redaktioneller Anschluß (vgl. 27^{1}) an die sehr stark, interpretierend erweiterte Symbolhandlung Jeremias; ^{4b} wurde

Priestern und dem ganzen Volk zu Jeremia: [2] So spricht der Herr der
Heere, der Gott Israels: Ich zerbreche das Joch des Königs von Ba-
bel. [3] Noch zwei Jahre, und ich bringe alle Geräte des Hauses des
Herrn, die Nebukadnezzar, der König von Babel, von diesem Ort 2 Kön 24^{13-16}

28^{2} Wörtlich: »Ich habe zerbrochen«, was gewöhnlich als prophetisches Perfekt gedeutet wird.

28^{3} Die Nebukadnezzar ... hat: steht nicht in G.

durch den Einschub gemäß 2 Kön 24^{13-16} notwendig; $^{16b\beta}$ ist ein Zitat aus Dtn 13^{6}.

So ergibt sich als ursprünglicher Bericht über die Konfrontation Jeremias mit dem Heilspropheten Hananja: »[1b] Der Prophet Hananja, der Sohn Asurs aus Gibeon, sagte im Haus des Herrn vor den Priestern und dem ganzen Volk: [2] So spricht der Herr: Ich zerbreche das Joch des Königs von Babel. [3] Noch zwei Jahre, und ich bringe alle Geräte des Hauses des Herrn wieder an diesen Ort zurück. [10] Da nahm der Prophet Hananja das Jochholz vom Nacken des Propheten Jeremia und brach es entzwei. [11] Vor den Augen des ganzen Volkes erklärte Hananja: So spricht der Herr: Ebenso zerbreche ich das Joch des Königs von Babel. [15] Der Prophet Jeremia sagte zum Propheten Hananja: Höre Hananja! Der Herr hat dich nicht gesandt, und du hast dieses Volk dazu verführt, auf Lügen zu vertrauen. [16] Darum – so spricht der Herr: Siehe, ich schaffe dich vom Erdboden fort. Noch in diesem Jahr bist du tot. [17] Im siebten Monat desselben Jahres starb der Prophet Hananja.«

Die knappe Erzählung besteht aus drei Szenen: $^{1b-3a}$: Hananja spricht zu den Priestern und zum Volk; $^{10.11*}$ Hananjas symbolische Handlung zur Bekräftigung seiner Botschaft $^{(2b.3a)}$; Jeremias Wort an Hananja $^{15.16a.b\alpha.(17)}$, wobei ^{1b} als Exposition und ^{17} als Abschluß fungieren. Der Prophet Hananja, der zunächst kurz vorgestellt wird, verkündet, sicherlich im Tempel, vor den Priestern und dem Volk die Heilsbotschaft: Es ist bereits bei Jahwe beschlossene Sache – daher das hebr. Perfekt –, daß er das Joch des Königs von Babel zerbrechen wird. Zeichen dafür ist, daß binnen zweier Jahre die Tempelgeräte wieder zurückkehren werden, was die Priester sicher gerne hörten. Das besagt aber auch, daß die Stadt nicht zerstört wird und der Tempel weiterhin das Bollwerk des Vertrauens bleibt (vgl. 7^{4}). So sieht es auch Jeremia, der mahnen mußte: »Vertraut nicht auf die trügerischen Worte (*dibrē haššæqær*): Der Tempel des Herrn, der Tempel des Herrn, der Tempel des Herrn ist hier.« Er wirft Hananja daher vor: Du hast dieses Volk dazu verführt, auf Lügen (*ᶜal šāqær*) zu vertrauen (^{15}). Dieser unterstreicht seine falsche Botschaft mit einer symbolischen Handlung (^{10}), der das deutende Wort folgt (^{11*}). Daß Jahwe das Joch der Fremdherrschaft zerbricht, ist eine Heilszusage (30^{8}; vgl. auch Jes 9^{3}). Jeremia kann solches nicht verkünden. Er muß sagen, daß Jahwe Volk und Stadt zerbricht (19^{11}), weil diese das Joch des Herrn zerbrochen (2^{20}), seinen Dienst aufgekündigt haben. Er bleibt auch gegenüber Hananja nicht untätig ($^{15.16}$), bestreitet dessen Sendung, wirft ihm sein Vergehen vor (^{15b}) und sagt ihm die Strafe an(^{16}). Hananja hatte unter Verwendung der Botenspruchformel vorgetäuscht,

weggenommen und nach Babel gebracht hat, wieder an diesen Ort
zurück. 4 Auch Jojachin, den Sohn Jojakims, den König von Juda,
samt allen Verschleppten aus Juda, die nach Babel gebracht wurden,
führe ich an diesen Ort zurück – Spruch des Herrn –; denn ich zer-
breche das Joch des Königs von Babel. 5 Der Prophet Jeremia ant-
wortete dem Propheten Hananja vor den Priestern und vor dem gan-
zen Volk, das im Haus des Herrn stand. 6 Der Prophet Jeremia sagte:
Ganz recht! Mag der Herr so tun. Der Herr erfülle deine Worte, die
du verkündet hast, und bringe die Geräte des Hauses des Herrn und
alle Verschleppten aus Babel zurück an diesen Ort. 7 Doch höre das
Wort, das ich dir und dem ganzen Volk in die Ohren rufe: 8 Die Pro-
pheten, die vor mir und vor dir je gelebt haben, weissagten Krieg,
Unheil und Pest gegen viele Länder und mächtige Reiche. 9 Der Pro-
Dtn 18^{21f} phet aber, der Heil weissagt – an der Erfüllung des prophetischen

28^{4} G liest: »Und Jojachin und die Verschleppten aus Juda; denn ich werde das Joch des Königs von Babel zerbrechen.«

28^{8} Je, wörtlich: »von Urzeit her«, so EB *(min hāᶜōlām)*.

Jahwe habe ihn gesandt (*šlḥ*). Jahwe wird ihn darum »hinwegsenden« (*šlḥ*) von der Oberfläche des Erdbodens. Er hatte sich, ohne ermächtigt zu sein, angemaßt, dem Heilshandeln des Herrn eine Frist (2 Jahre) zu setzen. Der Herr setzt ihm die Frist für seinen Tod (noch im selben Jahr). Der Erzähler weiß abschließend zu berichten, daß das Strafwort eintraf. So ist Jeremia als echter, Hananja als falscher Prophet sehr rasch erwiesen.

$^{3b.4}$ Hananjas Botschaft, die nur eine Rückkehr der Tempelgeräte ankündigte, wird nachträglich erweitert unter Verwendung von 2 Kön 24^{13-16}: Alle Verschleppten werden aus dem babylonischen Exil zurückkehren. Als Begründung wird ^{2b}, nun aber im Futur, wiederholt.

$^{5-9}$ Dem Propheten Jeremia wird, noch ehe Hananja die Symbolhandlung ausführen kann, eine Erwiderung, die langatmig eröffnet wird (^{5}), in den Mund gelegt: Der falschen Botschaft muß sofort grundsätzlich widersprochen werden (vgl. auch $6^{14}8^{11}23^{17}$). Natürlich möchte jeder gerne ein Heilswort akzeptieren (vgl. 11^{5}) und mit Amen (EÜ: ganz recht) seine Zustimmung (vgl. 1 Kön 1^{36}) und den Wunsch, daß es so geschehen möge, ausdrücken. Es wäre zu wünschen, daß die babylonische Verbannung bald zu Ende ginge. Jedoch ergibt sich im Rückblick auf die lange Geschichte (»von Urzeit her«^{8}) der Prophetie, daß die Propheten umfassend und weltweit, wobei anscheinend auch (»viele Länder und mächtige Reiche«) an die oft späten Unheilsworte gegen fremde Völker gedacht ist, Unheil verkündet haben. Jahwes Volk machte die Erfahrung, daß Unheilsworte eintrafen und sich so als wahr erwiesen. Mit demselben Maßstab aber muß sich auch die Heilsprophetie messen lassen. Auf sie wird hier Dtn 18^{22} angewendet: »Wenn ein Prophet im Namen des Herrn spricht und sein Wort sich nicht erfüllt und nicht eintrifft, dann ist es ein Wort, das der Herr nicht gesprochen hat. Der Prophet hat sich nur angemaßt, es zu

Wortes erkennt man den Propheten, den der Herr wirklich gesandt
hat. [10] Da nahm der Prophet Hananja das Jochholz vom Nacken des 27[2]
Propheten Jeremia und brach es entzwei. [11] Vor dem ganzen Volk er-
klärte Hananja: So spricht der Herr: Ebenso nehme ich binnen zwei
Jahren das Joch Nebukadnezzars, des Königs von Babel, vom Nak- 27[11]
ken aller Völker und zerbreche es. Der Prophet Jeremia ging seines
Weges.
[12] Nachdem nun der Prophet Hananja das Jochholz vom Nacken des
Propheten Jeremia genommen und zerbrochen hatte, erging das
Wort des Herrn an Jeremia: [13] Geh und sag zu Hananja: So spricht
der Herr: Jochstangen aus Holz hast du zerbrochen, dafür aber mußt
du nun Jochstangen aus Eisen machen. [14] Denn so spricht der Herr
der Heere, der Gott Israels: Ein eisernes Joch habe ich auf den Nak-
ken aller dieser Völker gelegt; sie müssen Nebukadnezzar, dem Kö-
nig von Babel, untertan sein. [Sie werden ihm untertan sein, und auch 27[6]
die Tiere des Feldes gebe ich ihm.] [15] Der Prophet Jeremia sagte also
zum Propheten Hananja: Höre, Hananja! Der Herr hat dich nicht
gesandt, und du hast dieses Volk dazu verführt, auf Lügen zu ver-
trauen. [16] Darum – so spricht der Herr: Siehe, ich schaffe dich vom
Erdboden fort. Noch in diesem Jahr bist du tot; denn du hast Aufleh-
nung gegen den Herrn gepredigt. [17] Im siebten Monat desselben Jah- Dtn 13[6]
res starb der Prophet Hananja.

28[12] Der Vers ist in der Übersetzung umgestellt, im M steht zuerst [12a] die Wortereignisformel »Das Wort des Herrn erging an Jeremia«.

sprechen«. Für den Autor des Textes hat sich längst gezeigt, daß Hananja nicht recht behielt; er war im Gegensatz zu Jeremia (26[15]) nicht wirklich vom Herrn gesandt. Doch im Augenblick, da Hananja sein Wort spricht, muß man es stehen lassen.

11*–14 Auch Jeremia bleibt nichts anderes übrig. Er geht ([11b]) und läßt Hananja mit dem zerbrochenen Joch und seinem Wort, das nachträglich noch auf alle Völker ausgeweitet ist ([11a]), stehen. Eigentlich kann nach Meinung des Ergänzers in dieser Situation ([12a]) nur ein echtes Jahwewort ([12b]) die Entscheidung bringen und Jeremia zu dem ermächtigen, was er dann zu Hananja sagt ([15.16]). Den Autor dieses Textes interessiert nicht das Schicksal des falschen Propheten, sondern die Richtigstellung der vorgebrachten prophetischen Verkündigung. Sie erfolgt durch Überbietung: Ein hölzernes Joch kann man zerbrechen, ein eisernes nicht (vgl. 15[12]). Das trügerische Wort macht ([13b]) den Entschluß Jahwes ([14]), wobei noch einmal die Ausweitung auf die anderen Völker betont wird, nur noch fester. Er läßt sich seine absolute, freie Oberhoheit nicht einschränken oder bestreiten. So macht Hananja, indem er das hölzerne Joch zerbricht, in Wirklichkeit sozusagen ein eisernes. Auch der falsche Prophet entgeht dem verfügenden Eingriff Jahwes nicht, entrinnt ihm weder mit seinem Wort ([13b]), noch, da er Auflehnung gegen den Herrn predigt, mit seiner Existenz ([17]).

Der Brief an die Verbannten: 29[1–23]

29[1] Das ist der Wortlaut des Briefes, den der Prophet Jeremia aus Je-
rusalem an den Rest der Ältesten der Gemeinde der Verbannten
sandte, an die Priester, Propheten und das ganze Volk, das Nebukad-
24[1] nezzar von Jerusalem nach Babel verschleppt hatte, [2] nachdem der
2 Kön 24[14f] König Jojachin, die Herrin, die Hofbeamten, die Großen von Juda
und Jerusalem sowie die Schmiede und Schlosser aus Jerusalem fort-

29[1] Rest: fehlt in G, wohl mit Recht.
29[2] Sprengt den Zusammenhang [1.3]: ein Nachtrag.

In 29 soll nach [1] der Wortlaut des Jeremiabriefes an die nach Babel Verschleppten mitgeteilt werden. Zu ihm können [16–19], ein Drohwort gegen den regierenden König und die Jerusalemer, nicht gehören, ebenso auch der Brief nicht, den Schemaja nach Jerusalem geschickt hat ([25–30]). Die Heilsverheißung ([10–14]), die auf eine Heimführung ([14]) hinausläuft und dazu noch die Rückkehr der ganzen Diaspora ansagt, widerspricht der Zielsetzung des Jeremiabriefs ([5–7]). Auch die allgemeine Warnung vor den falschen Propheten insgesamt, die [8.9] ebenso wie 27.28 (s. o.) eingeblendet ist, ist nicht das Anliegen Jeremias. [15] schließt (so auch Thiel II 14) an [7] an; der Vers eröffnet die Auseinandersetzung mit Ahab, Zidkija und Schemaja in [21.32].[22.23] sehen die Strafe für Ahab und Zidkija anders als [21] und geben auch die Anrede an die Verschleppten auf. [2] und auch Teile von [1.4.7] schließlich malen die Situation mit Bezug auf 2 Kön 24[14f] aus. 29 ist demnach kein in sich einheitlicher, sondern ein redaktionell zusammengesetzter Text, worauf auch der häufige Neueinsatz mit der Botenspruchformel ([4.8.10.16.17.21.25.31.32]) und die (abschließende) Formel »Spruch des Herrn« ([9.11.14.19.23.32]) hinweisen.

Der Brief Jeremias samt einleitendem Bericht könnte ursprünglich gelautet haben: »[1] Das ist der Wortlaut des Briefes, den Jeremia an die Ältesten der Gemeinde der Verbannten sandte [3] durch Elasa, den Sohn Schafans, und Gemarja, den Sohn Hilkijas, die Zidkija, der König von Juda, nach Babel zu Nebukadnezzar, dem König von Babel, sandte: [4] So spricht der Herr: [5] Baut Häuser, und wohnt darin, pflanzt Gärten, und eßt ihre Früchte! [6] Nehmt euch Frauen, und zeugt Söhne und Töchter, nehmt für eure Söhne Frauen, und gebt eure Töchter Männern, damit sie Söhne und Töchter gebären. Ihr sollt euch dort vermehren und nicht vermindern. [7] Bemüht euch um das Wohl der Stadt (G: des Landes); denn in ihrem (seinem) Wohl liegt euer Wohl. [15] Zwar werdet ihr sagen: Auch in Babel hat der Herr für uns Propheten auftreten lassen. [16] Jedoch so spricht der Herr [21] über Ahab, den Sohn Kolajas, und über Zidkija, den Sohn Maasejas, die euch in meinem Namen Lüge weissagen: Seht, ich liefere sie Nebukadnezzar, dem König von Babel, aus. Er wird sie vor euren Augen niederhauen lassen. [31] Und über Schemaja aus Nehelam: Schemaja hat euch geweissagt, obwohl ich ihn nicht gesandt hatte, und hat euch dazu verführt, auf Lügen zu vertrauen: [32] Seht, ich ziehe Schemaja zur Re-

gezogen waren; 3 er schickte den Brief durch Elasa, den Sohn Scha-
fans, und Gemarja, den Sohn Hilkijas, die Zidkija, der König von
Juda, nach Babel zu Nebukadnezzar, dem König von Babel, sandte:
4 So spricht der Herr der Heere, der Gott Israels, zur ganzen Ge-
meinde der Verbannten, die ich von Jerusalem nach Babel wegge-
führt habe: 5 Baut Häuser, und wohnt darin, pflanzt Gärten, und eßt
ihre Früchte! 6 Nehmt euch Frauen, und zeugt Söhne und Töchter,
nehmt für eure Söhne Frauen, und gebt eure Töchter Männern, da-

chenschaft. Er wird das Glück nicht schauen, das ich meinem Volk (G: euch) bereite.«

Jeremias Brief, den er wegen seines für den jerusalemischen wie für den babylonischen König unbedenklichen Inhalts einer offiziellen Gesandtschaft (^{3}) – die Familie Schafan war überdies Jeremia zugetan ($26^{24} 36^{10-12} 39^{14}$ u. ö.) – mitgeben konnte, ist ein prophetisches Jahwewort (^{4}) an die Verschleppten. Über Anlaß, Zweck und Auftrag dieser Gesandtschaft – auch 51^{59} berichtet von einer solchen – ist (Überbringung des Tributs oder einer Ergebenheitsadresse, die den Verdacht des Aufstandes ausräumen sollte?) nichts bekannt. Der Brief richtet sich an die »Ältesten« der Verschleppten. »Die ›Ältesten‹, ursprünglich die Familien- oder Sippenhäupter, spielten in der alten vorköniglichen Zeit in öffentlichen Angelegenheiten eine hervorragende Rolle, die ihnen auch unter den Königen nicht ganz verloren ging vgl. $19^{1} 26^{17}$« 1 Kön 20^{7} 2 Kön 23^{1}. »Unter den Weggeführten kam die alte Einrichtung wieder zur Geltung; sie scheint dort unter babylonischer Duldung den Rahmen für eine Art freier Gemeindeverfassung gebildet zu haben vgl. Ez $8^{1} 14^{1} 20^{1}$« (Nötscher, EB). Die 597 aus Jerusalem Weggeführten wohnten anscheinend in einem geschlossenen Siedlungsgebiet (Ez 3^{15}). Hier sollen sie sich ($^{5-7}$) auf einen langen Aufenthalt einrichten und nicht der falschen Hoffnung auf eine baldige Heimkehr nachhängen. Das gebietet ihnen Jahwe; es ist sein Entschluß und Wille. Sie sollen ein starkes, nicht ein sterbendes Volk werden und sein, ein Anliegen, das auch Ez 36^{11} und die Priesterschrift (vgl. Gen $1^{22.28} 8^{17} 9^{1.7}$), die im Exil spricht, vertreten. Familiengründung (^{6}), Bemühen um wirtschaftliche Erfolge (^{5}) und Kooperation mit der babylonischen Bevölkerung (^{7}) sind dazu unerläßlich. Diese sachliche Beurteilung der Lage und der sich ergebenden Erfordernisse geht davon aus, daß sich der Wille Gottes in den Verhältnissen zu erkennen gibt, die der Herr der Geschichte eintreten läßt.

Der Brief Jeremias berücksichtigt auch den Einwand (^{15}), den die Empfänger machen werden: Aber unsere Propheten, die ja auch von Jahwe gesandt sind, reden anders. Nur indirekt ist dem Brief zu entnehmen, was sie verkünden. Ez 13^{16} ist deutlicher: Sie versprechen der Stadt Heil, und damit bestärken sie die Hoffnung der Verbannten auf Rückkehr. Ähnliches werden die beiden ^{21} genannten Propheten von sich gegeben haben. Aus der Strafe, die sie treffen soll, kann man schließen, daß sie Widerstand gegen Babel gepredigt haben. Anders scheint das Vergehen Schemajas zu sein, den Jahwe zur Rechenschaft zieht und bestraft (vgl. $5^{9.29}$ u. ö.): Er wird die Leute in ihrer Lethargie und Hoff-

30^{19} mit sie Söhne und Töchter gebären. Ihr sollt euch dort vermehren
und nicht vermindern. ^{7} Bemüht euch um das Wohl der Stadt, in die
ich euch weggeführt habe, und betet für sie zum Herrn; denn in ih-
rem Wohl liegt euer Wohl. ^{8} Denn so spricht der Herr der Heere, der
14^{14} 27^{9} Gott Israels: Laßt euch nicht täuschen von den Propheten, die unter
euch sind, und von euren Wahrsagern. Hört nicht auf die Träume,
die sie träumen. ^{9} Denn Lüge ist das, was sie euch in meinem Namen

29^{7} Der Stadt, G: »des Landes«.
29^{8} Die sie träumen, vgl. SVg; M: »die ihr sie träumen laßt«.

nungslosigkeit bestärkt haben. Darum wird er keinen Anteil an dem Guten (*baṭṭōb*) haben, das der Herr seinem Volk mit seiner Anweisung im Jeremiawort zugedacht hat und schenkt. Beides ist »Lüge«, nicht Wort und Wille des Herrn, und täuscht die Verschleppten.

Der Brief, den Jeremia an die Verbannten schickte, gab denen, die ihn weiter überlieferten, Anlaß, ihn reichlich zu kommentieren. Er ging – so wird in der Einleitung (^{1}) betont – an die ganze Gemeinde (^{4}) im babylonischen Land, besonders die maßgebenden Kreise. Die Situation wird (^{2}) noch einmal ausführlich beschrieben; auch »die Herrin«, die Königinmutter (2 Kön 24^{15}), wird nicht vergessen.

Jeremia hatte sich gegen die falschen Propheten gewandt. Das Thema wird $^{8.9}$ grundsätzlich aufgegriffen und mit Argumenten wie $27^{9.10}$ (vgl. 28^{15} 14^{14}) abgehandelt. Jahwe warnt vor denen, die er nicht gesandt und bevollmächtigt hat; sie können nur täuschen und irreführen, verwirren und falsche Wege weisen. Auch Ahab und Zidkija (^{21}) wird dies (^{23}) vorgeworfen, dazu schwere Schandtat (vgl. Gen 34^{7}), nämlich Ehebruch, für den Gen 38^{24} Lev 21^{9} die Strafe der Verbrennung vorgesehen ist. Jahwe selbst tritt als Belastungszeuge auf (^{23}) und fällt das Urteil (^{21}), das dann Nebukadnezzar vollstreckt (^{22}). Damit wird in der Nachinterpretation ($^{22-24}$) deutlich gemacht, daß er selbst die Strafverfolgung gegen die falschen Propheten in die Hand nimmt. Wer sich mit seinen Taten gegen den Willen des Herrn wendet, kann nicht sein Prophet sein. Das furchtbare Schicksal der beiden üblen Falschpropheten wird sprichwörtlich werden und als entsetzliche Strafe im zerstörenden Fluchwort vergegenwärtigt (^{22}). – Schließlich wird am Beispiel Schemajas ($^{24-32}$) gezeigt, daß falsche Prophetie der echten widerspricht und wie sie daher zu beurteilen ist (^{32b}). Anscheinend hat man eine Reaktion aus der Gemeinde der Verbannten auf das Schreiben Jeremias vermißt und deshalb von einem Brief Schemajas berichtet, der aber dem Propheten durch den Empfänger vorgelesen werden muß (^{29}) um das, nun erweiterte Drohwort, das an den Absender gerichtet ist, anschließen zu können. Der Empfänger des Briefes ist Zefanja. Nach 2 Kön 25^{18} war er der zweite Priester am Tempel, nach Jer 21^{1} 37^{3} wurde er – 21^{1} mit Paschhur – vom König zu Jeremia geschickt. Nicht er, sondern Paschhur (20^{1}) war der »Oberaufseher im Haus des Herrn«, der Jeremia in den Block spannen ließ (20^{2}). In 29^{26} soll das Halseisen noch die Strafe und Qual verschärfen. Schemajas Brief hat demnach seine Forderung 20^{1-3}

weissagen; ich habe sie nicht gesandt – Spruch des Herrn. [10] Ja, so
spricht der Herr: Wenn siebzig Jahre für Babel vorüber sind, dann 25^{11-13}
werde ich nach euch sehen, mein Heilswort an euch erfüllen und Dtn 9^{5} 1 Kön 2^{4}
euch an diesen Ort zurückführen. [11] Denn ich, ich kenne meine 12^{15}
Pläne, die ich für euch habe – Spruch des Herrn –, Pläne des Heils
und nicht des Unheils; denn ich will euch eine Zukunft und eine
Hoffnung geben. [12] Wenn ihr mich ruft, wenn ihr kommt und zu mir
betet, so erhöre ich euch. [13] Sucht ihr mich, so findet ihr mich. Wenn Dtn 4^{29}
ihr von ganzem Herzen nach mir fragt, [14] lasse ich mich von euch fin-
den – Spruch des Herrn. Ich wende euer Geschick und sammle euch

29^{14} G liest nur: »Ich werde euch erscheinen«, vgl. 31^{3}. – Euer Geschick, mit dem Qere; M: »eure Gefangenschaft«.

entnommen. Er qualifiziert Jeremia als einen Verrückten ab (vgl. Hos 9^{7}), wie man die Charismatiker in den Scharen der Nebiim (2 Kön 9^{11}) nannte. Zefanja soll nun für Ordnung am Tempel sorgen, wie es einst Jojada ([26]) getan hatte (2 Kön 11f). Der Vorwurf, auf den hin er eigentlich keinen Grund hat einzugreifen, da in keiner Weise der Tempel tangiert ist, wird dem Brief Jeremias entnommen ([28] vgl. [5]) und interpretiert: Das Exil zieht sich lange hin. Dies zu sagen, lag aber nicht in der Absicht des Propheten. Er wollte, daß sein Volk in der Verbannung überlebe und sich nicht durch eine falsche Einstellung gegenüber den Erfordernissen der Zeit selbst schwäche. – Dementsprechend trifft nun die Strafe auch die Nachkommen Schemajas ([32]): Sie und damit natürlich auch er haben keine Zukunft ; er schließt sich selbst mit seinem Widerspruch gegen das prophetische Wort vom Heil aus und wird so durch Jahwe ausgeschlossen. Er hat ([32b]) Aufruhr gegen den Herrn gepredigt (Dtn 13^{6}, s. o. zu 28^{16}): Sich gegen den wahren Propheten und damit gegen das Gotteswort wenden, ist Aufruhr gegen Jahwe.

[10–14] Jeremia hatte im Jahwewort Gutes ([32]) für die Verschleppten verheißen. Dies wird nun nachträglich näher entfaltet, zunächst zeitlich [10]: Es dauert in der Tat noch lange, 70 Jahre, wohl eine runde Zahl (vgl. 27^{7}), die man vielfach auf den Zeitraum von 605 (Nebukadnezzars Sieg) bis 538 (Eroberung Babels durch Kyrus) bezieht. Dann ist es so weit, daß der Herr, wie mit dtr Ausdrucksweise gesagt wird, sein »gutes Wort über euch aufrichtet«, d. h. in Erfüllung gehen läßt. Diese besteht in der Heimführung nach Jerusalem ([10]), die in [10] auf die Rückführung aller Juden in der Diaspora bezogen und so als die große Schicksalswende gesehen wird. [11] dient der Bekräftigung von [14]: Jahwe allein kennt seine Pläne, die oft anders sind als die Gedanken und Vorhaben der Menschen (Jes 55^{8f}); er weiß sehr wohl, was er will; er kennt auch die Not seines Volkes (Ex 3^{7}). Seine Absichten zielen auf das Heil der Verschleppten, wie Deuterojesaja eindringlich verkündet hat. Ihnen, die sagten: »Unsere Hoffnung ist untergegangen; wir sind verloren« (Ez 37^{11}), gibt er Hoffnung und eine Zukunft, die darin besteht, daß sie weiterhin Volk Jahwes sind. Letzteres führen [12–14aα] näher aus und geben damit Antwort auf die Frage, was den Verbannten jetzt bleibt. Sie

Ez 11^{17} $20^{34.41}$ aus allen Völkern und von allen Orten, wohin ich euch versprengt
8^{3} 16^{15} $23^{3.8}$ habe – Spruch des Herrn. Ich bringe euch an den Ort zurück, von
dem ich euch weggeführt habe. [15] Zwar werdet ihr sagen: Auch in Ba-
bel hat der Herr für uns Propheten auftreten lassen. [[16] Fürwahr, so
spricht der Herr über den König, der auf dem Thron Davids sitzt,
und über das ganze Volk, das in dieser Stadt wohnt, eure Brüder, die
noch nicht mit euch in die Verbannung fortgezogen sind, [17] so spricht
24^{8-10} der Herr der Heere: Seht, ich schicke unter sie Schwert, Hunger und
Pest, und ich behandle sie wie verdorbene Feigen, die so schlecht
sind, daß sie ungenießbar sind. [18] Ich verfolge sie mit Schwert, Hun-
ger und Pest und mache sie zu einem Bild des Schreckens für alle Rei-
che der Erde, zum Fluch und zum Entsetzen, zum Hohn und Gespött
aller Völker, zu denen ich sie verstoße, [19] weil sie nicht auf meine
Worte gehört haben – Spruch des Herrn –, obwohl ich immer wieder
7^{25} 25^{4} 26^{5} 35^{15} meine Knechte, die Propheten, zu ihnen gesandt habe; ihr aber habt
nicht gehört – Spruch des Herrn. [20] Ihr jedoch, hört jetzt das Wort
des Herrn, all ihr Verschleppten, die ich von Jerusalem nach Babel
wegführen ließ.] [21] So spricht der Herr der Heere, der Gott Israels,
über Ahab, den Sohn Kolajas, und über Zidkija, den Sohn Maasejas,
die euch in meinem Namen Lüge weissagen: Seht, ich liefere sie Ne-
bukadnezzar, dem König von Babel, aus. Er wird sie vor euren Au-
gen niederhauen lassen. [22] Dann wird man bei allen Verschleppten Ju-
das, die in Babel sind, von ihnen das Fluchwort herleiten: Der Herr
mache dich Zidkija und Ahab gleich, die der König von Babel im
Feuer rösten ließ. [23] Sie haben nämlich Schändliches in Israel getrie-
23^{14} ben, mit den Frauen ihrer Nächsten Ehebruch begangen und in mei-
nem Namen Worte verkündet, die ich ihnen nicht aufgetragen hatte.
Ich bin der Wissende und der Zeuge – Spruch des Herrn.

Das Drohwort gegen Schemaja: 29^{24-32}

[24] Zu Schemaja aus Nehelam sollst du sagen: [25] So spricht der Herr
der Heere, der Gott Israels: Du hast in deinem eigenen Namen einen

29^{16-20} fehlt in G.
29^{23} Worte, M + Lüge, eine erklärende Glosse. – Der Wissende: *hajjōde*[ca].
29^{25} [ ] fehlen in G.

haben in Anrufung und Gebet Zugang zu Jahwe, können und sollen sogar für das Wohl des Staates beten (7), in dem sie leben. Allerdings ist eine Hinwendung zu Gott mit ganzem Herzen (13), wie die dtn Theologie mahnt, erforderlich.

16–20 Im übrigen ist – und 19 unterstreicht es noch mit der Unermüdlichkeitsformel (vgl. 7^{25}) – das mahnende und warnende Wort des Herrn auch, freilich vergeblich, an Jerusalem ergangen. Zuletzt geschah es, wie mit Hinweis auf 24^{8-10} gesagt

Brief [an das ganze Volk in Jerusalem und] an den Priester Zefanja,
den Sohn Maasejas, [sowie an alle Priester] geschickt mit diesem In-
halt: 26 Der Herr hat dich anstelle des Priesters Jojada zum Priester
bestellt, damit du im Haus des Herrn achtgibst auf jeden verrückten
Propheten und ihn in Block und Halseisen legst. 27 Warum bist du 20^{1-3}
also nicht gegen Jeremia aus Anatot eingeschritten, der sich bei euch
wie ein Prophet gebärdet? 28 Deshalb hat er auch an uns nach Babel
die Botschaft geschickt: Es wird noch lange dauern; baut Häuser,
und wohnt darin, pflanzt Gärten, und genießt ihre Früchte!
29 Der Priester Zefanja aber hatte diesen Brief dem Propheten Jeremia
vorgelesen. 30 Da erging das Wort des Herrn an Jeremia: 31 Schick
eine Botschaft an alle Verschleppten: So spricht der Herr über Sche-
maja aus Nehelam: Weil Schemaja euch geweissagt hat, obwohl ich 28^{15}
ihn nicht gesandt hatte, und weil er euch dazu verführt hat, auf Lü-
gen zu vertrauen, 32 darum – so spricht der Herr: Seht, ich ziehe
Schemaja aus Nehelam und seine Nachkommen zur Rechenschaft.
Keiner von den Seinen soll unter diesem Volk wohnen bleiben und
das Glück schauen, das ich meinem Volk bereite – Spruch des Herrn –;
denn er hat Auflehnung gegen den Herrn gepredigt. 28^{16} Dtn 13^{6}

DIE TROSTSCHRIFT: 30^{1}–31^{40}

Die Rettung Israels und Judas: 30^{1-11}

30 1 Das Wort, das vom Herrn an Jeremia erging: 2 So spricht der
Herr, der Gott Israels: Schreib dir alle Worte, die ich dir gesagt habe, $36^{2.28}$
in ein Buch! 3 Denn seht, es werden Tage kommen – Spruch des 7^{32}

29^{26} Du ... achtgibst: *paqīd bᵉ bēt* G, Vg.
29^{32} Spruch ... gepredigt: fehlt in G.

wird, durch Jeremia. Richtendes Gotteswort bleibt aber auch den Verbannten nicht erspart (^{20}), wenn sie die jetzt ergehende Botschaft nicht annehmen: »Ihr jedoch, hört jetzt das Wort des Herrn«! Das gilt für alle, immer und in jeder Situation. Denn der Herr will »eine Zukunft und eine Hoffnung geben«.

30.31 werden als Trostbüchlein für Israel (und Juda) bezeichnet. Es ist durch die abgewandelte Wortereignisformel »Das Wort, das vom Herrn an Jeremia erging«, mit der es 30^{1} eröffnet wird, und die 32^{1} die Darstellung eines anderen Themas einleitet, vom umgebenden Text abgegrenzt. In ihm steht unter dem Namen Jeremias (30^{1}) nur Heilsbotschaft. In sie sind auch die Hinweise auf vergangene Strafe ($30^{11.14b.15}$ $31^{10.28}$) und noch andauerndes Leid ($30^{5-7.12-14a.15}$$31^{15}$), das nun durch Jahwes Erbarmen überwunden wird, einbezogen. Das Gesamtthema dieser Heilsverkündigung lautet, im Jahwewort formuliert: »Seht, ich wende das Geschick« meines Volkes

29^{14} Herrn –, da wende ich das Geschick meines Volkes Israel und Juda,
spricht der Herr. Ich führe sie zurück in das Land, das ich ihren Vä-
16^{15} 2 Kön 21^{8} tern zum Besitz gegeben habe. ^{4} Das sind die Worte, die der Herr
Dtn 4^{1} über Israel und Juda gesprochen hat:

30^{4} Über Israel und Juda, so G; M: »zu Israel und zu Juda« *(ʾel)*.

(30^{18}). Das wird auf vielfältige Weise ausgesprochen. 30.31 sind eine Zusammenstellung verschiedener Heilsworte. Das zeigt schon die äußere Struktur: Mit der häufig verwendeten Botenspruchformel ($30^{2.5.12.18}31^{2.7.15.16.23.35.37}$) und den »eschatologischen« Formeln »an jenem Tag wird es geschehen« (30^{8}), »in jener Zeit« (31^{1}), »in jenen Tagen« (31^{29}), »seht, es werden Tage kommen« ($31^{27.31.38}$) setzt der Text jeweils neu ein. Die Formel »Spruch des Herrn« dient zuweilen ($30^{10.11}31^{17}$) der Hinzufügung weiterer Heilszusagen. Somit stellt sich die Frage, woher die abgrenzbaren Spruchеinheiten stammen und welche Situation sie ansprechen. Eine Beantwortung dieser Frage trägt nicht unerheblich dazu bei, die Aussage und die Zielrichtung eines Textabschnitts zu erfassen. Die Forschung hat bislang keine sichere Antwort erreicht und weist bei allen Unterschieden Jeremia mehr in 31 als in 30 zu (Duhm: $30^{12-15}31^{2-6.15-21a}$, dem man häufig, zum Teil unter Hinzunahme weiterer Verse, etwa $30^{5-7.18-21[22]}$ – so z. B. Bright – folgt). Für das theologische Gewicht der Texte und für die Tatsache, daß sie dem Gläubigen Wort Gottes sind, ist es nicht von Belang, ob sie vom Propheten selbst oder von anderen formuliert wurden. Daran sollte schon hier, vor allem im Blick auf das viel erörterte Wort vom Neuen Bund (31^{31-34}), erinnert werden.

30^{1-4} besteht aus drei Teilen: der oben genannten Formel ^{1}, welche die bis 31^{40} folgenden Abschnitte als eigene Sammlung zusammenfaßt, einem begründeten (^{3}) Auftragswort (^{2}) an Jeremia und einer erneuten Einleitung (^{4}) der anschließenden Aussprüche. Was mit ^{4} eröffnet wird, kommt anscheinend 31^{26} zu einem Abschluß. 31^{26} hat in der Tat Abschlußfunktion, wie es bei der Notiz über das Erwachen vom Schlaf, der einen offenbarenden Traum enthielt (Gen $28^{16}41^{4.7.21}$ 1 Kön 3^{15}; vgl. auch Dan 2^{1} Sach 4^{1}), der Fall ist. Demnach ist die Offenbarung, sind die »Worte« (^{4}) an Jeremia abgeschlossen. Im engeren Sinn schließt 31^{26} den Abschnitt 31^{23-26}, dessen Thema »Heil für Juda« ist. Auch 30^{4} bringt Juda, das sonst in 30^{5}–31^{22} nicht genannt wird, ins Spiel. Man darf also (mit Thiel II 20f) 30^{4} und 31^{23-26} als Rahmen für die judäisch interpretierten Prophetensprüche verstehen. 30^{1-3} weisen späten (^{3a}) und dtr (^{3b}) Sprachgebrauch auf, sind somit die dtr Einleitung zu der schon vorliegenden (»Buch«) Sammlung 30^{4}–31^{26}.

In $^{2.3}$ wird Jeremia, trotz Botenspruchformel (^{2a}), die besser zu ^{3} passen würde, nicht mit der Verkündigung eines Jahwewortes, sondern wie $36^{2.28}$ (vgl. Jes 8^{1} Hab 2^{2}) mit der Aufzeichnung der Worte, die Jahwe gesprochen hat, beauftragt. Damit soll die bereits schriftlich vorliegende Sammlung als Jeremia- und Jahwewort ausgewiesen werden, ähnlich wie Ex 34^{27} die Gebotsreihe des sogenannten Privilegrechts Jahwes als Mose- und Gotteswort qualifiziert wird. Dies erschien wohl, besonders im Blick auf die Ergän-

5 Ja, so spricht der Herr:
Angstgeschrei vernehmen wir:
Schrecken und kein Friede.
6 Fragt doch und schaut,
ob je ein Mann Kinder zur Welt bringt.
Warum sehe ich alle Männer
mit den Händen auf den Hüften wie eine Gebärende?
Jedes Gesicht ist verstört und leichenblaß.

30^{6} Wie eine Gebärende, fehlt in G; verdeutlichende Glosse?

zung der Sammlung in $31^{27-34(40)}$, als wichtig. Zugleich soll mit dem Befehl zum Aufschreiben das Buch 30.31 als heilverheißendes Gegenstück neben der mit Gerichtsworten beschriebenen Buchrolle, von der 36 berichtet wird, (»Urrolle«) bezeichnet werden. Die Begründung, eingeleitet mit der auf eine zeitlich nicht festgelegte Zukunft weisenden, in Jer oft verwendeten Formel »Tage werden kommen«, spricht von der heilvollen Wende des Geschicks für Jahwes Volk, wobei eigentlich Juda gemeint ist – eine Verheißung, die wohl kaum schon nach 722 v. Chr., sondern erst in der Zeit des babylonischen Exils – *(šûb)šᵉbût* spielt zumindest auf die Gefangenschaft *(šᵉbît)* an – formuliert wurde. Die große Wende, die Jahwe herbeiführt, besteht in der Heimkehr in das Land der Väter, in das Land Jahwes. Voraussetzung, Inhalt und Auswirkung dieser für die Zukunft Israels entscheidenden Schicksalswende sollen nach der Auffassung der dtr Redaktion in 30^{4}–31^{34} dargelegt werden. »Das sind die Worte« (^{4}) weist darauf hin, daß das folgende mitgeteilt (vgl. Ex 19^{6} Dtn 1^{1}), also Israel, d. h. Juda verkündet werden soll. Vielleicht spiegelt sich in der Einleitung (^{4}) noch ein Stadium der Redaktion des Jeremiabuchs wider, in dem die Heilsworte für Jahwes Volk nach den Völkersprüchen (vgl. die Textanordnung der G) gemäß dem Schema »Gerichtsworte über das eigene Volk – über fremde Völker – Heilsworte für das eigene Volk« standen: »Aber (*wᵉ*–) das sind die Worte ...«.

$^{5-7}$ Eine Klage des Volkes (»wir« in ^{5}) bzw. des Propheten (»ich« in ^{6}), also trotz der einleitenden Botenspruchformel (^{5}) kein Wort Jahwes, wird zum Hintergrund für eine Rettungsaussage ($^{7b\beta}$), die als Jahwewort verstanden werden kann. Angstschreie und Zittern (wie am Jahwe-Tag; vgl. Jes $2^{10.19.21}$) kennzeichnen die Situation; es gibt kein Heil $6^{14}8^{11}$) im Strafgericht Gottes, an seinem Gerichtstag (^{7}), der »jener Tag« (Jes $2^{11.17.20}$ Zef 1^{9f} u. ö.), der große (Joël 3^{4} Zef 1^{14} Mal 3^{23}) genannt wird. ^{6} bringt den Vergleich mit den sprichwörtlichen Geburtswehen, die eine Frau überfallen und jede Aktivität unmöglich machen: So sind auch die starken, kampftüchtigen Männer vor Schrecken wehrlos, wenn Jahwes Strafgericht hereinbricht. Die Notzeit (^{7}) ist 14^{8} eine Dürrekatastrophe, 15^{11} unbestimmtes Unheil, wie auch 30^{7}, Ri 10^{14} Jes 33^{2} Unterdrückung durch Feinde (vgl. Ps 37^{39}). »Jakob« als Bezeichnung für Jahwes Volk wird von Jeremia selbst nicht verwendet, wohl aber von Deuterojesaja (Jes 40^{27} 41^{8} u. ö.), an den auch die Jakob-Stellen $10^{16.25}$ erinnern. Jeremia sagt »Israel« ($2^{3.14.31}4^{1}$ u. ö.).

Zef 1^{14f} 7 Denn groß ist jener Tag,
keiner ist ihm gleich.
Eine Notzeit ist es für Jakob,
doch wird er daraus gerettet.
8 An jenem Tag wird es geschehen
– Spruch des Herrn der Heere –,
da zerbreche ich das Joch auf seinem Nacken;
ich zerreiße seine Stricke,
und Fremde sollen ihn nicht mehr knechten.
Hos 3^5 Ez 37^{24f} 9 Vielmehr wird mein Volk dem Herrn,
seinem Gott, dienen
23^5 und David, seinem König, den ich ihm erstehen lasse.
46^{27f} Jes 44^2 10 Fürchte dich nicht, du, mein Knecht Jakob
– Spruch des Herrn –,
verzage nicht, Israel!
Denn ich bin es, der dich aus fernem Land errettet,
deine Kinder aus dem Land ihrer Gefangenschaft.
Jakob wird heimkehren und Ruhe haben;
er wird in Sicherheit leben,
und niemand wird ihn erschrecken.

30^7 EÜ liest anscheinend mit G *hājū* (sind geworden [6]); M: »wehe (ja groß ist der Tag ...)«.

30^8 Seinem (Nacken), mit Vg, M: »deinem«, G: »ihrem«. – Seine (Stricke), mit Vg, M: »deine«, G: »ihre«.

$30^{10.11}$ fehlen in G, stehen aber dort 26^{27f} = M 46^{27f}.

Allem Anschein nach ist [5–7] ein späterer, nicht von Jeremia, für den der Tag Jahwes, auch als Tag des Heils (so Ob [17] Joël 3^5 Sach 14^2), kein Thema ist, stammender Text, der unter Verwendung jeremianischer Diktion (vgl. zu [6] auch $6^{16}18^{13}$) dem bedrängten Volk von Juda, wohl in der Exilszeit, Jahwes Hilfe verheißt. [8–9] schließen an mit der Verheißung, daß zukünftig ([8aα]) Jahwes Volk nicht mehr fremden Völkern unterworfen ist, sondern Jahwe, seinem Gott, und David, seinem König (Hos 3^5 Ez 34^{23f}; vgl. 37^{24f}), dient. Es ist eine Heilszusage, die mit der Nennung Davids deutlich auf Juda abzielt. Sie verwendet, anders als Jeremia ($2^{20}5^5$; vgl. dagegen 28), das Bild vom Zerbrechen des Jochs im Sinn späterer Heilserwartung (Ez 34^{27} Lev 26^{13}) – und plädiert für die Einsetzung eines davidischen Königs (wie Ez 34^{23} Jer 23^5). Die Verheißung enthält, anknüpfend an das Urteil von 2^{25}, das bereits 5^{19} auf den Götzendienst hin ausgelegt wird, eine Mahnung in dtr Geist: Jahwe dienen (Dtn 6^{13} u. ö.), ihn, nicht fremde Götter verehren, was zur Unterdrückung durch fremde Völker führte! Seine Gnade, in der er die Initiative ergreift, macht dies möglich, so daß das frei geschenkte Heil von Dauer ist.

[10.11] bringen zwei (zu [10] vgl. 46^{28} »Fürchte dich nicht, du mein Knecht Jakob«) prophetische Heilsorakel, die mit geringen Abweichungen zwischen [11] und 46^{28} auch in 46^{27f} stehen,

11 Denn ich bin mit dir $1^{8.19}$
– Spruch des Herrn –,
um dich zu retten.
Ja, ich vernichte alle Völker,
unter die ich dich zerstreut habe.
Nur dich werde ich niemals vernichten;
ich züchtige dich mit rechtem Maß, 10^{24} 46^{28}
doch ganz ungestraft kann ich dich nicht lassen.

Die Heilung für die Wunden: 30^{12-17}

12 Ja, so spricht der Herr:
Arg ist dein Schaden,
unheilbar deine Wunde. 10^{19} 14^{17}
13 [Niemand verschafft dir Recht.]
Für das Geschwür gibt es keine Heilung, 15^{18}
keine Genesung gibt es für dich.

30^{13} Zusatz, der die bildhafte Schilderung unterbricht. – Für das Geschwür: *lammāzōr.*

in der für Deuterojesaja, auf den auch Jakob, mein Knecht (Jes $44^{1.2}45^{4}$) hinweist (44^{2}: »Fürchte dich nicht, Jakob, mein Knecht!«), typischen Form »Fürchte dich nicht, denn . . .«. Verheißen wird ^{10} die Heimführung der Judäer (Jakobs = Israels wie bei Deuterojesaja; vgl. Jes $40^{27}41^{14}$ u. ö.) und ihre Befreiung aus dem Land der Gefangenschaft (2 Chr 6^{37f}). Jahwe trägt den Titel »Retter« (Israels) wie Jes $43^{3}49^{26}$; er ist der einzige, der retten kann (Jes 45^{21}), der sein Volk aus der Ferne heimholt (Jes $43^{6}49^{12}60^{4.9}$). Er wird seinem Volk gedeihliche Ruhe und Sicherheit (Ez 34^{28} Lev 26^{6} Zef 3^{15}) schenken, wie er es immer wieder in Zeiten der Richter tat (Ri $3^{11.30}5^{31}8^{28}$), sobald sein Volk sich ihm zuwandte und ihm allein diente. – Die Beistandsformel eröffnet ^{11} das zweite Heilsorakel. Die rettende Tat Jahwes ist nicht mit der Heimführung abgeschlossen; sie umfaßt auch die Bestrafung der Völker, von denen das Volk des Herrn gefangen gehalten wurde, so daß von ihrer Seite keine Gefahr mehr droht. Der Herr bereitet ihnen das Ende (Zef 1^{18}), schont aber sein Volk, wie in Aufnahme von $4^{27}5^{10.18}$ gesagt wird. Er muß es zwar züchtigen, doch, wie 10^{24} es erbittet, mit Maßen und wohl eher erziehend (31^{18} Dtn 8^{5} Jes 28^{26}) als strafend (2^{19}). Oder ist doch daran gedacht, daß das Volk den Willen Jahwes nicht ganz erfüllt und deswegen mit einer Bestrafung rechnen muß (vgl. Ex 20^{7} Nah 1^{3})? Auch in ^{11} ist der mahnende Unterton unverkennbar.

$^{12-17}$ Der mit der Botenspruchformel eingeleitete Abschnitt besteht aus einer Notschilderung ($^{12-15}$) und einem doppelten Heilszuspruch ($^{16.17}$), der auf ihr aufbaut und sie anders als ^{15b} interpretiert. Jahwe spricht eine Frau (so die Suffixe der Nomina) an, eine Personifikation Jerusalems (und Judas), dessen Schaden (*šæbær:* Zusammenbruch, Verder-

^{14} Alle deine Freunde haben dich vergessen,
sie kümmern sich nicht mehr um dich.
Denn wie ein Feind schlägt,
so habe ich dich geschlagen
mit harter Züchtigung
[wegen deiner vielfachen Schuld
und deiner zahlreichen Sünden].
^{15} Was schreist du über deinen Schaden
und dein arges Leiden?
Wegen deiner vielfachen Schuld
und deiner zahlreichen Sünden
habe ich dir das getan.
2^{3} 8^{16} ^{16} Doch alle, die dich fraßen, werden gefressen,
50^{7} alle deine Bedränger ziehen als Gefangene fort;
wer dich ausplünderte, wird ausgeplündert,
wer dich beraubte, den gebe ich dem Raub preis.
33^{6} ^{17} Denn ich lasse dich genesen
und heile dich von deinen Wunden
– Spruch des Herrn –,
weil man dich [das ist Zion]
die Verstoßene genannt hat,
nach der niemand fragt.

30^{14} [ ] Zusatz aus ^{15b}.
30^{16} Doch alle: *w^{e}kól,* M: »daher (werden) alle …«
30^{17} [ ] Erklärender Zusatz; G θήρευμα ἡμῶν (unsere Jagdbeute: *ṣēdenû*).

ben) Jeremia ($4^{6.20}6^{1.14}8^{11.21}$) beklagt. Das göttliche Strafgericht ist über die Stadt und das Volk hereingebrochen, wie eine schwere Krankheit einen Menschen befällt. Derselbe Vergleich findet sich bei Jes 1^{6} Hos 5^{12f} Mi 1^{9}. Wie es einem Erkrankten oft ergeht (Ps 31^{12} 38^{12}), so auch Jerusalem: Die Freunde, wohl verbündete Mächte (vgl. $22^{20.22}$ Ez 16^{33}), lassen es im Stich; an die »fremden Götter« (Ez 16^{36}, die »Baale« Hos $2^{7.9.15}$) ist wohl nicht gedacht. Die schwere Bestrafung wird vom Propheten ^{15b} für berechtigt erklärt. Klage darüber zu führen (^{15a}), ist nicht angebracht. Angesichts dieser Stellungnahme können $^{16.17}$ nicht vom Autor der Verse $^{12-15*}$ stammen. Ein Prophetenwort ($^{12-15*}$, das man als Ankündigung des Gerichts über Jerusalem (und Juda) Jeremia nicht absprechen muß, wurde ^{17} in die Zusage der Heilung für das geschlagene Volk uminterpretiert. Der Verfasser verstand das Schreien (^{15}) wohl im Sinn eines Hilferufs an Jahwe (vgl. Ri $3^{9.15}$ u. ö.), der entsprechend antwortet. Er macht auch die Verstoßung seines Volkes ($8^{3}16^{15}23^{8}$ u. ö.) rückgängig (^{17b}), das von ihm wieder gesucht wird (vgl. Jes 62^{12}). In ^{16}, der wohl nachträglich eingefügt wurde und an ^{17} besser anschließen würde, wird die Erfüllung von 2^{3} verheißen und die Bestrafung der feindlichen Völker durch Androhen der Verschleppung ($20^{6}22^{22}$) und im Bild vom überwältigten Räuber (Ri $2^{14.16}$) an-

Die Wiederherstellung des Volkes: 30^{18}–31^{1}

18 So spricht der Herr:
Seht, ich wende das Geschick der Zelte Jakobs,
seiner Wohnstätten erbarme ich mich.
Die Stadt soll auf ihrem Schutthügel
aufgebaut werden,
die Burg auf ihrem alten Platz stehen.
19 Lobgesang wird dort erschallen,
die Stimme fröhlicher Menschen.
Ich will ihre Zahl vermehren,
sie sollen nicht weniger werden;
ich will ihnen Ehre verschaffen,
sie sollen nicht verachtet werden.
20 Die Söhne Jakobs werden sein wie ehedem,
seine Gemeinde wird vor mir bestehen bleiben,
doch alle seine Unterdrücker
ziehe ich zur Rechenschaft.
21 Sein Machthaber wird ihm selbst entstammen,
sein Herrscher aus seiner Mitte hervorgehen.

30^{21} Sein ... entstammen, G verbindet $^{21a\alpha}$, der inhaltlich gleich $^{21a\beta}$ ist, mit ^{20}: Die Israeliten werden stärker als ihre Feinde. – Denn ... wagen, wörtlich: »Denn wer ist es, der sein Herz zum Pfand gegeben hat.«

gesagt. Der Abschnitt spricht von dem Erbarmen und der Hilfe Gottes, die er in seiner Gnade trotz der verdienten Strafe gewährt.

$^{18-21}$ Von Botenspruchformel und Gottesspruchformel umgrenzt, nimmt der Abschnitt ein Thema, das in exilisch-nachexilischer Zeit (Böhmer 49) lebendig war und von ^{3} betont am Anfang des Trostbüchleins hervorgehoben wird, auf: Die Schicksalswende, die Jahwe herbeiführen wird, besteht im Wiederaufbau Judas und besonders Jerusalems (vgl. Jes 44^{26ff} Ez 36^{33-36}), in der Vermehrung des Volkes (vgl. Jes 49^{20f} 54^{1-3} Ez $36^{10f.37f}$), das erneut Ansehen gewinnt (^{19b}) und dankbar Gottes Heilszuwendung anerkennt (^{19a}), in einem gefestigten, dem ursprünglichen Ideal entsprechenden Gottesverhältnis (^{20a}), in der Bestrafung der Feinde (^{20b}) und im Leben unter einem eigenen Herrscher, der wirklich ein Segensmittler ist (^{21}). Diese Wende zum Heil geschieht durch das Erbarmen des Herrn, das die Ursache für das göttliche Heilswirken ist (Jes $30^{18}49^{10-15}54^{8-10}$). Von einem König spricht der Text nicht; der Titel war durch das Versagen der Davididen belastet. Der Herrscher (so auch Mi 5^{1}), der gemäß Dtn 17^{15} dem Volk Israel entstammen muß, darf sich wie Aaron und Mose, in priesterlicher und heilsmittlerischer Funktion (vgl. Lev 16^{1} Num 16^{9f}) Gott nahen: »Wen der Herr erwählt, der darf sich ihm nähern« (Num 16^{5}). Nur er kann es unter Einsatz seines Lebens wagen. Denn er muß sich für die anderen verbürgen (Gen 43^{9} 44^{32} Spr 6^{1} u. ö.), sich selbst für sie zum Pfand geben

Ich gewähre ihm Zutritt, so daß er mir nahen kann;
denn wer sonst dürfte sein Leben wagen,
um mir zu nahen? – Spruch des Herrn.
24^{7} 22 Ihr werdet mein Volk sein,
Lev 26^{12} und ich werde euer Gott sein.
Dtn 26^{17f} 23 Hört, der Sturm des Herrn [sein Grimm] bricht los.
23^{19f} Ein Wirbelsturm braust hinweg
über die Köpfe der Frevler.
24 Der glühende Zorn des Herrn hört nicht auf,
bis er die Pläne seines Herzens
ausgeführt und vollbracht hat.
Am Ende der Tage werdet ihr es klar erkennen.
31^{1} 31 In jener Zeit – Spruch des Herrn –
7^{23} 11^{4} werde ich der Gott aller Stämme Israels sein,
24^{7} 30^{22} und sie werden mein Volk sein.

Die Heimkehr aller Versprengten: 31^{2-14}

2 So spricht der Herr:
Gnade fand in der Wüste das Volk,
das vom Schwert verschont blieb;
Israel zieht zum Ort seiner Ruhe.
3 Aus der Ferne ist ihm der Herr erschienen:

30^{22} fehlt in G.
31^{2} Zieht, M: *hālōk* (inf. abs. als nachdrückliche Zusage, Brockelmann, Hebr. Syntax § 46 a): »es wird (soll) gehen.«
31^{3} Ihm, mit G; M: »mir«.

(Neh 5^{3}). Das wird von dem kommenden Herrscher verlangt. $^{18-22}$ würde sich wegen ^{21} vorzüglich für eine gottesdienstliche Lesung am Herz-Jesu-Fest eignen: Niemand hat sich so wie Jesus, der Priester und der Prophet des Neuen Bundes, mit seiner ganzen Person, seinem Herzen (seinem Sinnen und Trachten) und seinem Leben für die anderen, für Gottes Volk, für alle zum Pfand gegeben.
^{22} folgt die sogenannte Bundes- bzw. Zugehörigkeitsformel in der Fassung der Gottesrede als Zusage dauernden Heils, wie ein Siegel unter $^{18-21}$ gesetzt: Alle Initiative zur Verleihung des Heils und zu seinem Fortbestehen gehen von Jahwe aus, der sich sein Volk zu eigen nimmt.
$^{23.24}$ = 23^{19f}; hier eingefügt, um deutlich zu machen, daß die Frevler (die Schuldiggewordenen) in Jahwes Volk nicht am verheißenen Heil teilhaben werden.
31^{1} Der allein stehende, dtr geprägte Vers entspricht sachlich 30^{22}, bringt aber in einer erneuten Überschrift zum Ausdruck, daß die folgenden Verheißungen, insbesondere $^{31-34}$ (vgl. die Zugehörigkeitsformel ^{33}), wie es dtr Anliegen entspricht, ganz Israel, nicht nur dem Nordreich (vgl. $^{2-5}$), zugesagt werden.

Mit ewiger Liebe habe ich dich geliebt,
darum habe ich dir so lange die Treue bewahrt.
4 Ich baue dich wieder auf,
du sollst neu gebaut werden, Jungfrau Israel.
Du sollst dich wieder schmücken mit deinen Pauken,
sollst ausziehen im Reigen der Fröhlichen.
5 Wieder sollst du Weingärten pflanzen
auf Samarias Bergen.
Wer Pflanzungen anlegt,
darf ihre Früchte genießen.
6 Denn es kommt der Tag,
da rufen die Wächter auf Efraims Bergland:
Auf, laßt uns hinaufpilgern nach Zion
zum Herrn, unserem Gott.
7 Ja, so spricht der Herr:
Jubelt Jakob voll Freude zu,
und jauchzt über das Haupt der Völker!
Verkündet, lobsingt und sagt:
Der Herr hat sein Volk gerettet,
den Rest Israels.

31^{7} Hat sein Volk gerettet, mit G, T; M: »rette dein Volk!«

$^{2-6}$ Was zwischen zwei redaktionell zugefügten Botenspruchformeln ($^{2.7}$) steht, ist Prophetenwort ($^{2.3a.6}$), das einem Jahwewort ($^{3b-5}$) als Rahmen dient. Jeremia wendet sich hier wie in 3^{19}–4^{2} an des Nordreichs (Israel ^{4}, Samaria ^{5}) Bewohner, die seit 721 im Exil leben. Sie sind dem Schwert entronnen; sie gehören zu dem Volk, das einst in der Wüste (2^{6}) Jahwes frei gewährte Zuneigung und Gnade erfahren hat (vgl. Ex $33^{19}34^{9}$). Wie Israel einst (2^{7}) von seinem Gott in das Land Kanaan geführt wurde, so soll es wieder dorthin gehen (^{2}), dort in »seine Ruhe kommen«, d. h. für immer dort bleiben (vgl. Jes 34^{14}). Unter den Nationen wird es keine Ruhe finden (Dtn 28^{65}). ^{3} Der ferne Gott (23^{23}), der erhabene, alles überblickende und durchschauende, ist dem Volk (M: dem Propheten) erschienen wie einst dem Mose (Ex 3^{16}) vor dem Auszug aus Ägypten. Sein Erscheinen bedeutet Zuwendung seiner Huld, die das folgende Jahwewort erneut zuspricht.

$^{3b-5}$ Die unbegrenzte, nie aufhörende Liebe Jahwes zu seinem Volk (Hos $3^{1}11^{4}14^{5}$), die seit der Befreiung aus der ägyptischen Knechtschaft besteht (Hos 11^{1}) und sich nach dtn Auffassung auch auf die Patriarchen erstreckte (Dtn 10^{15}), ist der Grund, daß Jahwe an seiner Verbundenheit (*ḥæsæd*) mit Israel festgehalten hat. Sie besteht immer noch. ^{4} Darum stellt er sein Volk wieder her, so daß es in seiner Heimat das Land wieder bebauen kann und die Erträge auch nicht mehr fremden Herren abliefern muß (^{5}). Fest und Feier (^{4b}) zeigen an, daß Frieden und Wohlergehen (*šālōm*) herrschen.

^{6} Das Prophetenwort kündigt an, daß Israel dann wieder Kultgemeinschaft mit Jerusalem und Juda am Zionstempel haben wird. Welche

8 Seht, ich bringe sie heim aus dem Nordland
und sammle sie von den Enden der Erde,
darunter Blinde und Lahme,
Schwangere und Wöchnerinnen;
als große Gemeinde kehren sie hierher zurück.
50[4] 9 Weinend kommen sie,
und tröstend geleite ich sie.
Ich führe sie an wasserführende Bäche,
auf einen ebenen Weg, wo sie nicht straucheln.
Denn ich bin Israels Vater,
und Efraim ist mein erstgeborener Sohn.
10 Hört, ihr Völker, das Wort des Herrn,
verkündet es auf den fernsten Inseln und sagt:

31[9] Tröstend, mit G: *ūb[e]tanḥūmīm;* M: »unter Flehrufen«, wohl Angleichung an 3[21].

Funktion die Wächter haben (ob sie etwa die Weinberge [5], vgl. Jes 27[3], oder das Land, vgl. 2 Kön 17[9]18[8], bewachen), ist nicht klar. Anscheinend stimmen sie ein Wallfahrtslied (vgl. Ps 122[1] Jes 2[3]) an, das die Pilger auffordert und begleitet. Der von Jerobeam I. (1 Kön 12) in Bet-El eingerichtete Kult, der Israel und Juda auch religiös trennen sollte, besteht nicht mehr.

[7–9] Nach der Botenspruchformel folgt [7] ein »eschatologisches Loblied«, wie Deuterojesaja es liebt und nach Heilsankündigungen bringt (Jes 44[23]48[20f]49[13]52[9f]: Texte, die in Sprache und Inhalt [7] nahestehen), und erst [8f] das Jahwewort. Zum Loblied gehört eigentlich nur [7b], ein kleiner Jahwe-Hymnus mit Aufforderung zum Gotteslob und Hauptstück, das Gottes Erlösungstat an Jakob (Jes 44[23]48[20f]52[9]) zum Inhalt hat. In [7] geht ein Lob Jakobs voraus; er bzw. das Volk ist das »Haupt der Völker«, ist, kraft der Erwählung durch Jahwe, das erste von ihnen und bleibt es auch nach dem Strafgericht. Mit dem Rest Israels sind wohl Juda bzw. die übriggebliebenen Judäer gemeint (vgl. Jer 6[9] Ez 9[8]11[13] Mi 2[12] Zef 3[13]). [8] verheißt die Heimkehr aus dem »Nordland«, aus der babylonischen Gefangenschaft (vgl. 3[18]16[15]23[8] Sach 2[10]), wobei Jahwe auch die Behinderten, die werdenden und jungen Mütter, alle, denen der Marsch schwerfällt, sorgsam geleiten wird. Das Volk, der blinde und taube Knecht (Jes 42[18f]), wird von seinem Gott in die Heimat geführt (Jes 40[10f]). An der großen (kultischen) Versammlung der Gemeinde des Herrn beim Heiligtum Jahwes hat erst die nachexilische Zeit Interesse (1 Kön 8[65] 2 Chr 30[18]). Jahwe führt sein Volk, das er tröstet (Jes 40[1]49[13] u. ö.), wie Deuterojesaja verheißen hat, auf ebenem Weg (vgl. Jes 40[3]45[2.13]) in ein prächtiges Land mit ständig fließenden Bächen (Dtn 8[7]), ins Land Kanaan. Als Begründung für das Heilshandeln Gottes wird auf das besondere Verhältnis Jahwes zu Israel verwiesen, zunächst mit einer Adoptionsaussage, wie sie 2 Sam 7[14] dem Davididen zugesprochen wird, dann mit Hinweis auf die besondere Vorzugsstellung Efraims (= Israels) unter allen »Söhnen«, womit wohl die Völker gemeint sind, die Jahwe geschaffen

Er, der Israel zerstreut hat, wird es auch sammeln
und hüten wie ein Hirt seine Herde.
11 Denn der Herr wird Jakob erlösen
und ihn befreien aus der Hand des Stärkeren.
12 Sie kommen und jubeln auf Zions Höhe,
sie strahlen vor Freude über die Gaben des Herrn,
über Korn, Wein und Öl, über Lämmer und Rinder.
Sie werden wie ein bewässerter Garten sein
und nie mehr verschmachten.
13 Dann freut sich das Mädchen beim Reigentanz,
jung und alt sind fröhlich.
Ich verwandle ihre Trauer in Jubel,
tröste und erfreue sie nach ihrem Kummer.
14 Ich labe die Priester mit Opferfett,
und mein Volk wird satt an meinen Gaben
– Spruch des Herrn.

Der Trost durch die Heimkehr: 31[15–22]

15 So spricht der Herr:
Ein Geschrei ist in Rama zu hören, Mt 2[18]
bitteres Klagen und Weinen.

31[12.14] Gaben, wörtlich: »Güte« *(ṭūb)*.

hat. Zugleich wird dabei an die Herausführung aus Ägypten erinnert (vgl. Ex 4[22f] Hos 11[1] Jer 2[3]).
[10–14] Durch den Aufmerksamkeitsruf ([10]) und die Gottesspruchformel ([14]) umgrenzt, enthält der Text ein Propheten- ([10–13a]) und ein Jahwewort ([13b–14]), die von der Heimkehr nach Zion (aus der Gefangenschaft in Babel) und von Gottes Heilszuwendung sprechen. Die Sprache Deuterojesajas und der exilischen bzw. nachexilischen Zeit ist deutlich zu vernehmen: »Hört auf mich, ihr Inseln, merkt auf, ihr Völker in der Ferne« (Jes 49[1]; vgl. 66[19]); Jahwe, der Hirt, der seine Herde sammelt (Jes 40[11] 43[5]; vgl. Ez 34[11–22]), sein Volk Israel erlöst und befreit (Jes 50[2]51[11]43[1]44[22f] u. ö.), so daß es vor Freude strahlt (60[5]), weil er es tröstet (49[13]51[12]52[9]66[13]) und die Trauer hinwegnimmt (Jes 61[3]); sie sind wie ein bewässerter Garten (Jes 58[11]), erfreuen sich und sättigen sich an der Güte des Herrn (Jes 63[7]65[11]66[11]), die in der dtn Reihe »Korn, Wein, Öl, Lämmer, Rinder« (vgl. Dtn 12[17] 14[23]) entfaltet wird. Der Prophet, der das Heil des heimgekehrten Volkes verkünden darf, das er auch als ein Zeichen der Macht Jahwes an die Völker versteht, besiegelt seine Botschaft in einem Gotteswort. Ihm zufolge findet auch wieder Gottesdienst ([14]) auf dem Zion statt.
[15–20] Ein Prophetenwort ([15]) – die Botenspruchformel steht erst [16] richtig – wird durch ein Jahwewort ([16–20]) mit Zitat einer Klage Efraims ([18f]) weitergeführt. [15] Jeremia hat den Untergang des Reiches Israel, dessen Bewohner immer noch in der

Rahel weint um ihre Kinder
und will sich nicht trösten lassen,
um ihre Kinder, denn sie sind dahin.
16 So spricht der Herr:
Verwehre deiner Stimme die Klage
und deinen Augen die Tränen!
Denn es gibt einen Lohn für deine Mühe
– Spruch des Herrn:
Sie werden zurückkehren aus dem Feindesland.
17 Es gibt eine Hoffnung für deine Nachkommen
– Spruch des Herrn:
Die Söhne werden zurückkehren in ihre Heimat.
18 Ich höre gar wohl, wie Efraim klagt:
Du hast mich erzogen,
und ich ließ mich erziehen
wie ein ungezähmter Jungstier.
Führ mich zurück,
umkehren will ich;
denn du bist der Herr, mein Gott.

$31^{16.17}$ Spruch des Herrn: fehlt in G, wohl Zusatz.
31^{18} Ich höre, M: »ich habe gehört«. – Erzogen, erziehen, eher: gezüchtigt, züchtigen.

Gefangenschaft im nördlichen Mesopotamien (2 Kön 17^{6}) leben, vor Augen. Darum klagt Israel, personifiziert in der Stammutter Rahel (Mutter Josefs, nach dem das Nordreich auch »Haus Josef« heißt, und Benjamins), immer noch. Rahels Grab in Rama (heute *er-rām*, ca. 10 km nördlich von Jerusalem) liegt nicht weit entfernt von Anatot, der Heimat Jeremias. [15] ist Mt 2^{18} im Sinne der Vorhersage des Kindermordes durch Herodes zitiert. Efrata, als Ort des Rahelgrabes angegeben, wurde erst spät mit Betlehem, wo die Sippe der Efratiter wohnte (1 Sam 17^{12}), identifiziert (Gen 35^{19}); es lag im benjaminitischen Gebiet, südlich von Bet-El (Gen 35^{16}), nahe bei Rama.

[16.17] antwortet Jahwe auf die Klage mit der Zusicherung, daß es eine Heimkehr für die Nordisraeliten gibt. Jedoch sind [16b.17], wie die Gottesspruchformel, die oft Zusätze markiert, zeigt, spätere Zufügungen, die das verhaltene Jahwewort ([20]) deutlich im Sinn einer Heimkehr interpretieren. [16b] erinnert mit den Stichworten »Lohn« und »Mühe«, von denen vorher nicht gesprochen wird, an Jes $40^{10}62^{11}$ und mit »Feindesland« an 1 Kön $8^{46.48}$. Dagegen schließt [18] an [16a] an. Jahwe hat, wie er betont, die Klage Efraims gehört; sie ist nicht mehr notwendig ([16a]), weil das Erbarmen Gottes auf sie antwortet ([20]). Efraim (= Israel) hat harte Züchtigung vom Herrn erfahren – Jeremia verwendet hier ein Bild Hoseas vom gelehrigen Rind Efraim (Hos $10^{10.11}$) – und beklagt sich darüber. Gleichzeitig aber sagt es, daß die Züchtigung Erfolg hatte ([18b]): Israel will umkehren und zurückkehren, bittet um Umkehr und Rückkehr, die der Herr gewährt, zu dem

19 Ja, nach meiner Umkehr fühle ich Reue;
nachdem ich zur Einsicht gekommen bin,
schlage ich an meine Brust.
Ich bin beschämt und erröte;
denn ich trage die Schande meiner Jugend. –
20 Ist mir denn Efraim ein so teurer Sohn Hos 11^{8}
oder mein Lieblingskind?
Denn sooft ich ihm auch Vorwürfe mache,
muß ich doch immer wieder an ihn denken.
Deshalb schlägt mein Herz für ihn,
ich muß mich seiner erbarmen – Spruch des Herrn.
21 Stell dir Wegweiser auf, setz dir Wegmarken,
achte genau auf die Straße,
auf den Weg, den du gegangen bist.
Kehr um, Jungfrau Israel,
kehr zurück in diese deine Städte!
22 Wie lange noch willst du dich sträuben,
du abtrünnige Tochter?
Denn etwas Neues erschafft der Herr im Land:
Die Frau wird den Mann umgeben.

31^{19} Brust, M: »Hüfte«.
31^{20} Vorwürfe mache, wörtlich: »mit ihm rede«.

es sich voll und ganz bekennt; es ist zur Einsicht gekommen, bereit, zeigt dies durch den sprechenden Trauergestus des Schlagens auf die Hüfte (Ez 21^{17}) und distanziert sich von seinen früheren Sünden. Jahwes Angebot zur Umkehr und Rückkehr besteht (4^{1}). In seiner Antwort hier (^{20}) spricht er, ähnlich wie bei Hos 11^{8f}, von seinem freien (Ex 33^{19}), herzlichen Erbarmen. Efraim/Israel ist also doch sein teurer Sohn (Hos 11^{1}), sein Lieblingskind. Das gibt Hoffnung auf erneute Heilszuwendung, deren Inhalt erst die Nachinterpretation als Heimführung klar beschreibt. Tut sie es in Kenntnis des folgenden Prophetenwortes? $^{21.22}$ sind eine Aufforderung an die »Jungfrau Israel« (so auch $18^{13}31^{4}$). Sie, die immer noch abtrünnig ist (^{22a}, vgl. $3^{14.22}$), wird zur Umkehr aufgefordert, anscheinend durch Jahwe selbst, der die Mahnung (^{22a}) hinzufügt, nicht länger zu zögern. Der Aufruf schließt sich gut an ^{20} an. Die Nachinterpretation $^{21a.b\beta}$ versteht den Aufruf als Mahnung, die Rückkehr vorzubereiten und durchzuführen. Nun wird die Straße wichtig (wie Jes $40^{3}62^{10}$) und der Weg, auf dem Israel in die Gefangenschaft ging. Darauf soll es achten; denn auf diesem Weg kehrt es auch zurück in seine Städte, wobei sich Jes 54^{3} Ez 36^{33} erfüllen. Man hat den Eindruck, daß hier unter dem Namen Israel von Juda die Rede ist. ^{22} Jahwe schafft Neues im Land (vgl. Jes 43^{19}). Was er in einem wunderbaren Handeln macht, ist unklar ($^{22b\beta}$) und in der Auslegung sehr umstritten. Wenn man »Frau« auf Israel und seine Aktion (wofür das Wortspiel *haššōbebāh* »abtrünnige« – *t^{e}sōbeb* »umgibt« zu sprechen scheint)

Die Segensverheißung: 31^{23-30}

23 So spricht der Herr der Heere, der Gott Israels: Man wird im Land
Juda und in seinen Städten, wenn ich ihr Geschick wende, wieder die-
ses Wort sprechen: Es segne dich der Herr, du Hort der Gerechtig-
keit, du heiliger Berg. 24 Juda und alle seine Städte werden zusammen
dort wohnen, Ackerbauern und Wanderhirten. 25 Ja, ich labe den Er-
matteten und sättige den Verschmachtenden. 26 Darum heißt es: Ich
erwachte und blickte umher, und mein Schlaf war süß gewesen.
27 Seht, es werden Tage kommen – Spruch des Herrn –, da säe ich
über das Haus Israel und das Haus Juda eine Saat von Menschen und
1^{10} 24^{6} eine Saat von Vieh. 28 Wie ich über sie gewacht habe, um auszureißen
und einzureißen, zu zerstören, zu vernichten und zu schaden, so
werde ich über sie wachen, um aufzubauen und einzupflanzen –
Spruch des Herrn. 29 In jenen Tagen sagt man nicht mehr: Die Väter
Ez 18^{2} haben saure Trauben gegessen, und den Söhnen werden die Zähne
stumpf. 30 Nein, jeder stirbt nur für seine eigene Schuld; nur dem, der
die sauren Trauben ißt, werden die Zähne stumpf.

und folglich »Mann« auf Jahwe beziehen darf, erwartet der Verfasser, daß das Volk seinen Gott »umfangen« muß: Jahwe »besteht darauf« und macht es durch sein wunderbares Wirken möglich, »daß die ersten Annäherungen nach dem Zerwürfnis von Israel, dem schuldigen Teile, komme« (A. B. Ehrlich, Randglossen zur hebr. Bibel IV, 1912, 322).

$^{23-26}$ schließen die Schrift über die Heilszusagen für Israel und Juda, die der dtr Redaktion vorlag, ab (s. o.). In ein Jahwewort ($^{23a.24.25}$) ist das Zitat eines Segensspruchs, um dessen baldige Erfüllung es dem Verfasser zu tun ist, hereingenommen. Der Segenswunsch, der in der kultischen Feier seinen Platz hatte (Ps $67^{7f}128^{5}134^{3}$), wird vom Herrn bei der Schicksalswende (der Heimführung aus der Gefangenschaft) erfüllt. Die »Stätte der Gerechtigkeit«, an der Jahwe den Gerechten, die seinen Willen tun, Heil erweist, ist der Zionsberg mit dem Tempel, der »Stätte Jahwes« (Ex 15^{13} 2 Sam 15^{25}). Hier aber ist das ganze Bergland Juda (wie Jes 11^{9}) mit eingeschlossen. Alle Bewohner (Städter, Bauern, Hirten) empfangen dann Jahwes Segen, der sich auch der Erschöpften annimmt (vgl. $^{9.12.14}$). Zu dem Abschlußvers ^{26} s. o.

$^{27-30}$ bringen zwei durch »eschatologische« Formeln (»Tage werden kommen; in jenen Tagen«) eingeleitete Heilsworte ($^{27f.29f}$), die die Probleme bewältigen wollen, welche mit dem Untergang des Reiches Juda und der Zerstörung Jerusalems (586 v. Chr.) entstanden sind: 1. Das Volk ist dezimiert. Doch Gott wird im Gebiet von Israel und Juda wieder sein Volk und das nötige Vieh vermehren. Wie er über sein Gerichtswort wachte (1^{12}; vgl. 44^{27}), um es auszuführen, so wacht er nun über seine Heilszusage, so daß sich die Ankündigung 1^{10} von Zerstörung und Wiederherstellung als wahr erweist. 2. Immer noch ist die Schuldfrage nicht bewältigt. Das Sprichwort ^{29}, das schon für Ezechiel Anlaß (18^{2}) war, die Verantwortlichkeit und Haftung des einzelnen für seine

Der neue Bund: 31[31–34]

31 Seht, es werden Tage kommen – Spruch des Herrn –, in denen ich Hebr 8[8–12]
mit dem Haus Israel und dem Haus Juda einen neuen Bund schließen
werde, 32 nicht wie der Bund war, den ich mit ihren Vätern geschlos-
sen habe, als ich sie bei der Hand nahm, um sie aus Ägypten heraus-
zuführen. Diesen meinen Bund haben sie gebrochen, obwohl ich ihr
Gebieter war – Spruch des Herrn. 33 Denn das wird der Bund sein, Hebr 10[16f]

31[32] Obwohl ... war, andere Übersetzung: »und ich, ich mußte mich an ihnen als Herr *(ba^cal)* erweisen«.

Taten darzulegen, wird in diesem Sinn auch hier widerlegt. Die Zielsetzung von Ez 18, zur Umkehr zu führen, wird nicht aufgenommen. Es geht [29f] darum, daß in der kommenden Heilszeit kein Grund mehr besteht, das Sprichwort zu zitieren. Denn dann wird klar sein, daß nur der Schuldige den Tod, die Strafe erleidet. – Beide Heilsworte passen in die Exilszeit, wo dtr Theologie nicht nur negativ durch Nachweis der Berechtigung des göttlichen Strafgerichts, sondern auch positiv durch Eröffnung neuen Heils die Situation nach dem Fall Jerusalems zu bewältigen hatte.

[31–34] Das viel erörterte, theologisch hoch bedeutsame Wort vom »Neuen Bund« wird heute (s. z. B. Böhmer, Thiel II wie schon Duhm) mit Recht der dtr geprägten »Schule Jeremias«, nicht dem Propheten selbst, zugewiesen. Für die Bedeutung und die Wertschätzung dieses Textes ist dies unerheblich. Diktion, Gedankengang und Inhalt sind weitgehend dtr geprägt. Es gelingt auch nicht, einen jeremianischen Kern, etwa [33aβγ.34], ein Wort über die dem Herzen von Jahwe vermittelte Gotteserkenntnis, die dann nachträglich mit dem Begriff »Bund« erläutert worden wäre, herauszulösen. Denn wie »Bund« sind auch »Gesetz« und »belehren« dtn bestimmt. Mit der Formel »Tage werden kommen«, die das Eintreffen der Zusage in eine dem Zeitpunkt nach unbestimmte Zukunft versetzt, wird die Verheißung eingeleitet. Jahwe spricht und kündigt an, daß er einen neuen »Bund« (*b^erīt*) mit seinem Volk schließen (wörtlich: schneiden *krt*, siehe 34[8–22]) werde. Weder aus den Begriffen »Bund« und »schließen« noch aus der Qualifizierung »neu« ist zu erschließen, daß es sich um eine Abmachung auf Gegenseitigkeit handelt. Dasselbe gilt von der sog. Bundesformel, die nur ein Zugehörigkeitsverhältnis ausdrückt. Israel wird von Gott in Pflicht genommen: Sein Gesetz ist auch im »neuen Bund« zur Erfüllung aufgegeben. Jahwe wird seinem Volk, das er sich erwählt und als besonderes Eigentum angenommen hat, auf neue Weise seine Verpflichtung auferlegen. Das ist: ihn erkennen = im Verstand, im Gemüt und durch den Einsatz des Willens wahrnehmen, was es bedeutet, daß er Israels Gott ist (vgl. Hos 2[22]6[3]), den Weg und das Recht Gottes kennen (5[5]), ihn lieben und entsprechend leben. Die alte *b^erīt* (Verpflichtung), die durch die neue abgelöst und ersetzt wird, ist die im Dekalog mit seinem Schwerpunkt, dem ersten Gebot (Dtn 17[2f]29[24f]), und seiner Auslegung im Dtn enthaltene Weisung [33] (*tōrāh* Gesetz) Jahwes (so

den ich nach diesen Tagen mit dem Haus Israel schließe – Spruch des
Herrn: Ich lege mein Gesetz in sie hinein und schreibe es auf ihr
V.[1] Herz. Ich werde ihr Gott sein, und sie werden mein Volk sein. 34 Kei-
ner wird mehr den andern belehren, man wird nicht zueinander sa-
gen: Erkennt den Herrn!, sondern sie alle, klein und groß, werden
3^{38} mich erkennen – Spruch des Herrn. Denn ich verzeihe ihnen die
Röm 11^{27} Schuld, an ihre Sünde denke ich nicht mehr.

auch E. Kutsch, Neues Testament – Neuer Bund, ^{2}1978, 42). Darauf weisen die Ausdrücke »schreiben auf« (Dtn 5^{22}), »hineinlegen in« (Dtn 10^{1-5}: Die Tafeln mit den Zehn Worten werden in die Lade [des Bundes] 10^{8} gelegt; vgl. 1 Kön $8^{9.21}$), *tōrāh* (Gesetz, das nach dtn Sicht mit *b^e rīt* identisch ist; vgl. Dtn $28^{58.69}$), »lehren« (was die Aufgabe Moses im Dtn ist, 4^{1} u. ö.) hin. Den alten »Bund« hat das Volk mit der Verehrung anderer Götter, für die im dtr Werk vor allem Baal steht (bes. Ri), gebrochen (Dtn $31^{16.20}$). ^{32} Darum mußte sich Jahwe als Herr, als der wahre Gott erweisen (*bā^c altī* spielt wohl auf Baal an) in seinem Strafgericht. Nun aber – und das ist das Neue am neuen Bund – schreibt Jahwe seine verpflichtende Weisung nicht mehr auf steinerne Tafeln (des Bundes) Dtn 9^{9-16}, die in der im Tempel abgestellten Lade verborgen waren, sondern auf das Herz. Der Weg des Hörens, auf dem sich das Volk die Weisung seines Gottes zu Herzen nehmen sollte (Dtn $6^{4f}30^{14}$), führte nicht zum Ziel (Dtn 30^{17}). Jetzt bringt der Herr selbst seinen offenbaren Willen an die Stelle, wo er sich in die Tat umsetzen kann und muß, ins Herz, dem Sitz des Denkens, Planens und Wollens. Er schafft auch in der Vergebung der Sünden, deren er von nun an nicht mehr gedenkt, die also nicht mehr vor ihm auftauchen werden, die Voraussetzung, daß er seine Weisung ins Herz bringen kann. Die Verhärtung des Herzens (3^{17} u. ö. EÜ: »Trieb ihres bösen Herzens«) ist damit überwunden. – Im NT wird der Neue Bund im Kelchwort des Abendmahles als Heils-*b^e rīt* verstanden; sein Inhalt ist – das ist aus Jer 31^{31-34} übernommen – die Vergebung der Sünden, die im Blut, im Tod Jesu nun verwirklicht wird (Lk 22^{20} 1 Kor 11^{25}; vgl. Mt 26^{28}). Hebr zitiert in 8^{8-12} Jer $^{31-34}$ ganz, in 10^{16f} teilweise: Der erste Bund ist nicht »ohne Tadel« (8^{7}); er wird durch den zweiten (8^{7}), den neuen Bund, der auf »bessere Verheißungen gegründet ist«, weil Jesus der Mittler dieses, »eines besseren Bundes ist« (8^{6}) »für veraltet erklärt« (8^{13}). Auch hier ist der Inhalt des neuen Bundes die Vergebung der Sünden ($9^{15}10^{18}$). Während Hebr bei aller Betonung des besseren Neuen vom Gemeinsamen beider Bünde spricht (Erwirken von Sündenvergebung), stellt Paulus (2 Kor 3) den Gegensatz des alten (^{14}) zum neuen (^{6}) Bund heraus (vgl. E. Kutsch, a. a.O., 161). Er argumentiert von ^{32}, dem sog. Sinaibund (Ex 34) her, dessen Verkündigung (im Gesetz und durch es) zur Verurteilung und somit »zum Tod führt« (^{7}), während die Verkündigung des neuen (im Herrn, im Geist) zur Freiheit, zur Gerechtigkeit, zum Leben führt. Jer 31^{31-34} gab nicht nur Anlaß, von AT und NT zu sprechen, sondern auch der theologischen Deutung des Todes Christi und der Reflexion über die Bestimmung des Menschen starke Impulse.

Das unvergängliche Heil: 31[35–40]

35 So spricht der Herr,
der die Sonne bestimmt zum Licht am Tag, Gen 1[14–18]
der den Mond und die Sterne bestellt
zum Licht in der Nacht,
der das Meer aufwühlt,
daß die Wogen brausen,
– Herr der Heere ist sein Name:
36 Nur wenn jemals diese Ordnungen 33[20.25f]
vor meinen Augen ins Wanken gerieten
– Spruch des Herrn –,
dann hörten auch Israels Nachkommen auf,
für alle Zeit vor meinen Augen ein Volk zu sein.
37 So spricht der Herr:
Nur wenn die Himmel droben abgemessen
und unten die Grundfesten der Erde
erforscht werden könnten,
dann verwürfe auch ich
Israels ganze Nachkommenschaft
zur Strafe für all das, was sie getan haben
– Spruch des Herrn.

31[35] Bestellt: *ḥoqeq*, M: »Bestimmungen«.
31[37] Ganze, fehlt in G, die [35] und [37] umstellt.

[35–37] Die Botenspruchformel, die das Verheißungswort ([36]) einleitet, ist durch eine Doxologie ([35]) erweitert. Ein zweites, erneut eingeführtes verheißendes Jahwewort ([37]) mit ganz ähnlichem Inhalt, gleicher Form (wenn ... dann) und verwandten Vergleichen, die ebenfalls der Schöpfungstheologie entnommen sind, schließt sich an. Die hymnische Lobpreisung Jahwes in [35a] schöpft aus Gen 1[14–18], in [35b] aus Jes 51[15] und Jer 5[22] und nimmt am Ende den Schluß der Doxologien von Am 4[12f] (vgl. 5[8]9[6], Jes 51[15] Jer 10[16]51[19]) auf. So schafft sie mit dem Hinweis auf den schöpfungsmächtigen Gott die Basis, von der aus das Heilswort in [36] und auch das in [37] argumentiert. Mit der Beweisführung in [36], bei der es um das Weiterbestehen des Volkes Jahwes geht, ist die in Jes 54[10] verwandt, die das Fortbestehen der Huld des Herrn und seines »Heilsbundes« zusichert. Auf die unvergängliche, von Jahwe festgesetzte Schöpfungsordnung beruft sich auch P in seiner Schöpfungs- und Flutgeschichte (Gen 1.6–9*): »In und mit der Schöpfung als einem auf heilvolles Leben angelegten Geschehen hat der Schöpfergott Verantwortung auch für sein Volk als Teil dieser Schöpfung übernommen« (E. Zenger, in SBS 112, 179). Daß dies so ist, und daß Jahwe entsprechend handelt, die Existenz seines Volkes sichert, sagen [36.37], wobei in [37a] die Macht des unvergleichlichen Gottes, dessen Werk der Mensch nicht einmal nachprüfen kann (vgl. Jes 40[12.21]), herausstellt. [35–37] spricht

^{38} Seht, es werden Tage kommen – Spruch des Herrn –, da wird die Stadt für den Herrn wieder aufgebaut, vom Turm Hananels bis zum Eckturm. ^{39} Weiter läuft die Meßschnur geradeaus zum Hügel Gareb und wendet sich nach Goa. ^{40} Das ganze Tal der Leichen und der Fett-Asche und die ganzen Hänge bis zum Kidronbach, bis zur Ecke des Roßtors im Osten werden dem Herrn heilig sein. Sie werden niemals wieder zerstört und eingerissen werden.

DIE HEILSWORTE: 32^{1}–35^{19}

Der Ackerkauf in der Notzeit: 32^{1-44}

32^{1} Das Wort, das vom Herrn an Jeremia erging im zehnten Jahr Zid-
2 Kön 25^{1f} kijas, des Königs von Juda – das ist das achtzehnte Jahr Nebukadnez-
zars. ^{2} Damals belagerte das Heer des Königs von Babel Jerusalem.

31^{38} Kommen, mit dem Qere ist *bā'īm* einzufügen. – Bis, *ʿad* ist mit den Übss. einzufügen. – Eckturm: Druckfehler, richtig: Ecktor.

exilische Theologie und arbeitet das Jeremiawort 6^{30} (vgl. 14^{19}), auf: Jahwe hat sein Volk trotz der Sünden nicht verworfen, wobei man sich fragen kann, ob die Verwerfung ganz Israel nicht (vgl. G) oder nicht ganz Israel trifft. Paulus legt Röm 9–11 dar, daß und warum Israel nicht verworfen ist, allerdings ohne sich auf unseren Text zu beziehen.

$^{38-40}$ bringen, durch eine einleitende »eschatologische« Formel abgesetzt, eine Verheißung des Wiederaufbaus Jerusalems, das nie mehr zerstört werden soll. Die einzelnen topographischen Angaben sind nicht sicher im Gelände festzulegen. Es scheint, als beginne die Beschreibung an (der Nordostecke?) der Nordmauer (Hananel), führe zu ihrer Westecke (Ecktor), zur Westmauer (Hügel Gareb; Goa nicht festlegbar), laufe dem Hinnomtal entlang und das Kidrontal aufwärts bis zum Osthang des Tempelareals (Roßtor). Anscheinend hat der Verfasser nachexilische Verhältnisse im Blick (vgl. Neh $3^{1}12^{39}$ Sach $14^{10f.20f}$). Die ganze (erweiterte?) Stadt, auch das durch Leichen und Abfälle unrein gemachte Tal Hinnom, wird heilig, Kultstätte zur Verehrung Jahwes sein, die auf das Volk Gottes Heil ausstrahlt.

32 wird von der Redaktion als (kompositorische) Großeinheit überliefert, der 33 ein mit der Wortereignisformel eröffneter Nachtrag (»zum zweiten Mal«) folgt. In 34 beginnt mit der gleichen Einleitung (Wortformel mit Zeitangabe) wie 32^{1} eine neue Thematik. Das Ereignis, von dem in 32 berichtet ($^{6-15}$) wird, ist chronologisch nach dem Geschehen von 37^{11-21} einzuordnen. Es wurde wegen 32^{15} an die jetzige Stelle vorgezogen, damit die Heilsworte 30–33 zusammenstünden. In 32 folgt nach der Einleitung (^{1}) eine Situationsangabe ($^{2-6a}$), ein Selbstbericht des Propheten über einen Ackerkauf ($^{6b-15}$), ein Gebet Jeremias ($^{16-25}$) und eine Antwort Jahwes ($^{26-44}$) mit Gerichtsbegründung ($^{26-35}$) und Heils-

Der Prophet Jeremia befand sich im Wachhof am Palast des Königs
von Juda in Haft. [3] Dort hatte ihn Zidkija, der König von Juda, ge-
fangengesetzt mit der Begründung: Warum hast du geweissagt: So
spricht der Herr: Ich gebe diese Stadt in die Hand des Königs von 34^{2f}
Babel, und er wird sie erobern. [4] Auch Zidkija, der König von Juda,
wird der Hand der Chaldäer nicht entrinnen, sondern in die Hand
des Königs von Babel gegeben werden, so daß er von Mund zu Mund
mit ihm reden und ihn Auge in Auge sehen wird. [5] Er wird Zidkija 52^{11}
nach Babel bringen; dort wird er bleiben, bis ich ihn zur Rechenschaft
ziehe – Spruch des Herrn. Wenn ihr mit den Chaldäern Krieg führt,
werdet ihr kein Glück haben. [6] Jeremia sagte: Das Wort des Herrn
erging an mich: [7] Hanamel, der Sohn deines Onkels Schallum, wird
zu dir kommen und sagen: Kauf dir meinen Acker in Anatot; denn
dir steht es nach dem Einlösungsrecht zu, ihn zu kaufen. [8] Tatsäch-
lich kam Hanamel, der Sohn meines Onkels, dem Wort des Herrn
gemäß zu mir in den Wachhof und sagte zu mir: Kauf doch meinen
Acker in Anatot [im Land Benjamin]; denn du hast das Erwerbs- und

32^{5} Bis ... haben, fehlt in G: Nachtrag?
32^{8} [ ] Glosse.

zusage ($^{36-44}$: Rückführung und ewiger Bund $^{36-41}$; Leben im Land $^{42-44}$). ^{15} und $^{42-44}$ entsprechen sich inhaltlich; sie sind wie ein Rahmen um $^{26-41}$ gelegt, wobei der zweite Teil des Rahmens den ersten mit sachlichen Angaben erläutert.

32^{1-6a} Die mit Datumsangabe erweiterte Wortformel (vgl. $25^{1}34^{1}$) führt in das Jahr 587 v. Chr. $^{2-6a}$ legen dar, warum Hanamel in den Wachhof (^{8}) kommt: Jeremia ist inhaftiert zur Zeit der Belagerung Jerusalems. Als Grund wird, anders 37^{11-21}, angegeben, daß er Unheil für die Stadt und besonders den König, der ihn gefangensetzen ließ, verkündet hat. Das ist sicherlich der eigentliche letzte Grund, auch für die Verhaftung (37^{11-21}). Der Verfasser bietet keine selbständige Überlieferung und übernimmt für die Begründung (^{3}) auch nicht die dortige Darstellung, sondern schöpft aus Gerichtsworten der Jer-Überlieferung: die Frage (^{3}) aus 26^{9}, das Wort gegen die Stadt (^{3}) aus $34^{1f.7.22}$ $32^{28.24}$, gegen Zidkija (^{4}) aus 21^{7} 34^{3} 38^{23} 52^{11}. In $^{5a\beta}$, der eine Aussage über das weitere Schicksal des Königs nachträgt, ist 27^{22} verwendet, doch die »Heimsuchung« Zidkijas meint sicherlich seine Bestrafung: Sterben in der Verbannung; ^{5b}, der auch Jeremias Abraten vom Widerstand erwähnt, entspricht sachlich 21^{1-7}. Im vorliegenden Text könnte es so scheinen, als antworte Jeremia $^{6b-44}$ auf die Frage Zidkijas ^{3}. Diese ist aber eine Anklage, die nur den Grund für die Inhaftierung $^{3-5}$ benennt, und ^{6a} »Jeremia sagte« ist nur Überleitung, um das dem Redaktor vorliegende Stück $^{6b-15}$ anzubinden.

$^{6b-15}$ ist eine Einheit, eine Erzählung im Selbstbericht: Jeremia führt im Auftrag Jahwes ($^{6b.8.15}$) mit dem Kauf eines in Anatot gelegenen Ackers eine symbolische Handlung aus, die anzeigt, was (nach der Zerstörung Jerusalems) im Land geschehen wird. Das Jahwewort ^{15b} wird durch

Einlösungsrecht. Kauf ihn dir! Da erkannte ich, daß es das Wort des
Herrn war. 9 So kaufte ich von Hanamel, dem Sohn meines Onkels,
den Acker in Anatot und wog ihm das Geld ab; siebzehn Silberschekel betrug die Summe.
10 Ich schrieb die Kaufurkunde, versiegelte sie,
nahm auch Zeugen hinzu und wog das Silber auf der Waage ab, alles
nach Gesetz und Vorschrift. 11 Dann nahm ich die Kaufurkunde, die
versiegelte und die offene. 12 Ich übergab die Urkunde Baruch, dem
Sohn Nerijas, des Sohnes Machsejas, in Gegenwart Hanamels, des
Sohnes meines Onkels, und vor den Zeugen, die die Kaufurkunde
unterschrieben hatten, sowie in Gegenwart aller Judäer, die sich im
Wachhof aufhielten. 13 In ihrer Gegenwart gab ich Baruch den Auftrag:
14 [So spricht der Herr der Heere, der Gott Israels:] Nimm diese
Urkunden, die versiegelte Kaufurkunde und auch die offene, und
leg sie in ein Tongefäß, damit sie lange Zeit erhalten bleiben.
15 Denn so spricht der Herr der Heere, der Gott Israels: Man wird
wieder Häuser, Äcker und Weinberge kaufen in diesem Land.

32^{10} Nach Gesetz und Vorschrift: ist aus ^{11} heraufgenommen.
32^{12} Des Sohnes meines Onkels: *bæn-dodī* mit hebr. HSS, G, S.
32^{14} [] kommt hier zu früh, steht richtig ^{15}.

den Vorgang und die Kaufhandlung Jeremias illustriert und bezeugt. Es ist angesichts der bevorstehenden Zerstörung Jerusalems und der Eroberung des Landes eine, allerdings nüchterne und verhaltene Verheißung: Das Leben im Land soll und wird nach der Katastrophe weitergehen; sie ist nicht das absolute Ende. Jahwe will dies und wird es ermöglichen. Dies mußte der Prophet aus der Tatsache schließen, daß ihn der Herr zuvor über das bevorstehende Kaufangebot informiert hatte (^{7}). Als der Verwandte kam, wußte er, daß es nach Jahwes Willen (^{8b}) geschah. Jeremia wird als *go'el* (»Löser«) angegangen, der als der nächste Verwandte eintreten mußte; er hatte das Vorkaufsrecht und die Pflicht, ein Grundstück der Familie zu erhalten, wenn der Besitzer es veräußern mußte, weil er in Not war (Lev 25^{25}). Die Kaufurkunde wird auf einem Blatt zweimal gleichlautend geschrieben. Der eine Text wird zusammengerollt und versiegelt, der andere offengelassen, so daß jederzeit Einsicht genommen, bei Streitfällen aber die versiegelte Fassung geöffnet werden konnte. Der Kaufvertrag wird von Zeugen unterschrieben und in einem Tongefäß verwahrt. Derartige Urkunden wurden auf der Insel Elephantine in Tonkrügen entdeckt (AOB 192). Das als Geld verwendete Silber war nicht in Münzen geprägt, sondern wurde abgewogen. Baruch (vgl. 36), der als Diener fungiert, wird hier zum ersten Mal erwähnt. Er soll die Kaufurkunde aufbewahren: Das Wort Jahwes, das mit dem in der Situation der Belagerung ungewöhnlichen Kauf unterstrichen wird, gilt; es bleibt bestehen und wird sich erfüllen.

$^{16-25}$ hat die dtr (unübersehbar in $^{17-23}$) Nachinterpretation Jeremia ein Gebet in den Mund gelegt; ihn läßt sie um Klarheit über den Vorgang und das empfangene Gottes-

16 Nachdem ich die Kaufurkunde Baruch, dem Sohn Nerijas, überge- 2 Kön 6[18] 27[5]
ben hatte, betete ich zum Herrn: 17 Ach, mein Herr und Gott! Du 2 Kön 19[15] Neh 9[6]
hast Himmel und Erde erschaffen durch deine große Kraft und dei- Dtn 9[26] 2 Kön 17[36]
nen hoch erhobenen Arm. Nichts ist dir unmöglich. 18 Du übst Gnade Ex 20[5f] Dtn 17[8]
an Tausenden, doch zahlst du die Schuld der Väter ihren Söhnen Ex 34[6f] Dtn 7[10]
heim, die nach ihnen kommen, du gewaltiger, starker Gott, dessen Jes 65[6]
Name Herr der Heere ist. 19 Groß bist du an Rat und mächtig an Tat; Dtn 10[17]
deine Augen wachen über alle Wege der Menschen, um jedem ent- 2 Kön 19[16]
sprechend seinem Verhalten und seinem Verdienst zu vergelten. 17[10] 21[12.14]
20 Du hast an Israel und an den Menschen Zeichen und Wunder ge- Dtn 7[19]
tan, in Ägypten und bis auf den heutigen Tag. So hast du dir einen Jos 23[8f]
Namen gemacht, wie du ihn noch heute hast. 21 Du hast dein Volk Is- Dtn 4[34] 11[25] 26[8f]
rael unter Zeichen und Wundern, mit starker Hand, mit hoch erho-
benem Arm und gewaltigen Schreckenstaten aus Ägypten herausge-
führt. 22 Du hast ihnen dieses Land gegeben, das du ihren Vätern Dtn 1[8] Dtn 6[3]
eidlich zugesichert hattest, ein Land, in dem Milch und Honig flie- Dtn 10[11]
ßen. 23 Als sie aber dorthin kamen und es in Besitz nahmen, hörten sie
nicht auf deine Stimme und folgten deiner Weisung nicht. Nichts von Dan 9[10–13]
alledem, was du ihnen befohlen hast, haben sie getan; darum hast du Dtn 4[30] 9[23]
über sie all dies Unheil gebracht. 24 Schon kommen die Wälle bis an 26[4] 2 Kön 10[31] 17[13]
die Stadt heran, bald wird man sie einnehmen; durch Schwert, Hun- 21[9]
ger und Pest ist die Stadt den Chaldäern preisgegeben, die gegen sie
ankämpfen. Was du angedroht hast, ist eingetroffen; du siehst es ja
selbst. 25 Dennoch, mein Herr und Gott, sagst du zu mir: Kauf dir
den Acker für Geld, und nimm Zeugen hinzu! Aber die Stadt ist doch 21[10]
den Chaldäern preisgegeben.
26 Nun erging an mich das Wort des Herrn: 27 Siehe, ich bin der Herr, Num 16[22] 27[16]
der Gott aller Sterblichen. Ist mir denn irgend etwas unmöglich? Dtn 5[26]

32[26] An mich, mit G; M: »an Jeremia«.
32[27] Aller Sterblichen, wörtlich: »allen Fleisches«.

wort bitten, dessen Zuverlässigkeit und Inhalt für den Propheten (vgl. [8] und die fraglos getätigte Kaufhandlung) kein Problem war. Es war vielmehr (vgl. [36] mit [24aβ.25b]) das Problem des (im Exil lebenden) Volkes. [16] dient als Überleitung. [17–22] sind hymnisches Gotteslob im Du-Stil, [23] erinnert an die Schuld des Jahwevolkes, [24] an die gegenwärtige Situation und [25] kommt zu der eigentlichen Frage: Was soll jetzt das Heilswort ([15]), wo das Gottesgericht zu seinem schrecklichen Ende kommt. Stehen sich nicht Heilswort und Gerichtsdrohung unvereinbar gegenüber? Mit Hinweis auf die in der Schöpfung gezeigte unendliche Macht Gottes ([17]), seinen in der Geschichte Israels erwiesenen mächtigen Heilswillen ([20–22]) einerseits und seine unbestechliche, zu Recht bestehende, planvoll überlegte und wirksame Vergeltung ([18f]) andererseits, wobei der Akzent doch auf der Heilszuwendung liegt, wird die in [25] enthaltene Frage vorbereitet. Die Tatsachen ([23f]) sprechen eindeutig

28 Darum – so spricht der Herr: Ich gebe diese Stadt in die Hand der
Chaldäer und in die Hand Nebukadnezzars, des Königs von Babel,
und er wird sie einnehmen. 29 Die Chaldäer, die gegen diese Stadt an-
21^{10} $34^{2.22}$ 37^{8} kämpfen, werden eindringen, die Stadt in Brand stecken und ein-
19^{13} 2 Kön $23^{5.12}$ äschern samt den Häusern, auf deren Dächern man dem Baal Rauch-
7^{18} 7^{19f} 25^{7} 2 Kön 14^{4} opfer und fremden Göttern Trankopfer dargebracht hat, um mich zu
2 Kön 16^{2} erzürnen. 30 Denn die Leute von Israel und Juda haben von Jugend an
18^{10} Dtn 4^{25} immer nur das getan, was mir mißfiel, ja, die Leute von Israel haben
25^{6f} Dtn 31^{29} mich durch ihr Verhalten stets nur erzürnt – Spruch des Herrn. 31 In
2 Sam 7^{6} 2 Kön 21^{15} der Tat, diese Stadt hat seit ihrer Gründung bis zum heutigen Tag
2 Kön $17^{18.23}$ meinen Zorn und Grimm erregt, so daß ich sie von meinem Angesicht
7^{12} 11^{17} 17^{25} verstoßen muß 32 wegen all des Bösen, das die Leute von Israel und
2^{26f} Juda verübt haben, um mich zu erzürnen, sie, ihre Könige, ihre Be-
amten, ihre Priester und ihre Propheten, die Leute von Juda und die
$7^{13,28}$ 17^{23} 25^{3f} Einwohner Jerusalems. 33 Sie haben mir den Rücken zugewandt und
7^{25} 11^{7} nicht das Gesicht. Ich habe sie unermüdlich belehrt, aber sie hörten
5^{3} nicht darauf und besserten sich nicht. 34 Vielmehr stellten sie in dem
7^{30f} 2 Kön 8^{43} Haus, über dem mein Name ausgerufen ist, ihre Scheusale auf, um es
zu entweihen. 35 Sie errichteten die Kulthöhe des Baal im Tal Ben-
19^{5} Dtn 12^{31} Hinnom, um ihre Söhne und Töchter für den Moloch durchs Feuer
2 Kön 23^{10} gehen zu lassen. Das habe ich ihnen nie befohlen, und niemals ist mir
in den Sinn gekommen, solchen Greuel zu verlangen und Juda in
Sünde zu stürzen.

32^{30} Durch ihr Verhalten, wörtlich: »durch das Werk ihrer Hände«; in 1^{16} = Götzen.

32^{33} Ich habe sie belehrt: *wā'alammed* mit den Übss. – besserten sich nicht, wörtlich: »um Zucht anzunehmen«.

(^{25b}) gegen eine Verheißung. Die Schwierigkeiten, mit denen die dtr Bewegung während des Exils zu kämpfen hatte, melden sich hier zu Wort: Wird es für das Volk Jahwes noch eine Zukunft geben?

$^{26-35}$ Jahwe antwortet: Er steht in dtr geprägter Rede zu seinem Gerichtswort und begründet es ausführlich ($^{28-35}$). Zunächst aber stellt er grundsätzlich (^{27}) in einem Offenbarungswort (^{26}) klar, daß für ihn beides nach- und sogar nebeneinander möglich ist: Unheilsansage ($^{28-35}$) und Heilszusage ($^{36-44}$), Herbeiführen des Gerichts und Gewähren eines neu beginnenden Heils. Zur Begründung dafür stellt er sich vor als der »Gott allen Fleisches«, als der Herr und Schöpfer aller Lebewesen, der unumschränkt Macht besitzt. Das Gerichtswort faßt zusammen ($^{27-29}$), was anderwärts in Jer der Stadt Jerusalem an Unheil angedroht wird. Die Begründung ($^{30-35}$) für das Strafgericht ist »ein Summarium« aus dtr Geist, wie auch die Erwähnung Israels ($^{30.32}$) zeigt, und »soll offenbar die dtr. Anklagen (vor allem: Ungehorsam, Starrsinnigkeit, Götzendienst, Kinderopfer) breit und umfassend vereinen« (Thiel II 34). Es bleibt bei der wohlbegründeten Strafe für Jerusalem.

36 Jetzt aber – so spricht der Herr, der Gott Israels, über diese Stadt,
von der ihr sagt, sie sei durch Schwert, Hunger und Pest dem König
von Babel preisgegeben: 37 Seht, ich sammle sie aus allen Ländern, 23^{3} 29^{14}
wohin ich sie in meinem Zorn und Grimm und in großem Groll ver- 21^{5} Dtn 29^{27}
sprengt habe. Ich bringe sie wieder zurück an diesen Ort und lasse sie 24^{6}
in Sicherheit wohnen. 38 Sie werden mein Volk sein, und ich werde $31^{1.33}$
ihr Gott sein. 39 Ich bringe sie dazu, nur eines im Sinn zu haben und
nur eines zu erstreben: mich alle Tage zu fürchten, ihnen und ihren
Nachkommen zum Heil. 40 Ich schließe mit ihnen einen ewigen Bund, Dtn 4^{10} 5^{29}
daß ich mich nicht von ihnen abwenden will, sondern ihnen Gutes er- Jes 55^{3} 61^{8}
weise. Ich lege ihnen die Furcht vor mir ins Herz, damit sie nicht von Ez 37^{26}
mir weichen. 41 Ich werde mich über sie freuen, wenn ich ihnen Gutes Dtn 28^{63} 30^{9}
erweise. In meiner Treue pflanze ich sie ein in diesem Land, aus gan- 24^{6} 31^{28}
zem Herzen und aus ganzer Seele. 42 Denn so spricht der Herr: Wie Dtn 6^{5}
ich über dieses Volk all das große Unheil gebracht habe, so bringe ich 6^{19}

32^{36} M: »Jetzt aber, darum«.
32^{39} Ich ... erstreben, wörtlich: »Ich gebe ihnen *ein* Herz und *einen* Weg«.

$^{36-44}$ Mit »jetzt aber« beginnt die zweigeteilte Heilszusage ($^{37-41.42-44}$), die jeweils einen möglichen Einwand der Hörer ($^{36.43b}$) zurückweist: Menschen mögen aufgrund dessen, was geschah, so urteilen, Jahwe hat andere Pläne. Wie die Unheilsansage, so ist auch das Heilswort, sind seine Möglichkeit und seine Erfüllung in der unumschränkten Macht Jahwes (^{27}) begründet (vgl. *lāken* »darum« am Anfang von $^{28.36}$). Im ersten, ebenfalls summarisch Heilszusagen zusammenfassenden Heilswort wird nicht, was nach ^{36} zu erwarten wäre, vom Wiederaufbau der Stadt gesprochen. Die angezogenen Themen sind: Heimführung, Gottesbeziehung, Einheitlichkeit des Strebens, Bund, echte Religiosität, »Einpflanzung« im Land. Es geht um die großen Heilsgüter, die das Verhältnis Jahwes zu seinem Volk und umgekehrt betreffen. Sie werden dem aus der Diaspora heimgekehrten Volk, das nun unter Gottes Schutz in Sicherheit wohnt, versprochen. Zentral ist die Verheißung eines »ewigen Bundes«. Der »neue Bund« 31^{31-34} nimmt Israel aufs neue in Pflicht. Wenn Jahwe einen ewigen Bund errichtet (Gen $17^{7.19}$ Ez 16^{60}), setzt (2 Sam 23^{5}) oder schließt (Jes $55^{3}61^{8}$ Ps 105^{10}; vgl. Ri 2^{1}), dann verpflichtet er sich gegenüber seinem Volk zu Taten des Heils, so auch hier: Er wird sich von seinem Volk niemals abwenden. Als Heilstat ist auch die Gabe der Gottesfurcht zu verstehen, die nach dtn Theologie die ganze, echte und wirksame Beziehung zu Jahwe (neben anderen Ausdrücken) umschreibt; Ehrfurcht, Liebe, Dienst, Gehorsam, Anhänglichkeit eingeschlossen. Gott wird Heil zuwenden, dtr gesagt: Gutes tun (Dtn $6^{24}10^{13}19^{13}$). Er wird seinem Volk festen und dauernden Besitz des Landes geben. Er steht zu seiner Verpflichtung in seiner Treue und, anders als Israel (vgl. Dtn 6^{5}), ganz und ungeteilt.

$^{42-44}$ entfaltet ^{15} und umschreibt den dort gebrauchten Begriff »Land« näher als Gebiet Judas und qualifiziert die Zusage in ^{15} als Schicksalswende.

über sie all das Gute, das ich ihnen verspreche. [43] Man wird wieder
33^{10} Felder kaufen in diesem Land, von dem ihr sagt: Es ist eine Wüste,
9^{10} 34^{22} V. [25] ohne Mensch und Vieh, der Hand der Chaldäer preisgegeben. [44] Äk-
ker wird man wieder kaufen für Geld, Kaufurkunden ausstellen und
versiegeln und Zeugen hinzunehmen im Land Benjamin, in der Um-
gebung Jerusalems, in den Städten Judas und des Gebirges, in den
29^{14} 30^{3} 33^{7} Städten der Schefela und des Negeb. Denn ich wende ihr Geschick –
Spruch des Herrn.

Das neue Heil für Jerusalem und Juda: 33^{1-26}

32^{1f} 33^{1} Das Wort des Herrn erging an Jeremia zum zweitenmal, während
er noch im Wachhof eingesperrt war: [2] So spricht der Herr, der die
Erde erschaffen, sie geformt und fest gegründet hat, Jahwe ist sein

33^{2} Der die Erde erschaffen, mit G; M: »Jahwe hat sie gemacht«.

33 ist ein Nachtrag von Heilszusagen, der in die Situation von 32 eingebracht ist und in $^{1-13}$ die dortigen Verheißungen weiterführt. Textüberlieferung ($^{14-26}$ fehlen in G und sind dort erst von *O L* nachgetragen) und Struktur zeigen, daß 33 aus zwei thematisch und zeitlich unterschiedenen Abschnitten besteht: $^{1-13.14-26}$. Nach der Situationsangabe (^{1}) und der feierlichen Einleitung ($^{2.3}$) folgt ein Heilswort für Jerusalem ($^{4-9}$), das mit zwei gleichgebauten (Botenspruchformel, Rückblende, Verheißung, Formel »spricht der Herr«) Zusagen ($^{10-11.12-13}$) fortgeführt wird. Diese drei Worte zeigen auch durch die Rückblende auf das Unheil ($^{4-5.10.12a*}$) ihre Zusammengehörigkeit. Mit ^{14} setzt eine neue Thematik ein (David $^{15.17}$ und die levitischen Priester ^{18}), die bis zum Ende weitergeführt wird. Die Struktur in $^{14-26}$ ist kunstvoll gebaut. David ($^{15.26}$) bildet den Rahmen für die enge Verbindung von David und Priestern ($^{17.18}$), die in ^{21} und ^{22} noch enger wird; hierin spricht sich gewiß ein Anliegen des Verfassers aus. Mit der Erwähnung Jerusalems (^{16}) ist der Abschnitt $^{14-26}$ an den vorausgehenden angebunden, den er folglich fortsetzen soll; demnach hat er kaum einmal unabhängig für sich allein existiert. Für die Abfassungszeit ist aus dem Text zu erschließen, daß 33 auf die Zerstörung Jerusalems zurückblickt ($^{4f.10.12}$) und schon in der Nähe des chron Werkes steht, wo öfter, wie es auch ^{11} der Fall ist, die bekannte liturgische Formel in berichtenden Texten (Esra 3^{11} 1 Chr $16^{34.41}$ 2 Chr $5^{13}7^{3.6}20^{21}$) zitiert wird und das (levitische) Priestertum eine große Rolle spielt. $^{14-26}$ ist wohl in einem gewissen zeitlichen Abstand von $^{1-13}$ anzusetzen.

$^{1-3}$ In der Einleitung ist ^{2} die Botenspruchformel durch eine hymnische Prädikation verstärkt, die Jahwe als den Schöpfer und Erhalter der Welt preist, also seine alles bewirkende und tragende Macht betont (vgl. zu 31^{35-37}). Jahwe allein besitzt diese Macht; darum der Hinweis auf seinen Namen. »Fest gründen« (*kūn* Ni.Pol.Hi.) hat in theologischen Aussagen über Schöpfung (Jes 45^{18}), Zion (Jes 2^{2} Ps 48^{9}) und davidische Dynastie (2 Sam 7^{12} Ps 89^{5}) seinen

Name: 3 Rufe zu mir, so will ich dir antworten und dir große, unfaß-
bare Dinge mitteilen, die du nicht kennst. 4 Denn so spricht der Herr,
der Gott Israels, über die Häuser dieser Stadt und die Häuser der Kö-
nige Judas, die man eingerissen hat, um sie gegen die Belagerungs-
wälle und für Kriegszwecke zu verwenden, 5 und die dazu dienten,
mit den Chaldäern Krieg zu führen und mit den Leichen der Leute
angefüllt zu werden, die ich in meinem Zorn und Grimm erschlug,
weil ich mein Angesicht vor dieser Stadt wegen all ihrer bösen Taten
verborgen hatte: 6 Seht, ich bringe ihnen Genesung und Heilung; ich 30^{17}
mache sie wieder heil und gewähre ihnen beständiges Wohlergehen.
7 Ich wende das Geschick Judas und Jerusalems und baue sie auf wie 32^{44}
ehedem. 8 Ich reinige sie von all ihrer Schuld, die sie gegen mich be- 50^{20}
gangen haben, und ich vergebe ihnen alle ihre Verfehlungen, mit de-
nen sie gesündigt und sich gegen mich aufgelehnt haben. 9 Dann wird
Jerusalem meine Freude sein, mein Lobpreis und Ruhm bei allen Völ- 13^{11} Dtn 26^{19}
kern der Erde, wenn sie von all dem Guten hören, das ich tue; sie

$33^{4b.5a\alpha}$ Text unsicher. M läßt nur eine freie Deutung zu.
33^{6} Ihnen 1⁰, vgl. G^{A}, Vg, T; M: »ihr (der Stadt)«.
33^{7} Jerusalems, vgl. G^{HSS}; M: »Israel«.
33^{9} Jerusalem meine Freude, vgl. G; M: »mir zum Namen (Ruhm), Freude, zum Lob, zur Zierde«; Freude ist wohl eine in den Text gekommene Randnotiz. – das ich tue, mit G; M: »das ich ihnen tue«.

Platz. Von Jerusalem und vom Davidshaus wird im folgenden gesprochen. 3 bezieht sich auf 32, wo Jeremia betete und Jahwe antwortete, kaum schon auf apokalyptischen Offenbarungsempfang (wie z. B. 4 Esra 6^{29-33}) und die Mitteilung unzugänglicher Geheimnisse. Noch in den Plänen Gottes verborgene Entschlüsse (vgl. Jes 48^{3}) sollen dem »Propheten« kundgetan werden. In 4–9 hat der Verfasser anscheinend die Trümmer der Stadt vor Augen und spricht deshalb zunächst von der Zerstörung der Häuser Jerusalems und in 6 unter dem Bild der Heilung, das eigentlich nur auf Personen paßt, von ihrer Wiederherstellung. Doch ist Ende 5 schon die Einwohnerschaft der Stadt gemeint. 7.8 beziehen sich dann auf die Wiederherstellung des Volkes. Der schwierige Text in 4.5 kann (vgl. EÜ) so gedeutet werden, daß man Häuser abbrach, um mit ihren Steinen die Stadtmauer zu verstärken, gegen die die Sturmdämme des Feindes herangeführt wurden. Sie hatten aber in Wirklichkeit keine andere Funktion, als mit den Leichen der Bewohner gefüllt zu werden, die während der Belagerung fielen oder zugrunde gingen. Wenn Jahwe sein Angesicht verbirgt (Dtn $31^{17f}32^{20}$ Jes 8^{17}), sich abwendet, bedeutet dies Unheil. Die Vergebung der Schuld (8) ist die Voraussetzung für die Gewährung von Heil. Sie ist umfassend, wie die Verwendung der drei Hauptbegriffe für Sünde bzw. sündigen (*ᶜāwōn* verkehrtes Handeln, *ḥāṭā'* sich verfehlen, *pāšaᶜ* brechen mit [Gott]) deutlich macht, und reines Gnadengeschenk. 9 Was nach Dtn 26^{19} ganz Israel sein soll, wird hier Jerusalem zugesprochen: Es soll Jahwe bei den Völkern zum Lob,

werden zittern und beben wegen all des Guten und des Heils, das ich
32^{43} ihm erweise. [10] So spricht der Herr: An diesem Ort, von dem ihr sagt:
Verwüstet ist er, ohne Mensch und Vieh!, in den Städten Judas und
auf den Straßen Jerusalems, die verödet sind, ohne Menschen, ohne
7^{34} 16^{9} 25^{10} Bewohner und ohne Vieh, [11] hört man wieder Jubelruf und Freuden-
ruf, den Ruf des Bräutigams und den Ruf der Braut; sie rufen und
Ps 106^{1} 107^{1} singen: Dankt dem Herrn der Heere; denn der Herr ist gütig, denn
seine Huld währt ewig!, und bringen Dankopfer zum Tempel des
Herrn. Ich wende das Geschick des Landes: Es soll werden wie ehe-
dem, spricht der Herr.
[12] So spricht der Herr der Heere: An diesem Ort, der verwüstet ist,
ohne Mensch und Vieh, und in allen seinen Städten wird es eine
Weide für Hirten geben, die ihre Herden lagern lassen. [13] In den
17^{26} 32^{44} Städten des Gebirges, der Schefela und des Negeb, im Land Benja-
min, in der Umgebung Jerusalems und in den Städten Judas ziehen
wieder die Schafe an dem vorbei, der sie mit der Hand zählt, spricht
der Herr.
29^{10} [14] Seht, es werden Tage kommen – Spruch des Herrn –, da erfülle ich
das Heilswort, das ich über das Haus Israel und über das Haus Juda
gesprochen habe. [15] In jenen Tagen und zu jener Zeit werde ich für
23^{5f} David einen gerechten Sproß aufsprießen lassen. Er wird für Recht
und Gerechtigkeit sorgen im Land. [16] In jenen Tagen wird Juda geret-
tet werden, Jerusalem kann in Sicherheit wohnen. Man wird ihm den
Namen geben: Jahwe ist unsere Gerechtigkeit. [17] Denn so spricht der
1 Kön 2^{4} 8^{25} 9^{5} Herr: Nie soll es David an einem Nachkommen fehlen, der auf dem
Thron des Hauses Israel sitzt. [18] Auch den levitischen Priestern soll es

33^{17} Nie ... fehlen, wörtlich: »nie wird abgeschnitten dem David ein Mann«; desgleichen in [18] bezüglich der Priester.

zum Ruhm, zur Zierde sein, damit sie ihn fürchten und anerkennen. Denn an der Stadt, an seinem Volk wird sichtbar, daß Jahwe das Heil wirkt (vgl. Jes 60).

[10.11] sagen der verwüsteten Stadt, die menschenleer ist, neues Leben zu. Der Jubelruf von Braut und Bräutigam, ein Echo auf die göttliche Heilszuwendung, ist kultisch umgedeutet: Hymnus und Dankopfer sind die eigentliche, wahre Antwort auf das heilvolle Handeln Gottes. Der Verfasser spricht vom Kult des Zweiten Tempels und wünscht, wie es auch die Chr für ihre Kulttheologie darstellt, daß alles so werde wie früher. Die Schicksalswende soll eine Wiederherstellung früherer Zustände sein.

[12–13] Der zweite Teil der formelhaften Wendung »Ohne Menschen und ohne Vieh« ([10.12]) gab Anlaß, in die Heilszusage die Herden einzubeziehen. Die Verheißung gilt für das Gebiet, das einst das Reich Juda umfaßte. Zum Abzählen der Herdentiere vgl. Ez 20^{37} Lev 27^{32}.

[14–18] interpretieren 23^{5f}: Nicht mehr der Davidssproß steht im Zielpunkt jenes Heilswortes, das Jahwe erfüllen wird, sondern Jerusalem, das den

nie an einem Nachkommen fehlen, der alle Tage vor meinen Augen 17[26]
Brandopfer darbringt, Speiseopfer verbrennt und Schlachtopfer zu-
richtet.
[19] Das Wort des Herrn erging an Jeremia: [20] So spricht der Herr: Nur
wenn mein Bund mit dem Tag und mein Bund mit der Nacht gebro- 31[35f]
chen werden könnte, so daß es nicht mehr Tag und Nacht würde zur Gen 1[5] 8[22]
rechten Zeit, [21] dann könnte auch mein Bund mit meinem Knecht Da-
vid gebrochen werden, so daß er keinen Sohn hätte, der auf seinem
Thron König wäre, und ebenso mein Bund mit den levitischen Prie-
stern, die mir dienen. [22] So unzählbar das Heer des Himmels und so Gen 15[5] 22[17] 32[13]
unmeßbar der Sand des Meeres ist, so zahlreich mache ich die Nach-
kommen meines Knechtes David und die Leviten, die mir dienen.

33[20] *tūfar* wie [21] mit Übss; M: »ihr könnt brechen.«

Namen erhält, der 23[6] für den Davididen vorgesehen war: Gott wird ihm seine Gerechtigkeit, d. h. im Vollzug seiner Verheißungen, den man mit Recht erwarten darf, sein Heil zuwenden. Der Davidsproß dient diesem Ziel, indem er der prophetischen Forderung, Recht und Gerechtigkeit zu tun, nachkommt. Dem gleichen Ziel dient auch die Priesterschaft, indem sie ihre kultischen Funktionen täglich gewissenhaft vollzieht. Die dtr Formel vom dauernden Bestand (»nie wird es fehlen«) wird auf die Priesterschaft übertragen, die als zweite (oder gar: eigentliche?) Stütze des Staates gilt, wie es in chron Zeit, besonders in der Person des Hohenpriesters (vgl. [18] »einem Nachkommen«), der Fall war. Der Text tritt wie Dtn 17[9.18] 18[1–8] für die levitischen Priester ([22] die Leviten) ein, läßt aber keine Frontstellung gegenüber den Zadokiden erkennen.

[19–22] vertiefen und festigen die Zusage von [17f] mit der Anwendung des Begriffs »Bund«, wobei in [20] (Wenn-Satz) Thematik und Argumentationsweise an 31[35f] erinnern. Von einem »Bund« Jahwes mit Tag und Nacht, d. h. von der Heilssetzung in seinem schöpferischen Handeln zur regelmäßigen Wiederkehr von Tag und Nacht, ist wegen des darauf erwähnten Bundes mit David (2 Sam 23[5] Ps 89[4]) die Rede: Wie dieses von Gottes Schöpfermacht gewährte und festbestehende heilvolle Geschehen von Tag und Nacht, so wird auch seine Heilszusage an David aufrechterhalten, ebenso der Bund, das Versprechen für die Priesterschaft, daß sie dauernd im Dienst des Herrn stehen wird. Von einem Bund mit Levi, der für ihn Leben und Heil bedeutet, aber auch erwarten läßt, daß er das Volk lehren kann und ein Bote des Herrn der Heere ist, spricht Mal 2[4–9]. Nach Num 25[12f] schloß Jahwe mit Pinhas einen Heilsbund, ihm und seinen Nachkommen für immer das Priestertum zuteil werden zu lassen. [22] Den Nachkommen Davids und den Leviten gilt sogar die Väterverheißung unermeßlicher Vermehrung, konkret nach Abzug der übertreibenden Ausdrucksweise: daß sie nie aussterben werden und daß in ihnen das Volk des Herrn steten Bestand hat. Vielleicht stehen hinter der starken Betonung des immerwährenden Priestergeschlechts Spannungen der nachexilischen Zeit in der Gemeinde von Jerusalem.

[23–26] beziehen sich auf [19–22] und le-

[23] Das Wort des Herrn erging an Jeremia: [24] Hast du nicht bemerkt,
10^{25} 25^{9} was diese Leute reden: Die beiden Stammesverbände, die der Herr
erwählt hatte, hat er verworfen!, und wie sie mein Volk verachten, so
daß es in ihren Augen kein Volk mehr ist? [25] So spricht der Herr: So
V. 20 gewiß ich meinen Bund mit dem Tag und mit der Nacht und die Ord-
nungen von Himmel und Erde festgesetzt habe, [26] so sicher werde ich
auch die Nachkommen Jakobs und meines Knechtes David nicht ver-
werfen; aus seinen Nachkommen werde ich die Herrscher über die
Nachkommen Abrahams, Isaaks und Jakobs nehmen. Denn ich
werde ihr Geschick wenden und mich ihrer erbarmen.

Zidkijas Ende: 34^{1-7}

34[1] Das Wort, das vom Herrn an Jeremia erging, als Nebukadnezzar, der König von Babel, und sein ganzes Heer, alle Königreiche seines Herrschaftsgebietes und alle Völkerschaften gegen Jerusalem und alle

gen [20a] neu aus. [24] nimmt ein geflügeltes Wort, das die Grundlagen der Existenz des Jahwevolkes untergräbt, auf, um es [25f] zu widerlegen: Jahwe habe die Erwählung seines Volkes rückgängig gemacht. Die beiden Stammesverbände sind Jakob und David ([26]); *mišpāḥāh* ist gewählt, weil es nicht nur den kleinen Stamm, sondern auch die Großfamilie, wie sie die Angehörigen der Davidsdynastie bildeten, bezeichnen kann. Der Text sagt »Jakob« (vgl. Mal 1^{2}), nicht Israel, wohl um auch hier wie bei David auf die bescheidenen Anfänge im Stammvater hinzuweisen. Die Erwählung Israels und der Davidsdynastie bleibt bestehen, wie die Heilssetzungen von Tag und Nacht und der ganzen Schöpfungsordnung. Der Herr hält an der besonderen Beziehung zu seinem Volk und zum Davidshaus fest, trotz des ergangenen Gerichts. Das ist die Voraussetzung für die Schicksalswende. Es geschieht aus reinem Erbarmen Gottes.

34–38 Mit 34 beginnt ein neuer Großabschnitt im Aufbau des Jer-Buchs: Die Redaktion, die mit der Häufung der Heilszusagen (30–33) den uneingeschränkten Heilswillen Jahwes betont hatte, richtet nun ihren Blick auf das nahe, noch vermeidbare Ende Jerusalems, wobei sie überliefertes Material (Erzählungen, Jeremiaworte) verwendet: Eine letzte große Warnung wird ausgesprochen (34–38): Dem wort- und eidbrüchigen Volk (34^{8-22}) wird das Beispiel der unbestechlich treuen Rechabiter (35) vor Augen gehalten. Dem König wird (36) gesagt, wie gefährlich es ist, das Wort Gottes zurückzuweisen. Zidkija wird durch die Inhaftierung Jeremias eine letzte Möglichkeit gegeben, sich richtig zu orientieren (37^{1}–38^{13}). 34^{1-7} und 38^{14-28} dienen als Rahmen, der das Thema deutlich macht: König und Volk sind in die Entscheidung gerufen: Entweder sie unterwerfen sich, dem Wort Jahwes entsprechend, dem König von Babel und kommen davon, oder sie leisten Widerstand und gehen unter.

34^{1-7} stellt diese Alternative mit zwei Prophetenworten [2b.3] und [4b.5] vor Augen. Daß hier die Redaktion spricht, zeigt sich an der Einleitung in [1] (umgeprägte Wortereignisformel, Zeit-

seine umliegenden Städte Krieg führten: 2 So spricht der Herr, der
Gott Israels: Mach dich auf, rede mit Zidkija, dem König von Juda, 32^{3f}
und sag zu ihm: So spricht der Herr: Ich gebe diese Stadt in die
Hand des Königs von Babel, und er wird sie niederbrennen. 3 Auch
du wirst seiner Hand nicht entrinnen, sondern ergriffen und in seine
Hand gegeben werden. Auge in Auge wirst du den König von Babel
sehen, und von Mund zu Mund wird er mit dir reden, und nach Ba-
bel wirst du kommen. 4 Doch höre das Wort des Herrn, Zidkija, Kö-
nig von Juda! So spricht der Herr über dich: Du brauchst nicht durch
das Schwert zu sterben. 5 In Frieden kannst du sterben, und wie dei- 2 Chr 16^{14}
nen Vätern und Vorgängern, den früheren Königen, so wird man
auch dir zu Ehren Totenfeuer anzünden und dir die Totenklage hal- 22^{18}
ten: »Ach, der Herrscher!« Ich bin es, der dieses Wort gesprochen hat
– Spruch des Herrn. 6 Der Prophet Jeremia sagte alle diese Worte zu
Zidkija, dem König von Juda, in Jerusalem, 7 als das Heer des Königs
von Babel bereits gegen Jerusalem und die übriggebliebenen Städte
Judas, nämlich Lachisch und Aseka, kämpfte; denn nur diese befe-
stigten Städte waren in Juda noch übriggeblieben.

Der Widerruf der Sklavenfreilassung: 34^{8-22}

8 Das Wort, das vom Herrn an Jeremia erging, als König Zidkija mit
dem ganzen Volk in Jerusalem das Abkommen getroffen hatte, eine

$34^{4.5}$ Du brauchst..., wörtlich: »du wirst...«; kannst du, wörtlich: »wirst du...«, s. die Auslegung.

$34^{8.13.15.18}$ Abkommen getroffen, wörtlich: »einen Bund *(b^e rīt)* geschnitten«.

und Situationsangabe), dem uneigentlichen Gebrauch der Botenspruchformel in ^{2a} und an ^{6}, einer abschließenden Aussage, die das Vorausgehende als Jeremiawort bekräftigen will (vgl. 2 Sam 7^{17}). Die beiden Prophetenworte werden ganz bewußt unverbunden nebeneinandergestellt und darum jeweils in gewohnter Weise eingeführt. Sie führen dem König vor, was mit ihm, je nach seiner Entscheidung, geschieht (vgl. 38^{17f}): Zerstörung der Stadt, Gefangennahme mit Verschleppung nach Babel oder Leben und ein ehrenhaftes Begräbnis, anders, als es Jojakim angedroht wurde. Totenfeuer wurden zu Ehren des Verstorbenen angezündet (2 Chr $16^{14}21^{19}$), wobei vielleicht wohlriechende Kräuter und Spezereien (vgl. Jos Ant 17,8,3) verbrannt wurden. Eine Bedingung ist weder in ${}^{2b.3}$ noch in ${}^{4b.5}$ formuliert. Nur die Konsequenz des Verhaltens wird vorgestellt, anders 38^{17f}. Der König kann und muß entscheiden. Um zu sagen, wie dringlich die Übergabe der Stadt ist, und daß keine Zeit zu verlieren ist, wird ^{7} noch einmal die Situation beschrieben. Lachisch (wohl *tell edduwēr,* süd-westlich von Jerusalem) und Aseka (wohl *tell zakarīje,* westlich von Jerusalem), leisten noch Widerstand, aber bald ist Jerusalem an der Reihe.

${}^{8-22}$ berichtet von einer Freilassung der Sklaven zur Zeit der Belagerung

Freilassung auszurufen. 9 Es sollte nämlich jeder seinen hebräischen
Sklaven und seine hebräische Sklavin freilassen, und keiner sollte
mehr seinen hebräischen Stammesbruder als Sklaven halten. 10 Dem
hatten sich alle Großen gefügt, ebenso das ganze Volk, das dem Ab-
kommen beigetreten war, daß jeder seinen Sklaven oder seine Sklavin
freilassen und nicht mehr als Sklaven halten werde. Sie hatten ge-
horcht und die Sklaven freigelassen. 11 Danach aber holten sie die
Sklaven und Sklavinnen, die sie freigelassen hatten, zurück und
machten sie mit Gewalt wieder zu Sklaven und Sklavinnen. 12 Da er-
ging das Wort des Herrn an Jeremia: 13 So spricht der Herr, der Gott
11^{7-10} Dtn 5^{6} Israels: Ich habe mit euren Vätern, als ich sie aus Ägypten, dem Skla-
venhaus, herausführte, ein Abkommen getroffen und verlangt: 14 Alle
Ex 21^{2} sieben Jahre soll jeder von euch seinen hebräischen Stammesbruder,
Lev 25^{41} der sich ihm verkauft hat, freilassen; sechs Jahre soll er dein Sklave
Dtn 15^{12} sein, dann sollst du ihn freilassen. Aber eure Väter haben mir nicht
7^{24} 11^{7f} 25^{4} gehorcht und mir ihr Ohr nicht zugeneigt. 15 Da seid ihr jetzt umge-
Dtn 6^{18} 12^{8} kehrt und habt das getan, was in meinen Augen recht ist, indem jeder
für seinen Nächsten die Freilassung ausrief. Vor mir hattet ihr ein Ab-
$7^{10f.14.30}$ kommen getroffen in dem Haus, über dem mein Name ausgerufen
1 Kön 8^{43} ist. 16 Aber ihr seid wieder umgekehrt und habt meinen Namen ent-
Lev 18^{21} 19^{12} weiht; denn jeder von euch hat seinen Sklaven oder seine Sklavin zu-
Ez 36^{20f}

34^{12} Des Herrn, M fügt »vom Herrn« hinzu, das in G, S fehlt.

Jerusalems, ihrer Rücknahme ($^{8-11}$) während des zeitweiligen Abzugs der Babylonier (^{21}) und über die Stellungnahme des Propheten ($^{12-22}$) zu diesem Vorgang. In die für die Redaktion typische Eröffnung (^{8a}) ist als Situationsangabe für das folgende Prophetenwort – an ihm ist der Verfasser interessiert und beteiligt – die kurze überlieferte Erzählung eingebunden. In ihr werden Anlaß und Grund für die Freilassung der hebräischen Sklaven, freier Bürger, die sich in Schuldknechtschaft begeben mußten, weil sie infolge der Kriegswirren ihre Existenzgrundlage verloren hatten, nicht genannt. Der König ordnete die Freilassung an und verpflichtete die Herren dazu (in einer *b^e^rīt* vor Jahwe = Inpflichtnahme mit Jahwe als Zeugen und Garanten), wohl um in der Belagerungsnot Unruhen zu unterbinden und weitere Kämpfer zu gewinnen. Als die Situation sich entspannte, wurden die Sklaven wieder zurückgeholt und erneut zur Knechtschaft gezwungen. Dagegen wendet sich Jeremia im Auftrag Jahwes. Nach dem Text hält er eine ausführliche dtr geprägte Rede (s. u.). Auch in ^{18}, wo das Drohwort überliefert ist, liegt dtr Bearbeitung vor: den Bund übertreten (vgl. Dtn 17^{2} Jos $7^{11.15}$ u. ö.), die Worte (des Bundes) aufrichten: 2 Kön 23^{3}; vgl. Dtn $9^{5}27^{26}$ u. ö.; Ex 6^{4} Lev 26^{9} u. ö. Im Kern der Rede sind Jeremias Worte noch zu erkennen, ein prophetisches Schelt- und Drohwort: »^{13} So spricht Jahwe: ^{15} Ihr habt vor mir eine *b^e^rīt* geschnitten, ^{16} aber ihr habt zurückgeholt, ein Mann seinen Knecht und ein Mann seine Magd. ^{18} So mache ich die Männer zum Kalb, das sie in zwei Hälften schnitten und durch

rückgeholt, die ihr doch völlig freigelassen hattet. Ihr habt sie ge-
zwungen, wieder eure Sklaven und Sklavinnen zu werden. [17] Darum
– so spricht der Herr: Ihr habt mir nicht gehorcht, und keiner hat für 7[13.26]
seinen Stammesbruder und seinen Nächsten die Freilassung ausgeru-
fen. Wohlan, so rufe ich euch eine Freilassung aus – Spruch des
Herrn – für Schwert, Pest und Hunger, und ich mache euch zu einem 21[7]
Bild des Schreckens für alle Reiche der Erde. [18] Ich mache die Män- 15[4] 24[9] 29[18]
ner, die mein Abkommen verletzt und die Worte der Abmachung, die
sie vor mir getroffen hatten, nicht gehalten haben, dem Kalb gleich,
das sie in zwei Hälften zerschnitten haben und zwischen dessen Stük-
ken sie hindurchgegangen sind. [19] Die Großen Judas und Jerusalems, 29[2]
die Höflinge, die Priester und alle Bürger des Landes, die zwischen
den Stücken des Kalbes hindurchgegangen sind, [20] sie alle gebe ich in
die Hand ihrer Feinde und derer, die ihnen nach dem Leben trachten.
Ihre Leichen sollen den Vögeln des Himmels und den Tieren des Fel- 21[7] 22[25] 38[16]
des zum Fraß dienen. [21] Auch Zidkija, den König von Juda, und seine 7[13] 19[7] Dtn 28[26]
Großen liefere ich ihren Feinden aus und denen, die ihnen nach dem
Leben trachten, dem Heer des Königs von Babel, das eben von euch
abgezogen ist. [22] Schon gebe ich den Befehl – Spruch des Herrn – 37[8f]

34[18] Die Worte der Abmachung nicht gehalten haben, wörtlich: »nicht aufgerichtet haben die Worte der *b^e rīt*.« – dem Kalb gleich, M: *hā^c egæl* ist richtig: *nātan* mit doppeltem Akkusativ.

dessen Stücke sie hindurchschritten«. Das Prophetenwort bezieht sich auf einen Ritus der Selbstverfluchung, der bei Übernahme einer feierlichen Verpflichtung (*b^e rīt*) vollzogen wurde. So steht z. B. im Text des Vertrags, durch den Bar-Gaja, der König von Katak, Mati-El, den König von Arpad, in Pflicht nimmt: »Und wenn meineidig wird Mati-El ... Gleichwie dieses Kalb zerschnitten wird, so soll Mati-El zerschnitten werden« (W. Beyerlin, Religionsgeschichtliches Textbuch zum AT, 1975, 273–276). Das Gerichtswort Jeremias wird dtr zu einer Predigt ausgestaltet. Der Verfasser zieht die Gesetzesbestimmung heran, daß Angehörige des Jahwevolkes nur sechs Jahre in Schuldknechtschaft gehalten werden durften, im siebten jedoch freizulassen waren. Darum aber oder auch um eine zusätzliche Freilassung derer, die bereits frei sein müßten, ging es nicht. Eine Freilassung aller, unabhängig von der Dauer der Knechtschaft, war getätigt worden. Der dtr Autor jedoch will zeigen, daß die von Jahwe festgesetzte Verpflichtung (*b^e rīt* [13]) nie, auch jetzt nicht, erfüllt wurde, daß Israel nie ([14.17]) gehorcht hat. Weil das Volk gegen den Willen Jahwes keine Freilassung der Schuldsklaven vorgenommen hat, wird er eine »Freilassung« der Schuldigen anordnen – allerdings in den Untergang hinein ([17]), der mit den in der dtr Nachinterpretation gebräuchlichen Ausdrücken beschrieben wird. Auch das Strafwort Jeremias [18*] wird [19f] noch einmal dahingehend interpretiert: Die Schuldigen wurden dem Feind ausgeliefert und getötet. Sie haben die Sklaven zurückgeholt ([16]), Jahwe holt den Feind zurück ([22]),

und hole sie zu dieser Stadt zurück, damit sie gegen sie kämpfen, sie
9[10] 32[29] 34[2] erobern und niederbrennen. Die Städte Judas mache ich zur men-
4[7] 26[9] schenleeren Wüste.

Das Vorbild der Rechabiter: 35[1–19]

35[1] Das Wort, das vom Herrn an Jeremia erging in den Tagen Joja-
kims, des Sohnes Joschijas, des Königs von Juda: [2] Geh hin zur Ge-
meinschaft der Rechabiter, rede mit ihnen, führ sie zum Haus des

der Stadt und Land zerstört, die Menschen tötet oder verschleppt.

35 berichtet, wie Jeremia auf Befehl Jahwes die Rechabiter in eine der Tempelhallen ruft, ihnen Wein vorsetzt, diese aber nicht trinken, und wie daraufhin ein Wort des Herrn vom Propheten verkündet wird. Der Selbstbericht (vgl. den Ichstil in 13 18 19[1] 27[2] 32) führt eine symbolische Handlung vor Augen, die dann im Gotteswort gedeutet wird. In einer Symbolhandlung läßt Gott nicht eine Botschaft an das Zeichen – das sind die Rechabiter hier – verkünden. Also kann [18f] nicht das Gotteswort sein, das den Vorgang deutet und seine Botschaft zur Aussage bringt. Es muß in [13–17] zu suchen sein. Nun tragen aber [15.17] in Wortfeld und Ausdrucksweise unverkennbar Züge der Nachinterpretation an sich, und [16] wiederholt mit ähnlichen Worten [14]; also steckt das Deutewort in [13f]. Daß es verlorengegangen sei, ist nicht anzunehmen. [13f] greifen nämlich den konkreten Zug des Weintrinkens auf, um den es auch in der symbolischen Handlung geht, während [15–17] sich ganz allgemein zum Gebot Jonadabs in [16] äußern. Die Nachinterpretation spricht hier im umfassenden pauschalen Sinn. Darum dürften ihr auch [7b–11] angehören, die [6.7a] entfalten. So wird der ursprüngliche Text in [2–7a.12–14*] vorliegen. Im Anschluß an die Erzählung wird das Wort Jahwes mitgeteilt: »[12] Nun erging das Wort des Herrn (an mich): [13] So spricht der Herr: Wollt ihr nicht Zucht annehmen? [14] Das Gebot . . . Ich, ich habe zu euch geredet, doch ihr habt mir nicht gehorcht.«

35[1.11] Der Redaktor setzt die Zeichenhandlung mit den standhaften Rechabitern in der Zeit Jojakims an, wobei nicht zu entscheiden ist, ob er an das kriegerische Unternehmen von 602/1 (s. 2 Kön 24[2]) oder an die Ereignisse vor 597 denkt. Beide Male dürften Bewohner des Landes vor dem Feind in die Hauptstadt geflüchtet sein.

[2–7a] Die Rechabiter leiten sich von Jonadab, einem Sohn Rechabs her, den sie *'ābīnū* »unseren Vater«, was Stammvater, Lehrmeister, Patron oder alles zusammen meinen kann. Wenn dieser Jonadab, wie man annimmt, mit Jehu (2 Kön 10[15.23]) gegen die Baalsverehrung kämpfte, war er ein entschiedener Jahweverehrer. Daraus zieht man den Schluß, daß die Rechabiter »die Gaben des Kulturlandes, feste Häuser, Acker- und Weinbau, verpönten, da ihre Früchte offenbar die Wurzeln des Abfalls vom Gott des Wüstenzuges in sich bargen« (G. Wallis, in: BHH 1559). [2–7a.14–17] spielen jedoch nicht auf eine besondere und intensive Jahweverehrung an. Die Verbote Jonadabs ([6.7a]) können auch ein Abhängigkeitsverhältnis (kein Haus- und Landbesitz) begründen bzw. festschreiben. Für Jeremia kommt es nur auf das Verbot, Wein zu trinken, an. Die Anga-

Herrn in eine der Hallen, und gib ihnen Wein zu trinken! 3 Da holte
ich Jaasanja, den Sohn Jirmejas, des Sohnes Habazzinjas, samt seinen
Brüdern und allen seinen Söhnen und der ganzen Gemeinschaft der
Rechabiter. 4 Ich führte sie zum Haus des Herrn in die Halle der
Söhne Hanans, des Sohnes Jigdaljas, des Gottesmannes, die neben
der Halle der Großen oberhalb der Halle des Schwellenwächters
Maaseja, des Sohnes Schallums, gelegen ist. 5 Dann setzte ich den
Leuten von der Gemeinschaft der Rechabiter gefüllte Weinkrüge und
Becher vor und sagte zu ihnen: Trinkt Wein! 6 Sie aber entgegneten:
Wir trinken keinen Wein; denn unser Ahnherr Jonadab, der Sohn 2 Kön 10^{15}
Rechabs, hat uns geboten: Ihr sollt niemals Wein trinken, weder ihr
selbst noch eure Söhne. 7 Auch sollt ihr kein Haus bauen, keine Saat
bestellen, keinen Weinberg pflanzen oder besitzen. Vielmehr sollt ihr
euer Leben lang in Zelten wohnen, damit ihr lange lebt in dem Land,
in dem ihr euch als Fremde aufhaltet. 8 Wir gehorchten dem Auftrag
unseres Ahnherrn Jonadab, des Sohnes Rechabs, in allem, was er uns
gebot; wir tranken also zeitlebens keinen Wein, weder wir noch un-
sere Frauen, Söhne und Töchter. 9 Wir bauten uns keine Wohnhäu-
ser, wir besaßen keinen Weinberg, keinen Acker und keine Saat.
10 Wir wohnten in Zelten, und gehorsam handelten wir genauso, wie
unser Ahnherr Jonadab es uns geboten hat. 11 Als jedoch Nebukad-
nezzar, der König von Babel, gegen das Land heranzog, da sagten
wir: Kommt, wir wollen uns vor dem Heer der Chaldäer und dem
Heer der Aramäer nach Jerusalem begeben. So ließen wir uns in Jeru-
salem nieder. 12 Nun erging das Wort des Herrn an Jeremia: 13 So
spricht der Herr der Heere, der Gott Israels: Geh hin und sag zu den

35^{12} An Jeremia, so M; G: »an mich«; siehe den Ich-Stil $^{2-4}$.

ben über die Tempelhallen, ihre Lage und ihre »Besitzer« geben sicherlich damalige Verhältnisse wieder, sagen uns aber nichts über Größe, Lage, Funktion und Bedeutung dieser Räume.

$^{12-14*}$ Das Deutewort, das Jeremia den im Tempel Anwesenden verkündet, ist eine eindringliche Mahnung. Wenn schon ein Verbot Jonadabs von einer Gemeinschaft, die sich von ihm herleitet, genau und treu befolgt wird, dann muß Jahwes Volk umso mehr auf die Worte seines Gottes hören. Denn hier ergeht mehr als nur menschliche Vorschrift, hier spricht Gott.

$^{7b-11}$ Die Nachinterpretation führt nicht nur im einzelnen aus, daß die Rechabiter alle Verbote ihres »Vaters« stets treu befolgt haben, sondern fügt allem Anschein nach auch das nomadische Ideal des Wohnens in Zelten als Gebot hinzu, wie an der dtn Verheißung zu sehen ist: »damit ihr lange lebt . . .« (Dtn $5^{16.33}30^{16}$, vgl. $5^{33}6^{2}$ u. ö.).

$^{13-14*.15-17}$ Das ursprüngliche Deutewort wird durch ein erneutes Auftragswort und Angabe der Adressaten (^{13}), die nach der Einfügung $^{7b-11}$ als nötig erschienen, erweitert. Sodann wird die Tatsache, daß Jahwe zu seinem Volk geredet hat, durch

4[4] 11[2] 17[20] 18[11] Leuten von Juda und zu den Einwohnern Jerusalems: Wollt ihr euch
nicht endlich belehren lassen und auf meine Worte hören? – Spruch
des Herrn. [14] Das Gebot Jonadabs, des Sohnes Rechabs, der seinen
Söhnen das Weintrinken verboten hat, wird treu erfüllt; sie trinken
keinen Wein bis zum heutigen Tag, weil sie dem Befehl ihres Ahn-
11[7] 26[5] 32[23] herrn gehorchen. Ich aber habe immer wieder zu euch geredet, doch
25[3–7] ihr habt mir nicht gehorcht. [15] Und immer wieder sandte ich zu euch
7[25] 29[19] alle meine Knechte, die Propheten, mit der Mahnung: Kehrt doch
18[11] 1 Kön 13[33] 2 Kön 17[13] alle um von eurem schlechten Weg! Bessert euer Tun, und lauft nicht
7[3] 26[13] anderen Göttern nach, um ihnen zu dienen. Dann dürft ihr in dem
7[24] 23[39] 25[5] 30[3] Land bleiben, das ich euch und euren Vätern gegeben habe. Ihr aber
11[8] 17[23] 25[4] 34[14] habt euer Ohr nicht geneigt und nicht auf mich gehört. [16] Ja, die
Söhne Jonadabs, des Sohnes Rechabs, haben das Gebot, das ihnen ihr
Ahnherr gegeben hat, erfüllt. Dieses Volk aber hat mir nicht ge-
horcht. [17] Darum – so spricht der Herr, der Gott der Heere, der Gott
4[6] 11[12] 19[3.15] Israels: Seht, ich bringe über Juda und über alle Einwohner Jerusa-
lems das ganze Unheil, das ich ihnen angedroht habe, weil sie nicht
7[13] hörten, sooft ich zu ihnen redete, und keine Antwort gaben, sooft ich
sie rief. [18] Zur Gemeinschaft der Rechabiter aber sagte Jeremia: So
spricht der Herr der Heere, der Gott Israels: Weil ihr dem Gebot eu-
Dtn 11[13.27f] res Ahnherrn Jonadab gehorcht, alle seine Gebote gehalten und nach
allen seinen Anordnungen gehandelt habt, [19] darum – so spricht der
Herr der Heere, der Gott Israels: Niemals soll es Jonadab, dem
Sohne Rechabs, an einem Nachkommen fehlen, der in meinem
Dienst steht.

35[14] Das Gebot *(d^{e}bar)*; M: »die Worte«.

die Unermüdlichkeitsformel (»immer wieder« [14f]) unterstrichen, mit dem Hinweis auf die Propheten ([15]) erläutert und mit der dtr formulierten Angabe ihrer Botschaft (Umkehr, Besserung der Taten; Beachtung des ersten Gebots, Verheißung: Bleiben im Land) konkretisiert. Schließlich wird [17] ein Gerichtswort angefügt, womit das ursprüngliche Deutewort gegen die Zielrichtung der Symbolhandlung, die keine Bestrafung impliziert, sondern ein Vorbild hinstellt, verändert wird. [12–17] werden damit zu einem selbständigen Abschnitt mit Scheltwort ([13–16]) und Drohwort ([17]), der sich von [1–11] löst. Ein neuer Schluß wird ([18f]) notwendig. [17] nimmt in der Strafandrohung bereits aus früheren Texten bekannte Formulierungen auf. Jahwes Reden zu seinem Volk ist ein Anruf, der eine Antwort durch die Tat verlangt. [18f] Ein Heilswort für die Rechabiter, das mit »alle seine Gebote« auf [7b–11] Bezug nimmt. Ihnen wird mit der aus 1 Kön 2[4] 8[25] 9[5] bekannten Formel »nie soll es fehlen...« (vgl. 33[17]) zugesagt, daß sie für immer im Dienst Jahwes stehen dürfen, wobei wohl auf 2 Kön 10[17.23] angespielt ist: Jonadab gilt die Verheißung in [19], die an sich besser in 2 Kön 10 stehen würde. Vielleicht ist von daher auch [7b] zu verstehen: Die Rechabiter müssen so konsequent Jahwe verehren und ihm treu sein, daß sie sich in Kanaan, als in der Fremde lebend

DIE BERICHTE BARUCHS: 36[1]–45[5]

Die Verbrennung der Buchrolle: 36[1–32]

36[1] Im vierten Jahr Jojakims, des Sohnes Joschijas, des Königs von 25[1]
Juda, erging vom Herrn dieses Wort an Jeremia: [2] Nimm dir eine
Buchrolle, und schreib darauf alle Worte, die ich zu dir über Israel
und Juda und über alle Völker gesprochen habe, seitdem ich zu dir 25[3]
rede, von den Tagen Joschijas an bis heute. [3] Vielleicht werden die 26[3]
Leute vom Haus Juda, wenn sie hören, wieviel Unheil ich ihnen an- 18[11]
tun will, umkehren von ihrem bösen Weg, und ich kann ihnen Schuld
und Sünde verzeihen. [4] Da rief Jeremia Baruch, den Sohn Nerijas,
und Baruch schrieb nach dem Diktat Jeremias alle Worte, die der
Herr zu ihm gesprochen hatte, auf eine Buchrolle. [5] Jeremia gab hier-
auf Baruch folgenden Auftrag: Mir ist es verwehrt, das Haus des
Herrn zu betreten. [6] Darum geh du hin, und lies am Fasttag aus der
Rolle, die du nach meinem Diktat geschrieben hast, dem Volk im
Haus des Herrn die Worte des Herrn vor. Auch allen Judäern, die

wie die Erzväter, wie Israel in Ägypten betrachten. So wird ihr Vorbild für Jahwes Volk noch erhöht und die Mahnung verstärkt. Nur wenn Israel so entschieden und treu wie die Rechabiter zu Jahwe steht, hat es Zukunft.

36 berichtet über die Aufzeichnung der bisherigen Verkündigung Jeremias ([1–8]), die Verlesung der Schrift in einer Tempelhalle ([9–13]), vor den obersten Beamten ([14–19]) und vor König Jojakim, der die Schrift stückweise verbrannte ([20–26]), sowie über die erneute Aufzeichnung ([27f.32]) und ein Drohwort gegen Jojakim ([29–31]). Baruch ist der Schreiber der Buchrolle. Wegen der genauen Angaben (eingehende Schilderung der Verlesung, Namen der Beamten) betrachtet man ihn wohl mit Recht als Verfasser von 36 und nimmt an, daß die sog. Baruch-Schrift (36–45) hier beginne. Von 36 wird auch die Existenz der sog. Urrolle hergeleitet, die wohl Jeremiaworte vor allem aus 2–6 enthielt. Die Einleitung in [1–3] ist in Verbindung mit 25[1–3] (vgl. dort) und 26[3] redaktionell gestaltet. Auch [6b–8] sind nachträglich eingefügt: [7] nimmt [3] auf, und [6b] und [8] nehmen [9f] vorweg. Im Schlußteil gehören [27f.32] und [29–31] zusammen. Da Jeremia den König nicht ansprechen kann ([26]), ist [29b] sekundär Der Prophet spricht nur ein Wort gegen (*ᶜal* [29]) Jojakim ([30]), das eine Fortführung der Drohung von 22[19] sein dürfte. [31] bringt Formulierungen der Nachinterpretation.

[2a*.4–6a] Der Auftrag an Jeremia (»nimm dir eine Buchrolle und schreib darauf alle Worte, die ich zu dir gesprochen habe«) wird mit Hilfe Baruchs erfüllt, wobei der Prophet, der wahrscheinlich erst unter Jojakim aufgetreten war, schriftliche Notizen wohl nicht benötigte. Jahwes Befehl impliziert auch den Verkündigungsauftrag, der an Baruch weitergegeben wird ([6]). Warum Jeremia verhindert war, ist nicht gesagt (Redeverbot im Tempel?, vgl. 26 Feindschaft der Tempelbehörde?). Von Anfang an wird im Bericht Wert darauf gelegt, daß die Schrift-

aus ihren Städten herbeiströmen, sollst du sie vorlesen. [7] Vielleicht
18[11] flehen sie vor dem Herrn um Erbarmen und kehren um, jeder von sei-
7[20] 32[31] nem bösen Weg; denn groß ist der Zorn und Grimm, den der Herr
diesem Volk angedroht hat. [8] Baruch, der Sohn Nerijas, handelte ge-
nau nach dem Auftrag des Propheten Jeremia und las im Haus des
Herrn die Worte des Herrn aus dem Buch vor.
[9] Im fünften Jahr Jojakims, des Sohnes Joschijas, des Königs von
Juda, hatte man im neunten Monat alles Volk in Jerusalem und alle
Leute, die von den Städten Judas nach Jerusalem kommen sollten, zu
einem Fasten vor dem Herrn aufgerufen. [10] Nun las Baruch im Haus
des Herrn dem ganzen Volk aus dem Buch die Worte Jeremias vor,
und zwar in der Halle Gemarjas, des Sohnes des Staatsschreibers
Schafan, im oberen Vorhof am Eingang des Neuen Tempeltores.
[11] Als Micha, der Sohn Gemarjas, des Sohnes Schafans, alle Worte
des Herrn aus dem Buch vernommen hatte, [12] ging er hinab in den
Königspalast zur Halle des Staatsschreibers. Dort waren gerade alle
hohen Beamten zu einer Sitzung versammelt: der Staatsschreiber Eli-
schama, Delaja, der Sohn Schemajas, Elnatan, der Sohn Achbors,
Gemarja, der Sohn Schafans, Zidkija, der Sohn Hananjas, und alle
sonstigen Beamten. [13] Micha teilte ihnen alle Worte mit, die er gehört
hatte, als Baruch dem Volk aus dem Buch vorlas. [14] Da schickten die
versammelten Beamten Jehudi, den Sohn Netanjas, des Sohnes Sche-
lemjas, des Sohnes Kuschis, zu Baruch und ließen ihm sagen: Nimm
die Rolle, aus der du dem Volk vorgelesen hast, und komm hierher!
Sogleich nahm Baruch, der Sohn Nerijas, die Rolle und ging zu ih-
nen. [15] Sie sagten zu ihm: Setz dich, und lies sie uns vor! Nun las ih-
nen Baruch vor. [16] Als sie all die Worte hörten, schauten sie einander
erschrocken an und sagten [zu Baruch]: Wir müssen das alles dem
König mitteilen. [17] Sie fragten Baruch: Sag uns doch, wie hast du alle

36[10] Staatsschreibers, wörtlich: »Schreibers«; ebenso 37[15.20].
36[16] [ ] fehlt richtig in G.

rolle nicht Baruchs, sondern Jeremias Wort ([6.18]), also prophetisches Jahwewort enthielt.

[9–13] Genaue Angaben über Ort und Personen unterstreichen die Zuverlässigkeit des Berichts. Fasten wurde angeordnet bei Nöten, die das Volk trafen, besonders bei feindlichen Angriffen, Ausbleiben des Regens, Hungersnot. Es brachte viele Menschen, die zudem für die Buße und für die Weisung Jahwes aufgeschlossen waren, in den Tempel, so daß Gottes Wort einen großen und bereiten Hörerkreis fand. Von einer Reaktion der Anwesenden, ausgenommen den Enkel Schafans – die einflußreiche (29[3] 2 Kön 22) Schafanfamilie war dem Propheten wohlgesonnen (vgl. 26[24]39[14]40[5]43[6]) –, verlautet nichts; die Erzählung ist an den kommenden Ereignissen interessiert.

[14–20] Der versammelte Ministerrat läßt sich die Rolle vorlesen, erkundigt sich über die Entstehung, um

diese Worte niedergeschrieben? 18 Baruch erwiderte ihnen: Jeremia
hat mir alle diese Worte diktiert, und ich habe sie mit Tinte in das
Buch geschrieben. 19 Darauf sagten die Beamten zu Baruch: Geh und
verbirg dich, du und auch Jeremia! Niemand soll wissen, wo ihr seid.
20 Dann begaben sie sich zum König in den Palasthof, nachdem sie
die Rolle in der Halle des Staatsschreibers Elischama verwahrt hat-
ten, und berichteten das alles dem König. 21 Da gab der König dem
Jehudi den Auftrag, die Rolle zu holen, und dieser holte sie aus der
Halle des Staatsschreibers Elischama. Und Jehudi las sie dem König
vor und allen Beamten, die um den König herumstanden. 22 Der Kö-
nig wohnte im Winterhaus, es war ja der neunte Monat, und vor ihm
brannte das Feuer auf dem Kohlenbecken. 23 Sooft nun Jehudi drei
oder vier Spalten gelesen hatte, schnitt sie der König mit dem Schrei-
bermesser ab und warf sie in das Feuer auf dem Kohlenbecken, bis
das Feuer auf dem Kohlenbecken die ganze Rolle verzehrt hatte.
24 Niemand erschrak, und niemand zerriß seine Kleider, weder der 2 Kön 22[11]
König noch irgendeiner seiner Diener, die all diese Worte gehört hat-
ten. 25 Selbst als Elnatan, Delaja und Gemarja den König bestürmten,
die Rolle nicht zu verbrennen, hörte er nicht auf sie. 26 Vielmehr be-
fahl der König dem Prinzen Jerachmeël, ferner Seraja, dem Sohn As-
riëls, und Schelemja, dem Sohn Abdeëls, den Schreiber Baruch und
den Propheten Jeremia festzunehmen; aber der Herr hielt sie verbor-
gen.
27 Nachdem der König die Rolle mit den Worten, die Baruch nach

36[18] Jeremia, nach G, S.
36[22] *w^e'eš*, vgl. Übss.

beurteilen zu können, welches Gewicht den erschreckenden Drohworten und damit dem ganzen Vorgang zukommt, und leitet die Angelegenheit an den König weiter. Inzwischen wird das Schriftstück in der Staatskanzlei sichergestellt. Das Erschrecken der Beamten und ihr Rat an Baruch und Jeremia zeigen, daß sie den Inhalt der Rolle als Gotteswort betrachten. Die Boten des Wortes dürfen keinen Nachteil erleiden; es wäre ein Angriff auf Jahwe, den Auftraggeber.

21–26 Der König, der sich die Buchrolle vorlesen läßt und sie stückweise vernichtet, reagiert anders als sein Vater Joschija. Dieser hatte, als er die Worte des im Tempel gefundenen Gesetzbuches hörte, zum Zeichen der Trauer und Buße seine Kleider zerrissen, d. h. am oberen Rand eingerissen, und sich in einem feierlichen Akt zum erneuten Dienst Jahwes verpflichtet (2 Kön 22f). Jojakim verachtete das Prophetenwort und wollte es, um es unschädlich zu machen, durch Verbrennen aus der Welt schaffen. Seine Reaktion richtete sich auch gegen Jeremia und Baruch. Sie sollten an der weiteren Verkündigung gehindert werden. Aber Jahwe steht für sie ein (vgl. 15[20] 1[18f]) und entzieht sie dem Zugriff des Königs.

27f.32 Aber Jahwes Wort kann von

dem Diktat Jeremias niedergeschrieben hat, verbrannt hatte, erging
das Wort des Herrn an Jeremia: [28] Nimm dir eine andere Rolle, und
schreib all die früheren Worte darauf, die auf der ersten Rolle stan-
den, die Jojakim, der König von Juda, verbrannt hat. [29] Über Jojakim
aber, den König von Juda, sollst du sagen: So spricht der Herr: Du
hast diese Rolle verbrannt und gesagt: Warum hast du darin geschrie-
39^{1} $52^{4.12}$ ben, der König von Babel werde bestimmt kommen, dieses Land ver-
heeren und Mensch und Vieh darin vernichten? [30] Darum – so spricht
22^{30} der Herr über Jojakim, den König von Juda: Er wird keinen Nach-
kommen mehr haben, der auf dem Thron Davids sitzt, und sein
22^{19} Leichnam soll weggeworfen werden und der Hitze des Tags und der
Kälte der Nacht ausgesetzt sein. [31] Ich ziehe ihn, seine Nachkommen
und seine Diener zur Rechenschaft für ihre Schuld. Ich bringe über
35^{17} sie, über die Einwohner Jerusalems und die Leute von Juda all das
Unheil, das ich ihnen angedroht habe, ohne daß sie hören wollten.
[32] Da nahm Jeremia eine andere Rolle und übergab sie dem Schreiber
Baruch, dem Sohn Nerijas. Dieser schrieb auf sie nach dem Diktat Je-
remias alle Worte des Buches, das Jojakim, der König von Juda, im
Feuer verbrannt hatte. Ihnen wurden noch viele ähnliche Worte hin-
zugefügt.

Menschen, die es nicht akzeptieren wollen, nicht beseitigt werden. Er hat die Macht und die Mittel, es erneut lebendig und wirksam werden zu lassen. So ergeht der erneute Auftrag an Jeremia, der ausgeführt wird unter Hinzunahme weiterer Worte, wie die Nachbemerkung [32b] sagt. – Die Erzählung ([2a*.4–6a.9–28.32]) handelt von der Herstellung, der Verlesung, der Vernichtung und der Wiederherstellung der Buchrolle mit Gottes richtendem Wort. Es erreicht trotz Widerstand und Zurückweisung alle, für die es bestimmt ist, und bleibt bestehen.

[1–3*.6b–8] Die Nachinterpretation bringt (vgl. 26^{1-3}) das Verkündigungsanliegen ein, daß das ganze Volk, nicht nur die Jerusalemer, sondern auch die Judäer ([6b]) zur Umkehr ([3.7]) gerufen werden sollen: Vielleicht bewirkt die gesammelte, geballte Wucht der Drohworte, deren Niederschrift (vgl. [1] mit [9]) geraume Zeit in Anspruch nahm, doch noch einen Sinneswandel.

[29–31] Ihr zweites Anliegen ist, den König Jojakim für das Mißlingen dieser Zielsetzung und damit für den Untergang Jerusalems und Judas verantwortlich zu machen. Deswegen wird die ihm bereits angedrohte Strafe ([30]22^{19}), die nach 22^{30} den Tatsachen entsprechend ergänzt wird, mit dem Hinweis auf die Vernichtung des Südreichs Juda gerahmt ([29.31]). Wer das Wort Gottes zurückweist und auslöschen will, setzt seine zerstörerische Kraft erst recht frei. Er verhindert die heilsame Wirkung, die es als unerbittliche Mahnung haben sollte.

37 Mit 37 beginnt eine Reihe von Erzählungen (37–45), welche Vorgänge vor, bei und nach der Eroberung Jerusalems (586 v. Chr.) schildert. Sie legt besonderen Wert auf die Gestalt des Propheten und auf sein Geschick, ist aber nach Zielsetzung und Inhalt keine Leidensgeschichte Jeremias.

37^{1-10} ist eine redaktionelle Einheit. Der Verfasser leitet zunächst mit [1f],

Die Botschaft an König Zidkija: 37[1–10]

37[1] Anstelle Jojachins, des Sohnes Jojakims, wurde Zidkija, der Sohn 2 Kön 24[17]
Joschijas, König. Ihn hatte Nebukadnezzar, der König von Babel, als
König über das Land Juda eingesetzt. [2] Weder er selbst noch seine
Diener, noch die Bürger des Landes hörten auf die Worte, die der 21[7] 22[2.4]
Herr durch den Propheten Jeremia sprach.
[3] König Zidkija sandte einmal Juchal, den Sohn Schelemjas, und den 21[1] 38[1]
Priester Zefanja, den Sohn Maasejas, zum Propheten Jeremia und
ließ ihm sagen: Bete doch für uns zum Herrn, unserem Gott! [4] Jere- 32[1–3]
mia konnte sich noch frei unter dem Volk bewegen; man hatte ihn
noch nicht ins Gefängnis geworfen. [5] Aus Ägypten war damals das
Heer des Pharao aufgebrochen, und als die Chaldäer, die Jerusalem
belagerten, davon Nachricht erhielten, rückten sie von Jerusalem ab.
[6] Nun erging das Wort des Herrn an den Propheten Jeremia: [7] So
spricht der Herr, der Gott Israels: Antwortet dem König von Juda,
der euch zu mir gesandt hat, um mich zu befragen: Fürwahr, das
Heer des Pharao, das aufgebrochen ist, um euch Hilfe zu bringen,
wird in sein Land Ägypten zurückkehren. [8] Dann werden die Chal-
däer wieder umkehren, gegen diese Stadt kämpfen, sie erobern und in 34[21f]
Brand stecken. [9] So spricht der Herr: Täuscht euch nicht selbst mit
dem Gedanken: Die Chaldäer ziehen endgültig von uns ab. Nein, sie
ziehen nicht ab. [10] Selbst wenn ihr das ganze Heer der Chaldäer, die

37[1] *mælæk,* in M Dittographie.

die den dtr Rahmenstücken der Königsbücher nachgestaltet sind, von Jojakim (36) auf Zidkija über. Über diesen letzten König von Juda weiß er als die zwei wesentlichen Züge zu berichten, daß er nach der Eroberung Jerusalems (597) als König von den Feinden eingesetzt wurde und daher nur eine schwache Stellung in der Stadt und im Land besaß, und daß er nicht auf die Worte Jahwes hörte, die Jeremia verkündete.
In [3–10] legt der Verfasser in einem doppelten Jahwewort ([6–8.9–10]) dar, daß die Zerstörung Jerusalems von Jahwe fest beschlossen und daher unabwendbar ist. [4], der über die Situation Jeremias spricht, bereitet für den Leser von 32[1–3] den Bericht 37[11–16] vor. Um den Anlaß für die Verkündigung der Gottesworte zu erhalten, ahmt der Verfasser wohl 21[1–7] nach und läßt Zidkija eine nicht weiter begründete Gesandtschaft mit hohen Beamten an den Propheten schicken. Jeremia soll anscheinend wie einst König Hiskija (2 Kön 19[15.20]) zu Jahwe um Rettung der Stadt, um Abwendung der unmittelbar drohenden Eroberung bitten. Zidkija selbst bleibt – so auch die folgenden Berichte – untätig. Von einem ägyptischen Entsatzheer verlautet in 2 Kön 25 im Gegensatz zu 19[9] (Sanheribsturm) nichts. Im ersten Jahwewort, das auf den nur vorübergehenden Abzug der Chaldäer hinweist, und im zweiten, bewußt übertreibenden, ergeht die negative Antwort Gottes: Gegen die Stadt kämpfen, sie erobern und in Brand stekken, ist die ständig wiederholte Aus-

gegen euch kämpfen, schlagen könntet und nur einige Verwundete
von ihnen übrigblieben, sie würden, jeder in seinem Zelt, aufstehen
und diese Stadt in Brand stecken.

Der Prophet im Gefängnis: 37^{11-21}

11 Damals, als das Heer der Chaldäer vor dem Heer des Pharao von
Jerusalem abgerückt war, 12 wollte sich Jeremia von Jerusalem ins
32^{8f} Land Benjamin begeben, um dort mit seinen Verwandten ein Erbe zu
teilen. 13 Er war bereits am Benjamintor angelangt. Dort stand ein
Wachhabender namens Jirija, der Sohn Schelemjas, des Sohnes Ha-
nanjas. Er hielt den Propheten Jeremia an und rief: Du willst zu den
Chaldäern überlaufen. 14 Jeremia entgegnete: Das ist nicht wahr; ich
laufe nicht zu den Chaldäern über. Doch Jirija hörte nicht auf ihn; er
nahm Jeremia fest und brachte ihn vor die Beamten. 15 Diese waren
über Jeremia wütend, schlugen ihn und warfen ihn in den Kerker, in
38^{26} das Haus des Staatsschreibers Jonatan; denn dieses hatte man als Ge-
fängnis eingerichtet. 16 So kam Jeremia in die Zisternenhöhle mit den
Gewölben. Dort saß Jeremia lange Zeit gefangen.
38^{14} 17 Eines Tages ließ ihn König Zidkija holen. Der König fragte ihn
heimlich in seinem Palast: Ist ein Wort vom Herrn da? Jeremia be-
jahte es und antwortete: Du wirst in die Hand des Königs von Babel
32^{4} 34^{21} ausgeliefert werden. 18 Dann sagte Jeremia zum König Zidkija: Wel-

sage über das Ende Jerusalems. Jahwe nimmt sein Gerichtswort über die Stadt nicht zurück; es wird sich erfüllen.

$^{11-16}$ berichten über den Versuch Jeremias, die Stadt zu verlassen, eine familiäre Angelegenheit zu regeln, und seine Inhaftierung. Die redaktionelle Überleitung (^{11}) setzt das Unternehmen des Propheten in die Zeit, als eine Pause in der Belagerung Jerusalems eingetreten war (vgl. ^{5}). Vielleicht handelte es sich um die in 32^{7-12} berichtete Angelegenheit. Am Benjamintor in der Nordmauer der Stadt wird Jeremia verhaftet. Der Vorwurf, den er zurückweist, scheint von dem Rat hergeleitet zu sein, den er nach $21^{9}38^{2}$ den Einwohnern Jerusalems gab. Anscheinend hat er, anders als unter Jojakim, bei den Beamten niemand mehr, der ihn schützt. ^{20} Nach Erleiden der Prügelstrafe kommt Jeremia in schwere, lebensbedrohende Haft. Er wird in eine leere Zisterne gestoßen, die keinen anderen Zugang hatte als die Öffnung zum Schöpfen des Wassers (vgl. Jer 38^{10-13}). Dort muß er, wenn keine Befreiung erfolgt, unweigerlich zugrunde gehen.

$^{17-21}$ scheinen die Rettung zu berichten, doch 38^{1-6} ist Jeremia in einer Zisterne gefangen, und die Rettung erfolgt erst 38^{7-13}. $^{17-21}$ ordnen sich nur schwer in den laufenden Fortgang der mit 37^{11} beginnenden Erzählung aus der letzten Zeit vor dem Untergang Jerusalems ein. Es ist kaum wahrscheinlich, daß Zidkija nach dem eindeutigen Bescheid 37^{17} noch einmal den Propheten 38^{14-28} befragt hätte. Doch 38^{14-28} ist der situationsgerechte, ursprünglichere Bericht. Nach dem schroffen Gerichtswort (^{17}) und der Anklage ge-

ches Verbrechen habe ich an dir, an deinen Dienern und an diesem
Volk begangen, daß ihr mich ins Gefängnis geworfen habt? [19] Und
wo sind jetzt eure Propheten, die euch geweissagt haben: Der König
von Babel wird nicht über euch und dieses Land kommen? [20] Doch
nun höre, mein Herr und König! Möge meine Bitte bei dir Gehör fin-
den. Laß mich nicht ins Haus des Staatsschreibers zurückbringen, 38^{26}
sonst gehe ich dort zugrunde. [21] Da gab König Zidkija den Befehl, Je-
remia im Wachhof zu verwahren, und man versorgte ihn täglich mit 32^{2} 38^{13}
einem Laib Brot aus der Bäckergasse, bis alles Brot in der Stadt zu
Ende ging. So blieb also Jeremia im Wachhof.

Jeremia in der Zisterne: 38^{1-6}

38 [1] Schefatja, der Sohn Mattans, Gedalja, der Sohn Paschhurs, Ju-
chal, der Sohn Schelemjas, und Paschhur, der Sohn Malkijas, hörten 21^{1} 37^{3}
von den Worten, die Jeremia zum ganzen Volk redete, indem er
sagte: [2] So spricht der Herr: Wer in dieser Stadt bleibt, der stirbt 21^{9}
durch Schwert, Hunger und Pest. Wer aber zu den Chaldäern hin-
ausgeht, der wird überleben; er wird sein Leben wie ein Beutestück
gewinnen und davonkommen. [3] So spricht der Herr: Diese Stadt wird
ganz sicher dem Heer des Königs von Babel in die Hände fallen, und 21^{10} $32^{36.42f}$
er wird sie erobern. [4] Darauf sagten die Beamten zum König: Dieser
Mann muß mit dem Tod bestraft werden; denn er lähmt mit solchen
Reden die Hände der Krieger, die in dieser Stadt noch übriggeblie-
ben sind, und die Hände des ganzen Volkes. Denn dieser Mensch

gen den König (^{18}) ist nicht zu erwarten, daß dieser den Propheten rettet und mit Nahrung versorgt. Zudem haben (^{15}) die Beamten (*śārīm*), nicht der König, seine Diener (*ᶜᵃbādīm*) und das Volk Jeremia in die Zisterne geworfen. Und 38^{10} hebt der König die Verfügung der Beamten (»dieser Männer« ^{9}) auf. $^{17-21}$ ist redaktionell gebildet und eingefügt, damit 38^{1-6} nach 37^{11-16} folgen kann. Es geht in $^{17-21}$ nämlich nicht um ein Prophetenwort. Dieses (^{17}) ist längst bekannt und wird von der Redaktion öfter wiederholt. Es geht um eine vor 38^{1-6} notwendige zeitweilige Befreiung des Propheten. ^{21} gehört sachlich nach 38^{13}. Der aus dem Thema herausfallende Vorwurf (^{19}), der noch einmal die falschen Heilspropheten verurteilt, kann als ein Hinweis auf die Rückkehr der Babylonier (vgl. ^{11}) gedeutet werden (zu 37.38 vgl. Pohlmann 49–93).

38^{1-6} Jeremia wird nach dieser Darstellung erneut in eine Zisterne gestoßen. Doch 38^{26} ist nicht von dieser, dem »Königssohn« Malkija gehörenden – sie wird auch 38^{7-13} nicht so genannt – die Rede, sondern von der Zisterne im Haus des Staatsschreibers Jonatan. Nach 37^{11-16} hatte die Gefangensetzung einen konkreten Anlaß, seine Absicht, die Stadt zu verlassen. In 38^{1-6} wird mit Hilfe der in 21^{9f} mitgeteilten Prophetenworte die Begründung für die Einkerkerung in der Botschaft des Propheten gesucht und dargelegt, warum die Beamten auf den Gedanken kamen, er wolle zum Feind überlaufen. Der Abschnitt kommen-

sucht nicht Heil, sondern Unheil für dieses Volk. 5 Der König Zidkija
erwiderte: Nun, er ist in eurer Hand; denn der König vermag nichts
Gen 37^{24} gegen euch. 6 Da ergriffen sie Jeremia und warfen ihn in die Zisterne
des Prinzen Malkija, die sich im Wachhof befand; man ließ ihn an
Stricken hinunter. In der Zisterne war kein Wasser, sondern nur
Schlamm, und Jeremia sank in den Schlamm.

Die Rettung durch den Kuschiter: 38^{7-13}

37^{11-16} 39^{15-18} 7 Der Kuschiter Ebed-Melech, ein Höfling, der im königlichen Palast
bedienstet war, hörte, daß man Jeremia in die Zisterne geworfen
hatte. Während der König sich am Benjamintor aufhielt, 8 verließ
Ebed-Melech den Palast und sagte zum König: 9 Mein Herr und Kö-
nig, schlecht war alles, was diese Männer dem Propheten Jeremia an-
getan haben; sie haben ihn in die Zisterne geworfen, damit er dort
unten verhungert. Denn es gibt in der Stadt kein Brot mehr. 10 Da be-
fahl der König dem Kuschiter Ebed-Melech: Nimm dir von hier drei
Männer mit, und zieh den Propheten Jeremia aus der Zisterne her-
auf, bevor er stirbt. 11 Ebed-Melech nahm die Männer mit sich und
ging zum Königspalast in die Kleiderkammer des Vorratshauses.
Dort holte er Stücke von abgelegten und zerrissenen Kleidern und
ließ sie an Stricken zu Jeremia in die Zisterne hinunter. 12 Dann rief
der Kuschiter Ebed-Melech Jeremia zu: Leg die Stücke der abgeleg-
ten und zerrissenen Kleider in deine Achselhöhlen unter die Stricke!

38^{9} Damit er ... verhungert, wörtlich: »damit er vor Hunger ... stirbt« *(w^{e}jāmut);* M: »und er ist gestorben«.

38^{10} Drei, mit 1 Hs; M: »dreißig«.

38^{11} Kleiderkammer: *mæltaḥat*, vgl. 2 Kön 10^{22}; M: »in unterhalb (des Vorratshauses)«.

tiert also $37^{13b\beta}$. Er will auch dartun ($^{4.6}$), wie gefährlich der Aufenthalt in der Zisterne für Jeremia war: Man scheut sich, Jeremia direkt zu töten, will ihn aber beseitigen. Der schwache König tut (hier) nichts zu seiner Rettung.

$^{7-13}$ Jahwe aber weiß seinen Propheten zu retten, nicht durch offizielle Stellen, auch nicht durch einen Menschen aus seinem Volk, sondern durch einen Fremden. Der Kuschiter ist über den perfiden Plan der Beamten und über das Unrecht, das Jeremia angetan wird, empört. Er schaltet den König ein, der offensichtlich nichts von der Erlaubnis weiß, die er (^{5}) den Beamten gegeben hat – ein Zeichen dafür, daß $^{1-6}$ später eingefügt wurden. G hingegen lastet, sicherlich mit Blick auf $^{1-6}$, die Tat dem König an: G hat den redaktionell vorliegenden Zusammenhang vor Augen. Sofort macht Zidkija die Verfügung der Beamten rückgängig. Die Rettungsaktion gelingt. Jeremia wird aus der Zisterne, die bei Anschluß von 38^{7-13} an 37^{11-16} nicht näher bezeichnet werden mußte, heraufgezogen; er darf sich im Wachhof aufhalten und wird mit Nahrung versorgt (vgl. 37^{21}).

Jeremia tat es. [13] Nun zogen sie Jeremia an den Stricken hoch und
brachten ihn aus der Zisterne herauf. Von da an blieb Jeremia im
Wachhof.

Letzte Warnung an den König: 38[14–28]

[14] König Zidkija ließ den Propheten Jeremia zu sich an den dritten
Eingang beim Haus des Herrn holen. Der König sagte zu Jeremia:
Ich möchte dich nach einem Gotteswort fragen. Verschweig mir
nichts! [15] Jeremia antwortete Zidkija: Wenn ich es dir verkünde, läßt
du mich bestimmt umbringen, und wenn ich dir einen Rat gebe, hörst
du nicht auf mich. [16] Da schwor König Zidkija dem Jeremia heimlich

38[14] Gotteswort, wörtlich: »Wort«.

[14–28] schildern die letzte Unterredung Jeremias mit Zidkija. In [14–23] steckt ein ursprüngliches Jeremiawort ([21b.22]), eine Antwort auf eine Anfrage des Königs ([14b.15a*]), das in der Erzählung durch eine doppelte Alternativ-Predigt ([17f.20f]) kommentiert wurde: »[14] Der König sagte zu Jeremia: Ich möchte dich nach einem Wort fragen. Verschweig mir nichts! [15] Jeremia antwortete Zidkija: [21] Das ist das Wort, das der Herr mich sehen ließ: [22] Siehe die Frauen, die zu den Obersten des Königs von Babel hinausgeführt wurden, sie sagten: Überlistet, hereingelegt haben dich deine guten Freunde; stecken deine Füße im Sumpf, so machen sich alle davon«. Nach der Aufforderung, nichts zu verschweigen, erwartet der Fragende eine Unheilsankündigung (vgl. 1 Sam 3[17f]), nicht ein Heilswort, wie es [17.20] ergeht. Diese ist klar und eindeutig und steht in der Linie der bisherigen Verkündigung Jeremias. [22] In dem mitgeteilten Wort ist der Relativsatz »die . . . waren«, der aus dem Duktus der Rede, die »in deinem Palast« erwarten ließe, herausfällt, späterer Zusatz. Er blickt auf die Eroberung Jerusalems 597 zurück. Das Wort der gefangenen Frauen ist kein Spott, sondern eine Klage. Sie sagt, daß die Sache der Kriegspartei in Jerusalem verloren ist, und ist zugleich eine letzte Warnung an den König. Er soll wissen, daß er sich falsch entschieden hat. Wenn er gegen die wiederholte Mahnung des Propheten bei dieser Entscheidung bleibt, ist sein Schicksal und das der Stadt besiegelt.

[17–21a] In der Alternativ-Predigt wird die in [22] steckende Warnung zu einer eindringlichen Mahnung verdichtet, wobei für [17f] auf 21[9–10] zurückgegriffen wird: In die Hand des Königs ist die Entscheidung über Leben und Tod, Heil und Unheil gelegt, für sich und die Stadt. [19–21a] binden noch einmal mit Hilfe einer Alternativ-Predigt das Jeremiawort ein. Zidkija bringt ein Problem vor, das ein bezeichnendes Licht auf die Lage wirft. Judäer, die offenbar mit der Politik der Kriegspartei nicht einverstanden waren, sind zu den Babyloniern übergegangen. Der König fürchtet, von ihnen mißhandelt zu werden. In [20b] mahnt der Erzähler mit dtr Terminologie zum Hören auf Gottes Wort, ein letzter, dringender Appell vor der Katastrophe.

[14a.15–16] bringen in die Erzählung [14b.17–22] das Schicksal Jeremias ein: Der König läßt den Propheten aus dem Wachhof ([13]) zu sich rufen. Über die Zahl der Eingänge (in den

und sagte: So wahr der Herr lebt, der uns dieses Leben gegeben hat,
ich lasse dich nicht umbringen und gebe dich nicht in die Hand jener
Männer, die dir nach dem Leben trachten. 17 Hierauf sagte Jeremia
zu Zidkija: So spricht der Herr, der Gott der Heere, der Gott Israels:
21^{9} Wenn du freiwillig hinausgehst zu den Heerführern des Königs von
Babel, dann ist dein Leben gerettet, diese Stadt wird nicht in Brand
gesteckt, und du bleibst am Leben, du und dein Haus. 18 Gehst du
21^{10} 34^{2-6} $37^{8.17}$ aber nicht hinaus zu den Heerführern des Königs von Babel, dann
wird diese Stadt den Chaldäern ausgeliefert. Sie werden sie in Brand
stecken, und du selbst wirst ihrer Hand nicht entrinnen. 19 König Zid-
kija entgegnete Jeremia: Ich habe Angst vor den Judäern, die bereits
zu den Chaldäern abgefallen sind; man könnte mich ihnen ausliefern,
Dtn 4^{30} 9^{23} und sie würden mir übel mitspielen. 20 Jeremia versicherte: Man wird
Dtn 4^{40} 5^{16} 6^{3} dich nicht ausliefern. Hör doch auf die Stimme des Herrn in meiner
Jes 55^{3} Rede! Dann geht es dir gut, und dein Leben bleibt erhalten. 21 Wei-
gerst du dich aber hinauszugehen, so wird geschehen, was der Herr
mich sehen ließ: 22 Ich sah, wie alle Frauen, die im Palast des Königs
von Juda noch übrig waren, zu den Obersten des Königs von Babel
hinausgeführt wurden. Sie klagten:

Überlistet, hereingelegt
haben dich deine guten Freunde;
stecken deine Füße im Sumpf,
so machen sich alle davon.

23 Ja, alle deine Frauen und Kinder wird man zu den Chaldäern hin-
32^{4} 34^{3} ausführen; auch du wirst ihrer Hand nicht entrinnen, sondern wirst
gefangen dem König von Babel ausgeliefert werden; diese Stadt aber
wird man in Brand stecken. 24 Zidkija sagte zu Jeremia: Niemand
darf von diesem Gespräch erfahren, sonst mußt du sterben. 25 Wenn
aber die Beamten erfahren, daß ich mit dir geredet habe, und wenn
sie zu dir kommen und dich auffordern: Teil uns mit, was du zum

38^{21} Was ... ließ, wörtlich: »Das ist das Wort, das der Herr mich sehen ließ«.

Königspalast) ist nichts bekannt. Manche vermuten, es sei der Eingang der Leibwache (*haššālîšîm* statt *hašše līšî*) gemeint. Anlaß für die Einfügung von ^{15f} könnte die Aufforderung gewesen sein: »Verschweige mir nichts!« Jeremia hatte in doppelter Weise schlechte Erfahrungen gemacht: Man hörte nicht auf ihn und trachtete ihm nach dem Leben. Im Schwur des Königs kommt ein Gedanke zum Ausdruck, den auch P auf ihre Weise herausstellt (Gen 9^{5}) und der nicht genug betont werden kann: Jahwe, der das Leben gibt, ist auch der Herr des Lebens, er allein. ^{23} Schließlich wird das Jeremiawort (^{22}) (Stichwort »Frauen«) noch verdeutlicht: Zidkijas Haus ist betroffen und, wie noch einmal betont wird, er und Jerusalem.

$^{24-28}$ handeln im Anschluß an $^{14-23}$ über die Situation des Propheten nach dem letzten Gespräch mit dem König. Sie ist unverändert gefährlich. Das Gespräch mit dem Rat (^{17}),

König gesagt hast und was der König zu dir gesagt hat, verheimliche
uns nichts, sonst bringen wir dich um!, [26] dann antworte ihnen: Ich
habe an den König die Bitte gerichtet, mich nicht ins Haus Jonatans 37[20]
zurückbringen zu lassen, weil ich dort zugrunde gehe. [27] Tatsächlich
kamen alle Beamten zu Jeremia und fragten ihn. Er antwortete ihnen
genau so, wie ihm der König geboten hatte. Da ließen sie von ihm ab;
denn niemand hatte das Gespräch gehört. [28] So blieb Jeremia im 37[21]
Wachhof bis zu dem Tag, an dem Jerusalem erobert wurde.

Der Fall Jerusalems: 39[1–10]

39[1] [Nach der Eroberung Jerusalems:] [1] Im neunten Jahr Zidkijas, des 52[4–7]
Königs von Juda, im zehnten Monat, rückte Nebukadnezzar, der
König von Babel, mit seiner ganzen Streitmacht vor Jerusalem und
belagerte es. [2] Im elften Jahr Zidkijas, am neunten Tag des vierten
Monats, wurden Breschen in die Stadtmauer geschlagen. [3] Da zogen
alle Heerführer des Königs von Babel ein und ließen sich im Mitteltor
nieder: [Nergal-Sarezer, der Fürst von Sin-Magir, und] Nebuschas-
ban, der Oberkämmerer, Nergal-Sarezer, der Oberhofmeister, und
alle übrigen Heerführer des Königs von Babel.

38[28b], bei EÜ in [] zu 39[1] gestellt, ist Eröffnung der folgenden Erzählung [3.11–13aα] 40[2a.4aγ–6].

39[3] [] Nergal-Sarezer wird doppelt genannt; EÜ liest mit Rudolph *śar simmāger* (der Fürst von Sin-Magir), M: »Samgar«. – Nebuschasban mit [13], M: Nebu *śar-s*[e]*kīm*. Siehe die Auslegung.

sich den Heerführern des Königs von Babel zu ergeben, darf den leitenden Männern in Jerusalem nicht zu Ohren kommen. Sonst kann der König den Propheten nicht mehr schützen ([24]). Der Ausweg, den der König ([26]) aufzeigt, wird in der Auslegung des Textes oft dem Propheten, der ihn beschreitet ([27]), als Lüge angelastet. Erst der Erzähler, der 37[11–16]38[7–13] vor Augen hat, bringt Jeremia in diese Situation. Er oder eher ein Späterer schafft aber auch in 37[17–21] die Entlastung: Der Prophet hat den König tatsächlich gebeten ([20]), nicht mehr ins Haus, d. h. in die Zisterne Jonatans ([26]) zurückgebracht zu werden. Zur Haltung der Jerusalemer aber sagt der Abschnitt: So verbissen lehnt die Kriegspartei das Gotteswort ab, daß der Prophet nur ungeschoren bleibt, wenn er ein rein privates Gespräch führt.

39[1]–40[6]. Das redaktionelle Erzählgefüge 39[1]–40[6] schildert in 38[28b] 39[3.11–14]40[1–6], wie es Jeremia bei der Eroberung Jerusalems 586 erging. 39[1.2.4–10] sind ein teils gekürzter, teils wörtlicher Auszug aus 52[4–16] (vgl. die Auslegung dort); er ist eingesetzt worden, um die in 38[28b] angezeigte Situation ausführlich zu beschreiben. 39[15–18] ist ein (vgl. 38[7–13]) nachgetragenes Heilswort für den Kuschiter Ebed-Melech. Es wurde wohl an diese Stelle gesetzt, um einerseits den Kontrast zwischen dem Schicksal der Jerusalemer ([1–10]) und dem des edlen Fremdlings, der anders als jene auf Jahwe vertraute ([18bβ]), her-

52^{7-11} 4 Als Zidkija, der König von Juda, und alle Krieger dies sahen, ergrif-
fen sie die Flucht und verließen bei Nacht die Stadt auf dem Weg
zum königlichen Garten; sie gingen durch das Tor zwischen den bei-
den Mauern und schlugen die Richtung nach der Araba ein. 5 Aber
die chaldäischen Truppen setzten ihnen nach und holten Zidkija in
den Niederungen von Jericho ein. Sie nahmen ihn gefangen, brachten
ihn vor Nebukadnezzar, den König von Babel, nach Ribla in der
Landschaft Hamat, und dieser sprach das Urteil über ihn. 6 Der Kö-
nig von Babel ließ in Ribla die Söhne Zidkijas vor dessen Augen nie-
dermachen; auch alle Vornehmen Judas ließ der König von Babel
niedermachen. 7 Zidkija ließ er blenden und in Fesseln legen, um ihn
nach Babel zu bringen. 8 Den königlichen Palast und die Häuser der
Bürger steckten die Chaldäer in Brand, und die Mauern Jerusalems
rissen sie nieder. 9 Den Rest der Bevölkerung, der noch in der Stadt
geblieben war, sowie alle, die zum König von Babel übergelaufen wa-
ren, und den Rest der Handwerker verschleppte Nebusaradan, der
Kommandant der Leibwache, nach Babel. 10 Nur von den armen Leu-
ten, die nichts hatten, ließ Nebusaradan, der Kommandant der Leib-
wache, einen Teil im Land Juda zurück und gab ihnen Weinberge
und Äcker.

Die Befreiung Jeremias: 39^{11-14}

11 Nebukadnezzar, der König von Babel, hatte Nebusaradan, dem
Kommandanten der Leibwache, über Jeremia folgende Anweisung
40^{4} gegeben: 12 Laß ihn holen, kümmere dich um ihn, und füg ihm kein

39^{4} Dies sahen: *rāʾāh*, M: »sie sahen«. – schlugen: *w^{a}jjeṣ$^{e'}$ū* Hss Übss, M: sing.
39^{8} Häuser: *bāttē*, M: sing.
39^{9} Handwerker: *hāʾāmōn* mit 52^{15}, M: »Volk«.

auszustellen und andererseits die Predigt Nebusaradans ($40^{2b.3}$) vorzubereiten.
Was Jeremia nach der Einnahme der Stadt widerfuhr, wird in zwei Erzählungen ($38^{28b}39^{3.11-14}$ und 40^{1-6}) berichtet, wie auch die Inhaftierung des Propheten in einer Zisterne und die Befreiung aus ihr zweimal erzählt wird ($37^{11-16}38^{1-6}$ und $37^{17-21}38^{7-13}$). Ursprünglich dürfte nur eine Erzählung vorgelegen haben, die redaktionell geteilt und zu zweien ausgestaltet wurde. Folgende Beobachtungen sprechen dafür: Der Anfang von 39^{13} und ^{14} widersprechen sich (^{13} »er schickte«; ^{14} »sie schickten«; EÜ glättet den Text). ^{11f} Nur Nebusaradan ist beauftragt, sich um Jeremia zu kümmern. Er tut dies auch (40^{1-6}). $40^{2a\alpha}$ schließt sich direkt an $39^{13a\alpha}$ an. Der Weisung, sich nach den Wünschen Jeremias zu richten ($39^{12b\beta}$), entspricht 40^{4} »wenn es dir beliebt . . .«. Im übrigen muß Nebusaradan, bevor er ab 39^{11} tätig wird, in ^{3}, wo die Namen zum Teil sicher verderbt sind – Nergal-Sarezer wird fälschlich zweimal und mit einem zuerst unsicheren Titel (»der

Leid zu, sondern richte dich nach seinen Wünschen! [13] Da schickten Nebusaradan, der Kommandant der Leibwache, Nebuschasban, der Oberkämmerer, und Nergal-Sarezer, der Oberhofmeister, sowie alle Obersten des Königs von Babel Leute zum Wachhof, [14] ließen Jeremia von dort holen und übergaben ihn Gedalja, dem Sohn Ahikams, des Sohnes Schafans, damit er ihn nach Hause entlasse. So blieb er mitten unter dem Volk.

Fürst von Sin-Magir«) angeführt –, genannt sein. Nötscher (EB z. St.) ist wohl im Recht, wenn er den Text so wiederherstellt: »Da zogen ... Nebuzaradan, der Führer der Leibwache, Nebuschazban ...«. Die ursprüngliche Erzählung über das Schicksal Jeremias bei der Eroberung Jerusalems dürfte gelautet haben: »38^{28b} Es geschah, als Jerusalem erobert war, 39^{3} da zogen alle Heerführer des Königs von Babel ein und ließen sich im Mitteltor nieder: Nebusaradan, der Führer der Leibwache, Nebuschasban ... Babel. [11] Nebukadnezzar ... [13] Da schickte Nebusaradan, der Kommandant der Leibwache hin 40^{2} und holte Jeremia und sagte zu ihm: [4] Wenn es dir beliebt ... [6] ... übriggeblieben war.«
Diese Erzählung (38^{28b} $39^{3.11-13a\alpha}$ $40^{2a\alpha*.4a\gamma-6}$) schildert, wie Jeremia nach der Einnahme der Stadt auf Befehl des Königs von Babel in Freiheit gesetzt wurde und sich dafür entschied, bei Gedalja und dem im Land zurückgelassenen Rest der Bevölkerung zu bleiben. Sicher war den Babyloniern seine Haltung gegenüber König Zidkija und der Kriegspartei bekannt. Der Prophet zieht aber keine Vorteile für sich daraus. Er bleibt bei seinem Volk, von dem er trotz seiner Verkündigung unter vollem persönlichen Einsatz Unheil nicht abwenden konnte. Jahwe kann, wenn er will, ihn wieder mit seinem Wort an das im Land verbliebene Volk beauftragen.
Die Nachinterpretation hat diese Erzählung in verschiedener Weise ausgestaltet. Sie verdeutlichte die Situation durch Einschub von $39^{1.2.4-10}$. Sie sagt durch das Einbringen der Heerführer in [13], daß die Befreiung Jeremias ([14]) nicht der Akt eines einzelnen, sondern der ganzen babylonischen Macht war. Die Beamten (*śārīm*) Zidkijas quälen und verhaften Jeremia, die Heerführer (*śārīm*) des Königs von Babel geben ihm die Freiheit. Sie tragen höfische Titel, die in EÜ in Richtung auf ihre Funktion gedeutet sind. Die Nachinterpretation macht aus der Tatsache, daß der Prophet zu Gedalja, einem Mitglied der ihm wohlgesonnenen (26^{24}) Schafan-Familie ging (40^{6}), eine offizielle Übergabe (39^{14}), wobei allerdings nicht klar ist, was »zum Haus hin« (EÜ: nach Hause) bedeutet. Die Bemerkung, daß Jeremia mitten unter dem Volk blieb, leitet zu 40^{1} über und erklärt, warum er sich in Rama gefesselt ([1.4]) unter den Gefangenen befindet. In 40^{1-6} wird ein Teil der alten Erzählung zu einem Bericht über die Freilassung Jeremias aus der Schar der zum Abtransport nach Babel Bestimmten ausgebaut. Bei dieser Gelegenheit hält trotz 40^{1} nicht Jeremia, sondern Nebusaradan (vgl. Jes 36^{10}) eine dtr gefärbte Predigt ([2.3]), die das über Jerusalem hereingebrochene Unheil mit der Sünde und dem Ungehorsam des Volkes begründet. Die Einleitungsformel in [1] soll wohl nur einen neuen Großabschnitt eröffnen (40–43); das Jahwewort folgt nach einer langen Situationsbeschreibung (40^{1}–42^{6}) erst 42^{7-18}.

Die Verheißung für den Kuschiter: 39[15–18]

38[7.13] [15] Als Jeremia noch im Wachhof gefangen saß, war an ihn das Wort
des Herrn ergangen: [16] Geh hin und sag zu dem Kuschiter Ebed-Me-
lech: So spricht der Herr der Heere, der Gott Israels: Bald erfülle ich
11[8] 25[13] Jos 23[15] meine Worte, die ich über diese Stadt gesprochen habe – zu ihrem
21[10] Unheil, und nicht zu ihrem Heil; sie werden an jenem Tag vor deinen
44[11.27] Augen eintreffen. [17] Aber dich werde ich retten an jenem Tag –
Spruch des Herrn –, und du wirst den Leuten, vor denen du Angst
hast, nicht in die Hände fallen. [18] Ja, ich werde dich heil entrinnen
21[9] 38[2] lassen; du wirst nicht unter dem Schwert fallen, sondern dein Leben
45[5] wie ein Beutestück gewinnen, weil du auf mich vertraut hast – Spruch
des Herrn.

Jeremia beim Statthalter Gedalja: 40[1–6]

7[1] 11[1] 40[1] Das Wort, das vom Herrn an Jeremia erging, nachdem ihn Nebu-
saradan, der Kommandant der Leibwache, in Rama freigelassen
hatte. Dieser hatte ihn nämlich holen lassen, als er, mit Handschellen
gefesselt, sich mitten unter den Gefangenen von Jerusalem und Juda
befand, die nach Babel weggeführt werden sollten. [2] Der Komman-
dant der Leibwache holte Jeremia und sagte zu ihm: Jahwe, dein
11[17] 19[15] 26[13] Gott, hatte diesem Ort dieses Unheil angedroht. [3] Jetzt hat Jahwe
11[8] 27[13] seine Drohung eintreffen lassen und vollstreckt; denn ihr habt gegen
Dtn 9[16.23] Jahwe gesündigt und nicht auf seine Stimme gehört. So mußte euch
16[10] 44[23] dieses Schicksal treffen. [4] Nun aber löse ich dir heute die Fesseln an
39[12] deinen Händen. Wenn es dir beliebt, mit mir nach Babel zu kommen,
so komm mit, und ich will für dich sorgen. Willst du aber nicht mit
mir nach Babel kommen, so laß es! Siehe, das ganze Land liegt vor
dir; du kannst gehen, wohin du willst. [5] Wenn du es vorziehst dazu-
bleiben, so kehre um zu Gedalja, dem Sohn Ahikams, des Sohnes
Schafans, den der König von Babel über das Land Juda gesetzt hat.
Bleib bei ihm mitten unter dem Volk, oder geh, wohin du willst. Der
Kommandant der Leibwache gab ihm Reisevorrat sowie ein Ge-

40[5] Wenn ... dazubleiben: *'im ṭōb b*^{ec}*ēnækā lāšæbæt,* vgl. [4], M: »und noch kehrt er nicht zurück«. – über das Land: *b*^{e}*æræṣ,* vgl. G, M: »über die Städte«.

39[15–18] Das Heilswort für Ebed-Melech bedurfte wegen seiner jetzigen Plazierung einer Situationsangabe ([15]). Die eigentliche Zusage ist [18a] (»ich werde dich heil entrinnen lassen; du wirst nicht unter dem Schwert fallen«); sie ist von der dtr eingefärbten Nachinterpretation gerahmt ([16f.18b]) (Thiel II 56f). Diese betont, daß sich im Untergang Jerusalems Jahwes Wort erfüllt (vgl. 40[3]), daß Gott dabei einen einzelnen retten kann, und daß das Vertrauen auf ihn Voraussetzung für die Rettung ist (vgl. 17[7] Jes 36[7] 37[10]).

schenk und entließ ihn. [6] Jeremia ging zu Gedalja, dem Sohn Ahi- 39^{14}
kams, nach Mizpa und blieb bei ihm mittten unter dem Volk, das im
Land übriggeblieben war.

Gedalja als Statthalter: 40$^{7-16}$

[7] Alle Truppenführer, die samt ihren Mannschaften noch über das 2 Kön 25$^{22-24}$
freie Feld verstreut waren, erfuhren, daß der König von Babel Ge-
dalja, den Sohn Ahikams, als Statthalter im Land eingesetzt und ihm
Männer, Frauen und Kinder sowie jenen Teil der armen Bevölkerung
unterstellt habe, der nicht nach Babel weggeführt worden war. [8] Sie
kamen nun mit ihren Leuten zu Gedalja nach Mizpa, nämlich Jisch-
mael, der Sohn Netanjas, Johanan und Jonatan, die Söhne Kareachs,
Seraja, der Sohn Tanhumets, ferner die Söhne Efais aus Netofa und
Jaasanja, der Sohn des Maachatiters. [9] Gedalja, der Sohn Ahikams,
des Sohnes Schafans, schwor ihnen und ihren Mannschaften:
Fürchtet euch nicht davor, den Chaldäern untertan zu sein. Bleibt im
Land, und dient dem König von Babel; dann wird es euch gut gehen.
[10] Seht, ich selber bleibe in Mizpa und vertrete euch vor den Chal-
däern, die zu uns kommen. Ihr aber, erntet Wein, Obst und Öl, sam-
melt es in euren Gefäßen, und bleibt in den Ortschaften, die ihr besie-
delt. [11] Auch alle jene Judäer, die sich in Moab, bei den Ammonitern,
in Edom oder in irgendeinem anderen Land aufhielten, erfuhren, daß
der König von Babel Juda eine Restbevölkerung gelassen und über sie
Gedalja, den Sohn Ahikams, des Sohnes Schafans, als Statthalter ein-

40^{7}–41^{18} wird über Gedaljas Wirken und seine Ermordung (ab 40^{13}) berichtet. Jeremia wird nicht erwähnt. Zweimal wird berichtet, daß alle Truppenführer zu Gedalja nach Mizpa kommen (40$^{7.13}$). Nach ^{8} befindet sich auch Jischmael, sein späterer Mörder, unter ihnen; ^{13} beschuldigen sie diesen, der abwesend ist, der Mordabsichten. Nach ^{13} waren sie vorher wie in ^{7} noch über das freie Feld verstreut, hatten sich also noch nicht bei Gedalja gemeldet. $^{7-9}$ folgen, zum Teil wörtlich, 2 Kön 25$^{22-24}$ wie 39$^{1-10}$ dem Text 52$^{4-16}$ (= 2 Kön 25$^{1-12}$). Und ^{11} schließt gut an ^{6} an. So darf man annehmen, daß $^{7-9}$ mit ^{10}, der $^{7.12b}$ aufgreift, als Übergang nachträglich eingefügt wurden. In 41 unterbrechen $^{4-7.9}$ den Zusammenhang, sind also ebenfalls ein späterer Einschub. Somit gehören zur ursprünglichen Erzählung 40^{11}–41$^{3.8.10-18}$ (vgl. Pohlmann 121).

40^{11f} Nachdem Gedalja, der unter Aufsicht der babylonischen Besatzungsmacht steht (41^{3}), zum Beauftragten (*pāqīd*) des Großkönigs eingesetzt ist, kommen die Flüchtlinge aus den umliegenden, besonders östlichen Ländern zurück. Sie unterstellen sich Gedalja. Eine gute Ernte verspricht weitere Lebensmöglichkeit im Land. $^{7-10}$ Zunächst aber – so meint ein Späterer – war wichtig, daß sich alle Truppenführer, die sich mit wenigen Leuten (41^{1}) noch irgendwo im Land aufhielten, dem Beauftragten unterwarfen. Sie taten es, auch Jischmael; seine Bluttat er-

gesetzt habe. 12 Daher kehrten alle Judäer aus sämtlichen Orten, wo-
hin sie versprengt waren, zurück und kamen ins Land Juda zu Ge-
dalja nach Mizpa. Man erntete Wein und Obst in großer Menge.
13 Eines Tages kamen Johanan, der Sohn Kareachs, und alle Trup-
penführer, die über das freie Feld verstreut waren, zu Gedalja nach
Mizpa. 14 Sie fragten ihn: Weißt du schon, daß Baalis, der König der
Ammoniter, Jischmael, den Sohn Netanjas, geschickt hat, um dich er-
morden zu lassen? Aber Gedalja, der Sohn Ahikams, glaubte es ihnen
nicht. 15 Nun machte Johanan, der Sohn Kareachs, dem Gedalja in
Mizpa insgeheim den Vorschlag: Ich will hingehen und Jischmael,
den Sohn Netanjas, erschlagen, ohne daß jemand davon erfährt.
Warum soll er dich umbringen, so daß alle Judäer, die sich um dich
geschart haben, wieder zerstreut werden und der Rest von Juda zu-
grunde geht? 16 Doch Gedalja, der Sohn Ahikams, entgegnete Jo-
hanan, dem Sohn Kareachs: Nein, tu das nicht; denn was du über
Jischmael sagst, ist nicht wahr.

Die Ermordung Gedaljas: 41^{1-15}

40^{8} 2 Kön 25^{25f}

41 1 Aber im siebten Monat kam Jischmael, der Sohn Netanjas, des
Sohnes Elischamas, ein Mann aus königlichem Geschlecht und einer
von den Großen des Königs, mit zehn Mann zu Gedalja, dem Sohn
Ahikams, nach Mizpa. Während sie dort zusammen aßen, 2 erhob
sich Jischmael, der Sohn Netanjas, samt den zehn Männern, die bei
ihm waren, und sie erschlugen Gedalja, den Sohn Ahikams, des Soh-

scheint deshalb auch als Treuebruch. Gedalja weist sie zu friedlicher Arbeit und zum Besiedeln verlassener Orte an (^{10}).

$^{13-16}$ Gedalja wird über den Mordplan unterrichtet, schenkt aber der Mitteilung keinen Glauben, obwohl sie von allen Truppenführern gestützt wird. Er lehnt auch den Vorschlag Johanans, den dieser aus Sorge um den Fortbestand des noch übriggebliebenen Volkes macht, ab: Jischmael soll nicht beseitigt werden. Gedalja, der die Mitteilung für üble Nachrede hält, will sein Wirken nicht mit einem Mord belasten. Es geht ihm auch nicht um die Sicherung seiner Person. Wie sehr aber das Schicksal der im Land Verbliebenen an seiner Person hängt, wird nach seiner Ermordung offenbar (41^{16-18}). Inwiefern der Ammoniterkönig in die Angelegenheit verwikkelt war, und was er für Gründe gehabt hat, etwa die Störung der Pläne der Babylonier, die Judäa unter einem zuverlässigen Beauftragten zu einer befriedeten Provinz an der Grenze gegen Ägypten hin machen wollten, ist nicht bekannt.

$41^{1-3.8.10-15}$ Die Bluttat, nach bewährtem Muster (vgl. 2 Sam 13^{28f}) unter Verhöhnung der Gastfreundschaft beim Mahl ausgeführt, rafft Gedalja, seine Mitarbeiter und auch die wahrscheinlich wenigen Chaldäer dahin. Jischmaels Motiv wird nicht mitgeteilt. Man kann vermuten, daß er als Mitglied des Davidshauses die Einsetzung eines Beauftragten, der nicht Davidide war, nicht ertrug. ^{8} Zehn Männer können sich retten, weil sie

nes Schafans, mit dem Schwert. So tötete er den Mann, den der Kö-
nig von Babel als Statthalter im Land eingesetzt hatte. 3 Auch alle Ju-
däer, die bei ihm [bei Gedalja] in Mizpa waren, und die Chaldäer, die
sich dort als militärische Besatzung befanden, erschlug Jischmael.
4 Am zweiten Tag nach Gedaljas Ermordung, als noch niemand etwas
erfahren hatte, 5 kamen Männer aus Sichem, Schilo und Samaria,
achtzig Mann, mit geschorenen Bärten, zerrissenen Kleidern und ein-
geritzten Wunden. Sie trugen in ihren Händen Opfergaben und
Weihrauch, um sie zum Haus des Herrn zu bringen. 6 Da ging ihnen
Jischmael, der Sohn Netanjas, von Mizpa aus entgegen, wobei er laut
weinte. Sobald er mit ihnen zusammentraf, lud er sie ein: Kommt mit
zu Gedalja, dem Sohn Ahikams! 7 Als sie nun in die Stadtmitte ge-
kommen waren, ermordete sie Jischmael, der Sohn Netanjas, mit
Hilfe der Männer, die er bei sich hatte, und warf sie in die Zisterne.
8 Zehn Männer aber, die sich unter jenen befanden, hatten zu Jisch-
mael gesagt: Töte uns nicht; denn wir haben versteckte Vorräte auf
dem Feld: Weizen, Gerste, Öl und Honig. Da sah er davon ab, sie
zusammen mit ihren Stammesbrüdern zu töten. 9 Die Zisterne, in die
Jischmael alle Leichen der Männer warf, die er Gedaljas wegen er-
schlagen hatte, war jene, die König Asa im Krieg gegen Bascha, den
König von Israel, angelegt hatte. Diese füllte nun Jischmael, der Sohn 1 Kön 15^{16-24}

41^{3} [ ] Glosse.
41^{7} Und warf sie: sinngemäß zu ergänzen.

auf ihre, wohl in der Nähe, nicht in entfernten Orten (Sichem, Schilo, Samaria) verborgenen Vorräte verweisen, die der Mörder anscheinend brauchte. 10 Die Flucht nach Ammon mit allen, die in Mizpa waren (als Kämpfer, Geiseln, »Befreite«?), mißlingt. Johanan mit seinen Leuten tritt zum Kampf an; die Weggeführten gehen zu ihm über. Jischmael, über den keine weitere Nachricht vorliegt, entkommt. Ob Mizpa mit *nebī samwil* oder eher mit *tell en-naṣbe* zu identifizieren ist, läßt sich auch aus der Angabe des Fluchtweges nicht entscheiden, weil auch Gibeon nicht sicher zu lokalisieren ist.

4–7.9 Ein zweites, nicht weniger übles Verbrechen wird von Jischmael, wie ein nachträglich eingefügter Bericht meldet, begangen. Jahweverehrer aus dem ehemaligen Nordreich Israel ziehen im siebten Monat wie einst nach dtr Auffassung zum Herbstfest nach Jerusalem (vgl. 1 Kön 12^{27} 2 Kön $23^{15.19}$ 2 Chr 30^{11}), nun allerdings in Trauer, zum zerstörten Heiligtum. Verschiedene Züge dieser Erzählung lassen an der historischen Zuverlässigkeit zweifeln und legen den Schluß nahe, daß es sich eher um theologische Komposition handelt: Wie können zehn Männer 80 mitten in der Stadt ohne Gegenwehr töten?

Die Pilger entsprechen mit ihrer Wallfahrt einem dtr Anliegen. Sie kommen aus den früheren Zentren der Jahweverehrung in Israel (Sichem, Schilo). Sie haben trotz der Zerstörung und sicherlich auch Verunreinigung des Tempels Opfergaben bei sich, ein Zeichen der vollen

Netanjas, mit Erschlagenen an. 10 Dann führte Jischmael den ganzen
Rest des Volkes, der sich in Mizpa befand, gefangen hinweg: die
Prinzessinnen und die ganze Bevölkerung, die in Mizpa geblieben
war und die Nebusaradan, der Kommandant der Leibwache, Ge-
dalja, dem Sohn Ahikams, unterstellt hatte. Jischmael, der Sohn Ne-
tanjas, führte sie gefangen weg und zog ab, um über die Grenze zu
den Ammonitern zu gelangen.
11 Johanan, der Sohn Kareachs, und alle Truppenführer, die bei ihm
waren, hörten von all dem Bösen, das Jischmael, der Sohn Netanjas,
verübt hatte. 12 Sie nahmen ihre gesamte Mannschaft und zogen aus,
um gegen Jischmael, den Sohn Netanjas, zu kämpfen. Am großen
Wasser bei Gibeon stießen sie auf ihn. 13 Als das ganze Volk, das bei
Jischmael war, Johanan, den Sohn Kareachs, und in seiner Begleitung
alle Truppenführer erblickte, war es hoch erfreut. 14 Alle Leute, die
Jischmael gefangen von Mizpa weggeführt hatte, wandten sich von
ihm ab und traten auf die Seite Johanans, des Sohnes Kareachs.
15 Jischmael aber, der Sohn Netanjas, konnte mit acht Mann dem Jo-
hanan entkommen und floh zu den Ammonitern.

Die Sammlung des restlichen Volkes 41[16–18]

16 Nun übernahm Johanan, der Sohn Kareachs, zusammen mit allen
Truppenführern, die bei ihm waren, den ganzen Rest des Volkes, den
Jischmael, der Sohn Netanjas, nach der Ermordung Gedaljas, des
Sohnes Ahikams, aus Mizpa weggeführt hatte: Männer, [Krieger,]
Frauen, Kinder und Palastbeamte, die er nun alle von Gibeon weg-
2 Kön 25[26] brachte. 17 Sie zogen ab und machten in der Herberge des Kimham
bei Betlehem halt, in der Absicht, nach Ägypten weiterzuziehen. 18 So

41[16] Weggeführt hatte: *šābāh 'ōtām;* M: »zurückgebracht hatte«. – [ ] Glosse zu Männer.

Jahweverehrung. Auch der Hinweis auf König Asa, der in Mizpa baute, aber auch ein treuer Jahweverehrer war (1 Kön 15[11–15]), paßt in dieses theologische Konzept. Der Erzähler will wohl sagen, daß ausgerechnet ein Davidide nicht nur die Zukunft Judas mit dem Mord an Gedalja aufs Spiel setzte, sondern mit der Tötung der Pilger auch die Möglichkeit zerstörte, daß sich der Rest Israels und Judas nach dem Untergang beider Staaten wieder zur gemeinsamen Verehrung ihres Gottes zusammenfinden konnten. Ein neuer Beauftragter der Babylonier wurde, soweit bekannt, nicht eingesetzt. Die Restbevölkerung in Nord und Süd lebte sich auseinander, und nach der Rückkehr aus der Gefangenschaft entzündete sich zwischen ihnen sogar Feindschaft am Wiederaufbau des Tempels und der Stadt.

16–18 Nach der Ermordung Gedaljas und der Flucht Jischmaels fürchteten viele die Reaktion der Babylonier. Sie wichen unter Führung Johanans an die Südgrenze des Landes aus, wollten sie den Chaldäern entkommen; denn sie hatten Angst vor ihnen, weil Jischmael, der Sohn Netanjas, Gedalja, den Sohn Ahikams, erschlagen hatte, den der König von Babel als Statthalter im Land eingesetzt hatte.

Die Bitte um ein Gotteswort: 42$^{1-6}$

42^{1} Da kamen alle Truppenführer und Johanan, der Sohn Kareachs, 41^{16}
ferner Asarja, der Sohn Hoschajas, sowie das ganze Volk, klein und
groß, herbei ^{2} und sagten zum Propheten Jeremia: Möge unsere Bitte
bei dir Gehör finden: Bete für uns zum Herrn, deinem Gott, für diesen ganzen Rest; denn von einst so vielen sind nur wir wenige übriggeblieben, wie du mit eigenen Augen siehst. ^{3} Möge der Herr, dein
Gott, uns kundtun, welchen Weg wir einschlagen und was wir tun
sollen. ^{4} Der Prophet Jeremia erwiderte ihnen: Gut, ich will nach eurem Wunsch zum Herrn, eurem Gott, beten und euch dann alles, was
der Herr antwortet, mitteilen, ohne euch ein Wort vorzuenthalten.
^{5} Sie selbst versicherten Jeremia: Der Herr sei ein wahrer und treuer
Zeuge gegen uns, wenn wir nicht genau nach dem Wort handeln, mit
dem dich der Herr, dein Gott, zu uns sendet. ^{6} Sei es gut oder
schlimm, auf die Stimme des Herrn, unseres Gottes, zu dem wir dich 7^{23} Dtn 4^{30} 9^{23}
senden, werden wir hören, damit es uns gut gehe, weil wir auf die Dtn 5$^{16.29}$
Stimme des Herrn, unseres Gottes, hören.

42^{1} Asarja, mit G 43^{2}; M: »Jezanja«.
42^{4} Was der Herr, vgl. G; M: »was der Herr euch gegenüber«.

um sich nach Ägypten abzusetzen. Die Ortsbezeichnung »Herberge des Kimham« hält die Erinnerung an einen Vertrauten Davids (2 Sam 19^{38f}) fest, der dort Land für seine Dienste erhalten hatte.

42 Jeremia wird $^{1-6}$ nach einem Gotteswort gefragt und verkündet es $^{7-22}$ dem Volk und seinen Anführern. Der Text enthält 1. einen kurzen Ausspruch Jeremias (»^{15} So spricht der Herr: ^{17} Alle Männer, die darauf bestehen, nach Ägypten zu ziehen, um sich dort niederzulassen, werden sterben; keiner von ihnen wird entkommen und entrinnen«), der 2. von einer Erzählung ($^{1-5,7-9}$) eingeleitet und 3. zu einer langen Predigt ($^{6.10-16.17*.18.19-22}$) mit verschiedenen Ansätzen ausgestaltet wird (vgl. Thiel II 62–67).

$^{1-9.17*}$ Anführer und Volk bitten um ein Wort Jahwes, das entscheidet, was sie in der schwierigen Situation nach der Ermordung Gedaljas tun sollen. Die Anfrage an den Propheten ist recht weitschweifig formuliert; aber es gelingt nicht, einen kürzeren ursprünglichen Text herauszuheben. Nur ^{6} ist wegen seiner dtr Wendungen als Werk der Nachinterpretation zu erkennen. Sie verschärft hier noch einmal, was ^{5} ausspricht: die feste Verpflichtung, auf Jahwes Wort zu hören, für die er selbst als Garant angerufen wird. Fürbitte (^{2}) und Gotteswort (^{3}) werden vom Propheten erbeten. ^{4} Das vom Herrn ergehende Wort wird als Antwort auf das Fürbittgebet verstanden. ^{7} Jeremia hat ein Gotteswort nicht zur Verfügung, wenn er

Die Warnung vor der Auswanderung nach Ägypten: 42[7–18]

[7] Zehn Tage später erging das Wort des Herrn an Jeremia. [8] Darauf-
41[16] hin rief er Johanan, den Sohn Kareachs, und alle Truppenführer, die
bei ihm waren, sowie das ganze Volk, klein und groß, zusammen
[9] und sagte zu ihnen: So spricht der Herr, der Gott Israels, zu dem
ihr mich gesandt habt, um ihm eure Bitte vorzutragen: [10] Wenn ihr in
1[10] 24[6] diesem Land wohnen bleibt, so werde ich euch aufbauen und nicht
niederreißen, euch einpflanzen und nicht ausreißen; ja, ich bereue
18[8] 26[3] das Unheil, das ich euch angetan habe. [11] Fürchtet euch nicht vor dem
41[18] König von Babel, vor dem ihr Angst habt. Fürchtet euch nicht vor
1[8.17ff] 15[20] ihm – Spruch des Herrn –; denn ich bin mit euch, um euch zu retten
Dtn 13[18] und seiner Hand zu entreißen. [12] Ich bewirke Erbarmen für euch; er
1 Kön 8[50] wird sich euer erbarmen und euch in eure Heimat zurückkehren las-
16[12] 18[10] 19[15] sen. [13] Wenn ihr aber sagt: Wir bleiben nicht in diesem Land!, und
auf die Stimme des Herrn, eures Gottes, nicht hört, [14] sondern sagt:
Nein, nach Ägypten wollen wir ziehen, wo wir weder Krieg sehen
noch Trompetenschall hören, noch nach Brot hungern werden, und
dort wollen wir bleiben!, [15] nun, dann hört das Wort des Herrn, ihr,
40[11.15] der Rest Judas: So spricht der Herr der Heere, der Gott Israels:

42[10] Wohnen: *jāšōb* Übss, M: »zurückkehren«.
42[12] Zurückkehren: EÜ folgt M; besser: »wohnen« *(w^e hōšīb).* Sie sind ja im Land.

es wünscht oder das Volk es verlangt; er darf auch nicht seine eigene Meinung als Wort Jahwes ausgeben, sondern muß warten, bis er es empfängt. Jahwe allein entscheidet, ob, wann und mit welchem Inhalt sein Wort ergeht. [17] Er antwortet kurz und distanziert (nicht in der Anredeform, sondern in der 3. Pers.): Wer von den 586 im Land Übriggebliebenen nach Ägypten zieht, kommt um; es gibt von dort keine Heimkehr, keinen neuen Exodus. Die Flucht dorthin ist gegen seinen Willen.

[10–18] Das klare, ablehnende Jahwewort ([17*]) wird in direkter Anrede durch eine Alternativpredigt erläutert und ergänzt: positiv (Bedingung, Folge, Begründung [10]) und negativ (Bedingung [13f], Folge [15abα], die wiederum in Bedingung [15bβγ] und Folge [16] aufgesprengt ist, Begründung [17]). [15] dürfte nachträglich eingefügt sein, um hervorzuheben, daß das Wort Jahwes einen negativen Bescheid bringt; [16] schließt gut an [14] an. [11f] sind ein Heilsorakel ([11]) mit Heilszusage ([12]). In [18] wird zum Ganzen, mit einer dritten Botenspruchformel (vgl. [9.15]) neu ansetzend, noch einmal eine Begründung mit Hilfe eines Vergleichs ([18a]) und eines Drohwortes ([18b]) gegeben. Zweifellos soll im vorliegenden Text (vgl. den eingefügten [15]) der ablehnende Bescheid ([16f]) als das maßgebliche Jahwewort herausgestellt werden. – Die Predigt samt ihren Erweiterungen schöpft aus dem dtr durchsetzten Sprachschatz der Nachinterpretation. Sie gibt dem Gehorsam gegen Jahwes Wort die Zusage des Wiederaufbaus [10] und untermauert sie damit, daß der Herr »das Unheil

Wenn ihr darauf besteht, nach Ägypten zu ziehen, und auswandert,
um euch dort niederzulassen, [16] dann wird euch das Schwert, das ihr
fürchtet, dort in Ägypten erreichen, und der Hunger, vor dem euch 11^{22}
bangt, wird euch dort in Ägypten verfolgen, und ihr werdet dort um-
kommen. [17] Ja, alle, die darauf bestehen, nach Ägypten zu ziehen, um Dtn $28^{15.45}$
sich dort niederzulassen, werden durch Schwert, Hunger und Pest 21^{9}
umkommen. Keiner von ihnen wird entkommen, keiner dem Unheil
entrinnen, das ich über sie bringe. [18] Denn so spricht der Herr der
Heere, der Gott Israels: Wie sich mein Zorn und Grimm über die 7^{20}
Einwohner Jerusalems ergossen hat, so wird sich mein Grimm auch
über euch ergießen, wenn ihr nach Ägypten zieht. Ihr werdet zum
Fluch und zu einem Bild des Entsetzens, zur Verwünschung und zur 25^{9} 44^{12}
Schmach werden. Dieses Land aber werdet ihr nie wieder sehen.

Die Drohung an die Verstockten: 42^{19-22}

[19] Der Herr hat zu euch gesprochen, Rest Judas: Zieht nicht nach
Ägypten! Ihr sollt genau wissen: Ich warne euch heute. [20] Denn ihr 11^{7} Dtn 4^{26} 8^{19}
gebt euch einer gefährlichen Täuschung hin. Ihr selbst habt mich ja
zum Herrn, eurem Gott, gesandt mit den Worten: Bete für uns zum

42^{17} Ja, alle, wörtlich: »Denn alle Männer«. Sie trafen verantwortlich den Entschluß.

bereut«, d. h. davon in Plänen und Tat Abstand nimmt, es weiterhin zu verhängen. Das Heilsorakel mit Beistands- und Rettungszusage ([11]) orientiert sich an $1^{8.17-19}$ 15^{20} (Heilsorakel an Jeremia) und wird in [12] näher erläutert. Jahwe, der auch erbarmungslosen Feinden (6^{23} 50^{42}) Mitleid und Erbarmen ins Herz legen kann (vgl. 1 Kön 8^{50}), wird bewirken, daß Nebukadnezzar, sein Knecht (27^{6}), sich der im Land Übriggebliebenen erbarmt und sie nicht wegen der Ermordung Gedaljas bestraft. Es handelt sich nicht um Rückkehr, sondern um das Verbleiben im Land. [13] Wenn sie das aber nicht wollen, sondern in Ägypten Hunger und Krieg entgehen möchten ([14]), wird dieser Rest Judas gerade dort ([16]) keinem von beiden entgehen, ja ([17]) die ganze geballte Strafe Gottes (einschließlich der Pest) wird sie treffen. Denn Jahwe ist es, der dann dieses Unheil herbeiführt (vgl. 43^{8-12}). In [18] wird noch einmal durch ein Gotteswort bekräftigt, wie schrecklich diese Strafe sein wird: wie beim Untergang Jerusalems, sprichwörtlich furchtbar, so daß jeder, der einen anderen verflucht oder Böses anwünscht, sagt: Gott lasse dich werden wie die nach Ägypten geflohenen Judäer. Eine Heimkehr gibt es nicht (vgl. 22^{10-12}). [19–22] schaut bereits auf die vom Rest Judas getroffene Entscheidung zurück, die 43^{1-3} nachholend berichtet wird. Der Prophet mahnt noch einmal eindringlich und stellt den Übriggebliebenen warnend vor Augen, daß sie selber ([20]) den Entscheid Jahwes verlangt ([2f]) und zudem Gott gebeten haben, darüber zu wachen ([5]), daß sie seinem Wort folgen. Zugleich aber muß Jeremia feststellen,

Herrn, unserem Gott, und ganz wie der Herr, unser Gott, spricht, gib uns Bescheid, und wir werden danach handeln. [21] Heute nun habe ich euch den Bescheid gegeben, aber ihr habt auf die Stimme des Herrn, eures Gottes, nicht gehört, auf nichts von dem, womit er mich zu euch gesandt hat. [22] Jetzt aber sollt ihr wissen: Durch Schwert, Hunger und Pest werdet ihr umkommen an dem Ort, wohin ihr ziehen wollt, um euch dort niederzulassen.

Der Zug nach Ägypten: 43^{1-7}

43^{1} Als Jeremia dem ganzen Volk alle Worte des Herrn, ihres Gottes, vollständig mitgeteilt hatte, nämlich all die Worte, mit denen ihn der Herr zu ihnen gesandt hatte, [2] da sagten Asarja, der Sohn Hoschajas, und Johanan, der Sohn Kareachs, sowie alle übermütigen Männer zu Jeremia: Was du sagst, ist erlogen. Nicht der Herr, unser Gott, hat dich gesandt mit dem Auftrag: Ihr sollt nicht nach Ägypten ziehen, um euch dort niederzulassen. [3] Vielmehr hetzt dich Baruch, der Sohn Nerijas, gegen uns auf, um uns den Chaldäern auszuliefern, so daß sie uns töten oder nach Babel verschleppen.

42^{6} [4] Johanan, der Sohn Kareachs, alle Truppenführer und das ganze
Volk hörten also nicht auf die Stimme des Herrn, im Land Juda zu
41^{16f} bleiben. [5] Johanan, der Sohn Kareachs, und alle Truppenführer nah-
40^{11f} men den ganzen Rest Judas, der aus allen Völkern, unter die er versprengt gewesen, zurückgekehrt war, um sich im Land Juda niederzulassen: [6] Männer, Frauen und Kinder, die Prinzessinnen und alle Leute, die Nebusaradan, der Kommandant der Leibwache, bei Ge-

43^{1} Der Herr, mit G; M: »der Herr, ihr Gott«.

daß sie nicht gehorchen (^{21}). So muß er nach dem Scheltwort $^{19-21}$ das Drohwort, eine Wiederholung aus ^{17}, verkünden. 43 ist mit diesem Abschnitt vorbereitet.

43^{1-7} erzählen, daß die Anweisung Jahwes, im Land zu bleiben, abgelehnt wurde, und schildern, wie es dazu kam. ^{4} ist, vgl. 42^{6}, nachträglich zur Verstärkung eingefügt, ebenso $^{7a\beta}$ (»weil . . . hörten«). In $^{1-3}$ soll verständlich gemacht werden, warum es trotz aller Beteuerungen, die vorausgingen, zur Flucht nach Ägypten kam. Asarja (vgl. 42^{1}) ist als erster der Verantwortlichen genannt, vielleicht weil er die führende Rolle bei der Ablehnung des Jahwewortes spielte. Der Verfasser läßt die frechen Anführer die Tätigkeit Baruchs, der Jeremia verleitet habe, zur Entlastung anführen. Sie scheuen sich nicht, um ihr Vorgehen zu rechtfertigen, den treuen, unerschrockenen Verkünder des Prophetenwortes (36) zum Anstifter einer Lügenprophetie zu machen und Jeremia selbst, der die Lügenpropheten mit aller Kraft bekämpft hatte, als falschen Propheten hinzustellen ($23^{26.32}27^{15}29^{9}$). $^{5-7}$ So kommt es zur Flucht des »ganzen Restes Judas«, und nunmehr kann es im Land selbst keinen neuen Anfang geben. Der

dalja, dem Sohn Ahikams, des Sohnes Schafans, gelassen hatte, auch den Propheten Jeremia und Baruch, den Sohn Nerijas, [7] und sie zogen nach Ägypten, weil sie nicht auf die Stimme des Herrn hörten, und kamen bis Tachpanhes.

Die Heimsuchung auch in Ägypten: 43^{8-13}

[8] In Tachpanhes erging das Wort des Herrn an Jeremia: [9] Nimm vor
den Augen judäischer Männer große Steine in die Hand, und maure
sie mit Mörtel in das Ziegelpflaster am Eingang zum Haus des Pha-
rao in Tachpanhes! [10] Dann sag zu ihnen: So spricht der Herr der
Heere, der Gott Israels: Seht, ich werde meinen Knecht Nebukad-
nezzar, den König von Babel, herbeiholen; er wird seinen Thron über
diesen Steinen, die ich hier eingemauert habe, aufstellen und sein
Prunkzelt darüber ausspannen. [11] Er wird kommen und das Land 46^{26}
Ägypten schlagen; wer für den Tod bestimmt ist, verfällt dem Tod, 15^{2}
wer für die Gefangenschaft, der Gefangenschaft, und wer für das
Schwert, dem Schwert. [12] Er wird an die Tempel der Götter Ägyptens
Feuer legen und die Götter verbrennen oder wegführen. Er wird das
Land Ägypten ablausen, wie ein Hirt sein Gewand ablaust; danach

43^{9} Und ... Ziegelpflaster, andere Übersetzungsmöglichkeit: »und senke sie in den Lehmboden«; Ziegelpflaster *(bammalben)* fehlt in G.
43^{10} Er wird aufstellen: *w^e śām 'æt;* mit G, S.
43^{12} Er wird Feuer legen: *w^e hiṣṣīt* mit Übss.

Widerstand gegen Jahwes Wort macht eine Chance zunichte. Zu Tachpanhes vgl. 2^{16}.
$^{8-13}$, ein selbständiger Abschnitt, enthält eine im Auftrag Jahwes (^{8}) auszuführende Zeichenhandlung (^{9}) mit deutendem Wort (^{10}) und ein daran angefügtes Gerichtswort über Ägypten und seine Götter (^{11f}). Das Wort gegen die Götter wird zusätzlich noch bezüglich des Sonnentempels konkretisiert (^{13}). Jeremia soll im geglätteten Lehmboden vor dem königlichen Verwaltungsgebäude in Tachpanhes große Steine einsenken. Auf diese wird Nebukadnezzar seinen, mit einem Baldachin versehenen Thron aufstellen. Das besagt, daß die geflohenen Judäer dem Zugriff des Königs von Babel nicht entkommen können, was sie 43^{3} mit der Flucht angeblich erreichen wollten. Nur dies, nicht ob er sie straft, wird hier ausgesprochen. Nebukadnezzar kam nach Ägypten (568/7), wobei es sich wohl nur um einen Streifzug (vergleichbar einer Säuberungsaktion ^{12b}) handelte, der den Anspruch auf Palästina und die Macht über diese Gebiete unterstreichen sollte. In dem nachgetragenen Gerichtswort über Ägypten erhält Jeremia Gelegenheit, sich als Völkerprophet (vgl. zu 1^{5}) zu erweisen und zugleich zu sagen, in welchem Zusammenhang die geflohenen Judäer bestraft werden. Der Nachtrag $^{11.12}$ erhält durch das Wort gegen die Götter und ihre Tempel eine neue Sinnspitze, die außerhalb der aktuellen Situation in Richtung der Götzenpolemik zielt; ^{13} betont dieses Anliegen noch ein-

Dtn 7[5] 12[3] wird er unbehelligt abziehen. [13] Er wird die spitzen Säulen des Son-
nentempels in Ägypten zertrümmern und die Tempel der Götter
Ägyptens in Brand stecken.

Die Warnung vor Götzendienst: 44[1–14]

44[1] Das Wort, das an Jeremia erging für alle Judäer, die in Ägypten
wohnten und sich in Migdol und Tachpanhes, in Memfis und im
Land Patros angesiedelt hatten: [2] So spricht der Herr der Heere, der
Ex 19[4] Dtn 29[1] Gott Israels: Ihr selbst habt all das Unheil miterlebt, das ich über Je-
Jos 23[3] rusalem und alle Städte Judas gebracht habe. Seht, heute sind sie
7[34] 22[5] 27[17] Trümmerstätten, die niemand mehr bewohnt. [3] Das ist die Folge ihrer
7[9] 19[4] bösen Taten; sie erzürnten mich, indem sie hingingen, um anderen
Göttern, die sie früher nicht kannten, zu opfern und zu dienen, sie,
7[25] 25[4] ihr und eure Väter. [4] Wohl habe ich immer wieder all meine Knechte,
die Propheten, zu euch gesandt mit der Mahnung: Verübt doch nicht
7[24.26] 11[8] einen solchen Greuel, den ich so hasse. [5] Sie aber haben nicht gehört
und mir ihr Ohr nicht zugeneigt, so daß sie sich von ihrer Bosheit be-
42[18] kehrt und nicht mehr anderen Göttern geopfert hätten. [6] Daher ergoß
7[17.34] 11[6] sich mein Grimm und Zorn und wütete in den Städten Judas und in
den Straßen Jerusalems, so daß sie zur Trümmerstätte und Wüste
11[5] wurden, wie sie es heute noch sind. [7] Nun aber spricht so der Herr,
der Gott der Heere, der Gott Israels: Warum tut ihr euch selbst so
schweres Leid an, indem ihr eure Männer und Frauen, Kinder und

mal. Dabei wird wohl auf Heliopolis (ägypt. On, nördlich von Kairo) verwiesen, aus dem noch ein Obelisk (vgl. AOB Abb. 489) erhalten ist.

44, ein redaktionell gestalteter Text, bringt in [1–14] eine Rede Jeremias, auf die das Volk in [15–19] antwortet, um erneut in [20–30] lange Ausführungen des Propheten zu hören. Die neuere Forschung stimmt darin überein, daß insbesondere in [15–19] Sätze einer ursprünglichen Erzählung vorliegen, die den Grundbestand des überlieferten Textes bildet. In [15–19] geht es (vgl. 7[16–20]) um den Kult der Himmelskönigin, der babylonischen Ischtar bzw. der Astarte des AT, die Nahrung und Wohlergehen schenkt und dem Mangel wehrt ([17f]). Wenn der Hinweis auf diesen Kult eine Antwort auf die erste Rede Jeremias ist, muß eine Äußerung des Propheten vorausgehen, die eine entsprechende Notsituation anspricht. [2–6] sind ein Rückblick, [8–14] eine Schelte mit Androhung künftigen Gerichts. Nur [7] weist auf eine gegenwärtige Not hin: Die gegen Jahwes Anweisung (42[7–18]) nach Ägypten geflohenen Judäer fügen sich selber großes Leid zu; sie bereiten sich ihr eigenes Ende. Die Antwort erfolgt in [17–19*]: Wir wenden uns an die Himmelskönigin. Die Erwiderung Jeremias steckt in [24–28*]. In [1–6.7–14.20–23.29f] hat, wie der Sprachgebrauch zeigt, die dtr orientierte Nachinterpretation, die auch den alten Text überarbeitet hat, das Wort.

[7.15–19*.24–28*] Der Grundtext, der in 44 kommentiert wird, könnte gelautet haben: »[7] So spricht der Herr:

Säuglinge aus Juda ausrottet und keinen Rest mehr übrigläßt? [8] Denn Dtn 31[29]
ihr erzürnt mich durch das Tun eurer Hände, weil ihr anderen Göt- 2 Kön 22[17]
tern opfert in Ägypten, wohin ihr ausgewandert seid, um euch dort 25[6f]
niederzulassen. So rottet ihr euch selbst aus und werdet zum Fluch
und Gespött bei allen Völkern der Erde. [9] Habt ihr denn all das Böse
vergessen, das eure Väter und die Könige von Juda und ihre Frauen,
dann auch ihr selbst und eure Frauen im Land Juda und in den Stra- 7[17]
ßen Jerusalems getan haben? [10] Sie bereuen es nicht bis zum heutigen
Tag, fürchten sich nicht und leben nicht nach meiner Weisung und 26[4]
nach meinen Gesetzen, die ich euch und euren Vätern vorgelegt 9[12] 26[4] Dtn 4[8]
habe. [11] Darum – so spricht der Herr der Heere, der Gott Israels: Dtn 11[32]
Seht, ich richte mein Angesicht gegen euch zu eurem Unheil, um V. [27] 21[10] 39[16]
ganz Juda auszurotten. [12] Ich raffe den Rest Judas hinweg, der darauf
bestand, nach Ägypten auszuwandern, um sich dort niederzulassen.
Sie alle werden in Ägypten umkommen; sie werden fallen durch
Schwert und Hunger; klein und groß wird umkommen. Durch 31[34]
Schwert und Hunger werden sie sterben und zum Fluch und zu ei-
nem Bild des Entsetzens werden, zur Verwünschung und zur 42[18]

44[9] Ihre Frauen: *n^e šēhæm,* M: »seine F.«.
44[10] Sie bereuten es nicht, wörtlich: »Sie waren nicht zerschlagen«, vgl. Jes 19[10] Ps 51[10].

Warum tut ihr euch selbst großes Unheil an, daß ihr euch, Männer und Frauen, Kinder und Säuglinge, aus der Mitte Judas ausrottet und keinen Rest mehr übrigläßt? [15] Da antworteten alle Frauen dem Jeremia: [16] Was das Wort anbelangt, das du im Namen des Herrn zu uns gesprochen hast, so hören wir nicht auf dich. [17] Vielmehr werden wir alles, was wir gelobt haben, gewissenhaft ausführen: Wir werden der Himmelskönigin Rauchopfer und Trankopfer darbringen, wie wir es getan haben. Damals hatten wir Brot genug; es ging uns gut, und wir litten keine Not. [18] Seit wir aber aufgehört haben, der Himmelskönigin Rauchopfer und Trankopfer darzubringen, fehlt es uns an allem. [19] Geschieht es etwa ohne Wissen und Willen unserer Männer, daß wir der Himmelskönigin Rauchopfer darbringen, daß wir für sie Opferkuchen bereiten, die ihr Bild wiedergeben? [24] Jeremia sagte zu allen Frauen: [26] Seht, ich schwöre bei meinem großen Namen, spricht der Herr: Nie mehr soll mein Name vom Mund irgendeines Judäers in ganz Ägypten genannt werden, keiner mehr soll sagen: So wahr Gott, der Herr, lebt! [28] Und nur wenige werden dem Schwert entrinnen und ins Land Juda heimkehren«.

Noch ein letztes Mal – so die Reihenfolge der Erzählungen – wendet sich Jeremia an die nach Ägypten geflohenen Judäer. Sein Wort ([7]) will ihnen klarmachen, daß sie selbst durch ihre Flucht die Ursache des Unheils sind, das sie selber und damit Juda trifft. Die Frauen, auf denen die Sorge für die Familie liegt, verstehen »Unheil« von ihrer Flüchtlingssituation her ([17]): Es herrscht Not und Nahrungsmangel. Das prophetische Wort hilft hier ihrer Ansicht nach nicht ([16]). Jahwe hatte,

Schmach. [13] Wie ich Jerusalem heimgesucht habe, so suche ich die in
Ägypten Angesiedelten heim mit Schwert, Hunger und Pest. [14] Vom
42^{17} Rest Judas, der ausgewandert ist, um sich hier in Ägypten niederzu-
lassen, wird niemand entrinnen oder entkommen, um ins Land Juda
zurückzukehren, obwohl sie sich danach sehnen, zurückzukehren
und dort zu bleiben. Ja, nur wenige werden entrinnen und zurück-
kehren.

Der offene Abfall: 44^{15-19}

[15] Da antworteten alle Männer, die wußten, daß ihre Frauen anderen
Göttern opferten, und alle Frauen, die dabeistanden, eine große
Schar, sowie alle Leute, die in Ägypten und in Patros wohnten, dem
Jeremia: [16] Was das Wort betrifft, das du im Namen des Herrn zu uns
gesprochen hast, so hören wir nicht auf dich. [17] Vielmehr werden wir
alles, was wir gelobt haben, gewissenhaft ausführen: Wir werden der
7^{18} Himmelskönigin Rauchopfer und Trankopfer darbringen, wie wir,
unsere Väter, unsere Könige und unsere Großen in den Städten Judas
V. 6 und in den Straßen Jerusalems es getan haben. Damals hatten wir
Brot genug; es ging uns gut, und wir litten keine Not. [18] Seit wir aber
aufgehört haben, der Himmelskönigin Rauchopfer und Trankopfer
darzubringen, fehlt es uns an allem, und wir kommen durch Schwert
V. 12.27 und Hunger um. [19] Die Frauen aber sagten: Geschieht es etwa ohne
Wissen und Willen unserer Männer, daß wir der Himmelskönigin
Rauchopfer und Trankopfer darbringen, daß wir für sie Opferkuchen
bereiten, die ihr Bild wiedergeben, und Trankopfer spenden?

44^{19} Die Frauen aber sagten: mit G^{HSS} eingefügt, weil hier – anders [15] – die Frauen allein reden.

wie es schien, das große Unglück der Zerstörung und Vertreibung geschehen lassen. Sie wenden sich an die Fruchtbarkeitsgöttin, die sie schon früher verehrten, und tun es im Einvernehmen mit ihren Männern. Deren Einwilligung war zur Gültigkeit des Gelübdes notwendig (Num 30^{9}), an das sie sich gebunden sehen. Ihnen, und damit allen, antwortet Jeremia: [26] Jahwe betrachtet das, auch von den Männern gebilligte Vorgehen der Frauen als Absage an ihn. Er läßt sich nicht neben der Himmelskönigin verehren und wird dafür sorgen, daß es keine Jahweverehrer in Ägypten, also keine Judäer mehr dort gibt. Aber das bedeutet nicht, daß sie sich Hoffnung auf Heimkehr machen dürfen. Nur wenige kehren in sein Land zurück.

Die Nachinterpretation gestaltet diesen Grundtext in verschiedener Weise aus, wobei in der folgenden Aufzählung nur eine logische, keine geschichtliche Abfolge dargestellt werden soll: 1. Sie bezieht alle Judäer ([1]), wo sie auch in Ägypten wohnen mögen ([1.15*.27b]), in Ausdeutung von [26] in das Drohwort ein, auch alle Männer ([15]), das ganze Volk ([24]), eine große Schar ([15]). Migdol ist wohl wie Tachpanhes Grenzort (vgl. Ex 14^{2}), Memfis die alte Hauptstadt südl. Kairo; Patros ist Oberägypten, wo zur Perserzeit

Das Strafgericht: 44^{20-30}

20 Jeremia entgegnete dem ganzen Volk, den Männern, den Frauen V. $^{1-6}$
und allen, die ihm so geantwortet hatten: 21 Die Opfer, die ihr in den
Städten Judas und auf den Straßen Jerusalems verbrannt habt, ihr
und eure Väter, eure Könige und eure Großen und die Bürger des
Landes – waren nicht gerade sie es, an die der Herr gedacht und sich 7^{11} 19^{5}
erinnert hat? 22 Schließlich konnte es der Herr nicht mehr aushalten
wegen eurer Untaten und wegen der Greuel, die ihr verübt habt. Des- 4^{4} 26^{3}
halb wurde euer Land zur Öde, zu einem Bild des Entsetzens und 25^{9} 49^{13}
zum Fluch, unbewohnt, wie es heute noch ist. 23 Weil ihr Rauchopfer
dargebracht und gegen den Herrn gesündigt habt, weil ihr auf die 16^{10} 40^{3}
Stimme des Herrn nicht gehört und euch nicht nach seiner Weisung,
seinen Gesetzen und Mahnungen gerichtet habt, darum hat euch die- V. ^{10}
ses Unheil getroffen, wie es heute noch besteht. 24 Zum ganzen Volk 32^{23} Dtn 31^{21}
und zu allen Frauen sagte Jeremia: Hört das Wort des Herrn, ganz 7^{2} 17^{20}
Juda, das in Ägypten weilt. 25 So spricht der Herr der Heere, der Gott
Israels: Was ihr und eure Frauen mit dem Mund gelobt, das führt ihr
mit den Händen aus. Ihr sagt: Unsere versprochenen Gelübde wer-
den wir gewissenhaft erfüllen und der Himmelskönigin Rauchopfer

eine jüdische Kolonie auf der Nilinsel Elefantine (etwa Assuan) existierte.

2. Sie baut das Drohwort in $^{26.28a}$ aus: a) Alle Judäer werden in Ägypten sterben durch Schwert und Hunger (^{27}): Jahwe wird, anders als es im Land Kanaan geschieht (31^{28}), über sie zum Unheil wachen, dafür sorgen, daß sein Unheilswort an ihnen in Erfüllung geht. b) Sein Wort wird sich, wie jeder dann feststellen kann, erfüllen (^{28b}). Wenn die Frauen ihr Versprechen wahrmachen wollen und meinen, daß sich in der Erfüllung ihrer Gelübde ihre Hoffnung erfüllt, dann sollen sie – dies wird mit Spott und Ironie gesagt – es nur versuchen (^{25}). Es wird sich zeigen, welches Versprechen Erfolg hat (^{28b}): das »Versprechen« Jahwes oder das ihre. Jahwes Wort bleibt bestehen und wirkt sich aus (^{29}).

3. Dafür wird ein Zeichen angeboten (^{29}), wie dies Jes 7^{11-14} 37^{30} 38^{7} (vgl. Ex 3^{12} 1 Sam 2^{34}) geschieht, also ein ebenso äußerlich sichtbarer Vorgang, wie es die Rauch- und Trankopfer für die Himmelskönigin sind. Der Pharao Hofra (588–569) wird – darauf schaut der Verfasser schon zurück – von Jahwe seinen Feinden ausgeliefert, wie 586 Zidkija dem König von Babel. Er fiel im Kampf gegen seinen Nachfolger Amasis (Herodot II 161ff.169), nicht lange vor dem Feldzug Nebukadnezzars nach Ägypten. Das in Aussicht gestellte Zeichen, das auch seinerseits wieder durch den Hinweis auf die Zerstörung Jerusalems abgesichert wird, soll die unbedingte Zuverlässigkeit der Unheilsworte Jahwes ^{29b} unterstreichen.

4. Nicht nur ^{30b} wird in die Vergangenheit zurückgeblendet, sondern auch in $^{17a\gamma.9.13a\gamma}$ und besonders ausführlich in $^{2-6.20-23}$. Anlaß dafür dürften die Worte »wie wir es getan haben. Damals . . .« (^{17}) gewesen sein. Sie wurden näher durch den Hinweis auf die Väter, Großen und Kö-

und Trankopfer darbringen. Haltet nur eure Gelübde genau, ja, eure
Gelübde erfüllt gewissenhaft! 26 So höre denn das Wort des Herrn,
ganz Juda, das in Ägypten wohnt: Seht, ich schwöre bei meinem gro-
ßen Namen, spricht der Herr: Nie mehr soll mein Name vom Mund
irgendeines Judäers in ganz Ägypten genannt werden; keiner mehr
soll sagen: So wahr Gott, der Herr, lebt! 27 Seht, ich wache über sie –
1^{11f} 21^{10} zu ihrem Unheil, nicht zu ihrem Heil. Alle Judäer in Ägypten werden
43^{11} durch Schwert und Hunger umkommen und völlig vernichtet wer-
den. 28 Nur wenige werden dem Schwert entrinnen und aus Ägypten
42^{17} ins Land Juda heimkehren, und der ganze Rest von Juda, der nach
Dtn 18^{21f} Ägypten ausgezogen ist, um sich dort niederzulassen, wird erkennen,
wessen Wort sich erfüllt, das meine oder das ihre. 29 Dies aber soll
euch als Zeichen dafür dienen – Spruch des Herrn –, daß ich euch
heimsuche an diesem Ort, damit ihr erkennt, daß meine Unheilsworte
über euch bestimmt in Erfüllung gehen: 30 So spricht der Herr: Seht,

nige, die Städte Judas und Jerusalems erläutert. Damit aber ergab sich ($^{2-6}$) für eine dtr inspirierte Theologie die Möglichkeit, auszuführen, daß diese bösen Taten, ja der Götzendienst ganz allgemein (^{5}), und die Verweigerung der Umkehr trotz der steten Mahnung Jahwes (^{4}) (mit Unermüdlichkeitsformel) das göttliche Strafgericht nach sich zogen (^{6}). Diese Argumentation und damit die Rückblende dient aber dazu, die Judäer eindringlich zu mahnen (^{2}): Ihr müßt doch wissen, wohin eure Einstellung und euer Tun führt. $^{20-23}$ Denn nicht nur ihr, sondern auch Jahwe selbst erinnert sich bei euren Worten ($^{15-19}$) an den Götzendienst in Juda und Jerusalem. Dieser war ein Greuel ($^{4}16^{18}$), so schlimm, daß der Herr es nicht ertrug und nicht mehr anders konnte, als das fürchterliche Strafgericht zu verhängen. ^{23} lenkt mit dem Stichwort »Rauchopfer« wieder auf das Thema von $^{15-19}$ zurück, so daß sich nun $^{24-28}$ anschließen können.

5. Schließlich wird die Mahnung (^{7}) mit Hilfe des Rückblicks (^{9}) durch $^{8.10}$ zu einem Scheltwort ($^{7-10}$) ausgestaltet, das, anders als (^{7}) ursprünglich, den Götzendienst verurteilt. Ein Gerichtswort ($^{11-14}$), in dem (^{13}) noch einmal das Schicksal Jerusalems vor Augen gestellt wird, schließt sich an. Es verkündet ebenfalls den Untergang der ins Nilland geflohenen Judäer mit wenigen Ausnahmen. Darauf läuft 44 hinaus. In 44 wird besonders deutlich, daß sich die Heilserwartung nicht auf die in Juda nach 586 Übriggebliebenen und dann nach Ägypten Geflohenen, sondern (24) auf die nach Babel Weggeführten richtete (Pohlmann: auf die Gola orientierte Redaktion). 44 ist eine ausführliche und nachdrückliche Predigt gegen den Götzendienst, den das Volk auch in Ägypten nicht aufgeben will. Jeremia erhält durch die dtr bestimmte Nachinterpretation, die sich hierin mit einem wichtigen Anliegen des dtr Geschichtswerkes trifft (vgl. Jos 23 24 1 Sam 12 1 Kön 8), die Gelegenheit zu einer großen zweigeteilten ($^{1-14.20-30}$) Abschiedsrede. Es ist zeitlich das letzte Wort des Propheten, der mutig und, obwohl 586 bestätigt, nicht mit Erfolg bei seinen Zeitgenossen das richtende und aufbauende Wort Jahwes verkündete.

ich liefere den Pharao Hofra, den König von Ägypten, in die Hand Ez 29^{19}
seiner Gegner und Todfeinde aus, wie ich Zidkija, den König von
Juda, in die Hand Nebukadnezzars, des Königs von Babel, seines
Gegners und Todesfeindes, ausgeliefert habe.

Ein Gotteswort an Baruch: 45^{1-5}

45^{1} Das Wort, das der Prophet Jeremia zu Baruch, dem Sohn Neri- 36^{4}
jas, sagte, als dieser im vierten Jahr Jojakims, des Sohnes Joschijas,
des Königs von Juda, jene Reden nach dem Diktat Jeremias in ein
Buch schrieb: 2 So spricht der Herr, der Gott Israels, über dich, Ba-
ruch: 3 Du hast gesagt: Weh mir! Denn der Herr häuft noch Kummer
auf mein Leid. Ich bin erschöpft vor Stöhnen und finde keine Ruhe.
4 Sag zu ihm: So spricht der Herr: Was ich gebaut habe, breche ich
nieder, und was ich gepflanzt habe, reiße ich aus. [Das betrifft das
ganze Land.] 5 Du aber begehrst Großes für dich? Begehre es nicht!
Denn siehe, ich bringe Unheil über alle Sterblichen – Spruch des
Herrn; dir aber gebe ich dein Leben wie ein Beutestück überall, wo- 21^{9} 39^{18}
hin du auch gehst.

45 müßte zeitgerecht (^{1}) nach 36 stehen; es ist ein verhaltenes Heilswort für Baruch und sagt zugleich aus, wie ernst Jahwe seine Drohung gegen Juda und Jerusalem nimmt (^{4}). An $^{4b.5b\alpha}$ zeigt sich auf den ersten Blick, daß der Text redaktionell überarbeitet ist; denn das Wort soll ja Baruch persönlich betreffen. Auf seine Klage hin (^{3}) empfängt er ein verheißungsvolles Gotteswort ($^{5b\beta\gamma}$). Der ursprüngliche Text wird gelautet haben: »1 Das Wort, das der Prophet Jeremia zu Baruch, dem Sohn Nerijas sagte: 3 Du hast gesagt: Weh mir! Denn der Herr häuft noch Kummer auf mein Leid. Ich bin erschöpft und finde keine Ruhe. 4 So spricht der Herr: 5 Du begehrst Großes für dich. Begehre es nicht! Ich gebe dir dein Leben wie ein Beutestück, überall, wohin du auch gehst.« Baruch klagt in großer Not (vgl. Ps $6^{7}13^{3}31^{11}116^{3}$) wie ein Verfolgter (Ps 69^{27}) und sucht eine feste Bleibe, in der er geborgen ist. Sie ist ihm genommen wie dem Volk von Juda, das gefangen unter den anderen Völkern keine Ruhe findet (Klgl 1^{3}). Jahwe erfüllt ihm diesen Wunsch nicht. Aber er verspricht ihm, daß er sein Leben nicht verliert. Wann diese Verheißung erging, ist ihr nicht zu entnehmen. Man denkt unwillkürlich an die Zerstörung Jerusalems, die Verschleppung und die Flucht. Darauf weist auch die Nachinterpretation in $^{4.5b\alpha}$ hin, die das Verheißungswort allerdings in die Zeit Jojakims (^{1b}) setzt. Damals war Baruch zweifellos gefährdet; aber Jahwe hielt ihn wie Jeremia verborgen. Die Verknüpfung des Gotteswortes an Baruch mit der Situation von 36 hat anscheinend theologische Gründe: König und Volk hätten sich wie Baruch an Jahwe wenden, an ihn halten sollen. Das gilt für die ganze Zeit von Jojakim bis zu den nach Ägypten geflohenen Judäern (37–44). Weil man jedoch auf Jahwes Wort nicht gehört, seinen Willen mißachtet hat, war das Strafgericht unvermeidlich. Doch sein Heilswille ist

DIE DROHREDEN ÜBER DIE VÖLKER: 46^{1}–51^{64}

Einleitung: 46^{1}

46^{1} Das Wort des Herrn gegen die Völker, das an den Propheten Jeremia erging:

Über Ägypten: 46^{2-26}

Die Niederlage am Eufrat: 46^{2-12}

2 Kön 23^{29} 2 Über Ägypten: Gegen das Heer des Pharao Necho, des Königs von
Ägypten, das bei Karkemisch am Eufrat stand und das Nebukadnezzar, der König von Babel, geschlagen hat. Es war im vierten Jahr Jojakims, des Sohnes Joschijas, des Königs von Juda.

3 Rüstet Rundschild und Langschild,
rückt aus zum Kampf!
4 Schirrt die Rosse an, besteigt die Pferde!
Tretet an im Helm, macht die Speere blank,
legt die Panzer an!

ungebrochen, auch dem einzelnen gegenüber. »Das letzte Wort der Redaktion in dem von ihr gestalteten Jeremiabuch ist trotz seiner Kargheit tröstlich. Jahwes letzte Absicht ist auf Rettung und nicht auf Vernichtung gerichtet« (Thiel II 89).

46–51 bilden, eingeleitet mit der Überschrift 46^{1}, als Sprüche über Nachbarvölker eine eigene Sammlung von Prophetenworten, die in G, entsprechend dem sonst bei prophetischen Büchern öfter verwendeten Aufbauschema (Drohworte gegen das eigene Volk, Drohworte gegen andere Völker, Heilsworte für das eigene Volk), mit Unterschieden in der Reihenfolge nach 25^{13} als Kap. 26–31 stehen. Es sind zehn unterschiedlich umfangreiche Aussprüche über neun Völker. Auf die Reihenfolge in M könnte 25^{19-26} eingewirkt haben, während G wohl die großen Reiche (Elam, das ist für G wohl Persien, Ägypten, Babel) an den Anfang stellen wollte. In der Forschung ist umstritten, ob und wieweit diese Drohreden von Jeremia stammen. Sicher hat man ihn nachträglich (vgl. 1^{5}) nicht ohne Grund als »Propheten für die Völker« bezeichnet. Die Aussprüche fallen, teilweise redaktionell datiert, sachlich in die Zeit des Neubabylonischen Reiches (605–538). Sie betreffen die Nachbarn Israels ringsum und schließlich auch Babel selbst.

46^{2-12} Mit der Angabe »über Ägypten« (^{2}) werden wohl beide, dieser und der folgende ($^{13-26}$) Ausspruch eingeleitet. Dann bietet ^{2} Überschrift und Zeitangabe für $^{3-12}$. Es ist ein Gerichtswort gegen das ägyptische Heer, situiert in der Schlacht bei Karkemisch (heute *dscherablus,* am Westufer des mittleren Eufrat) im Jahre 605 v. Chr. Hier besiegte der Kronprinz Nebukadnezzar den Pharao Necho, der schon einmal 609 nach dem Norden vorgestoßen war (Tod des Königs Joschija im Kampf bei Megiddo). Ägypten wurde ent-

5 Was sehe ich? Warum sind sie bestürzt?
Sie weichen zurück. Ihre Helden sind zersprengt,
sie ergreifen die Flucht
und wenden sich nicht mehr um –
Grauen ringsum! – Spruch des Herrn.
6 Der Schnelle kann nicht entfliehen 6^{25} 20^{3}
und der Held nicht entrinnen. Am 2^{14}
Im Norden, am Ufer des Eufrat,
stürzen sie hin und fallen.
7 Wer ist es, der anschwoll gleich dem Nil,
dessen Wasser wie Ströme tosen?
8 Ägypten schwoll an gleich dem Nil, Am 8^{8}
dessen Wasser wie Ströme tosen.
Es sagte: Ich schwelle an, überschwemme das Land,
vernichte die Städte und ihre Einwohner.
9 Bäumt euch, ihr Rosse, stürmt los, ihr Wagen!
Rückt aus, ihr Helden:
Kusch und Put, ihr Schildbewehrten, Ez 27^{10} 38^{5}
ihr von Lud, ihr Bogenschützen! Nah 3^{9}

46^{5} Wörtlich: »Warum habe ich gesehen: sie sind bestürzt«.
46^{6} M: »des Flusses Eufrat«.

scheidend geschlagen und verlor damit seinen Einfluß in Syrien-Palästina. In $^{3.4}$ erschallen Kommandorufe ägyptischer (so $^{7-9.11}$) Offiziere, unmittelbar vor dem Kampf: Die letzten Vorbereitungen werden getroffen. Die Schlacht selbst wird nicht geschildert. Statt dessen folgt sofort eine Klage (^{5}), die die Flucht und Niederlage (^{6}) beschreibt. Der Verfasser zeigt seine Anteilnahme und ist selbst bestürzt über den jähen Untergang eines so stolzen Heeres (vgl. Ez $27^{10}38^{5}$). $^{7-9}$ greifen auf die entfernteren Kriegsvorbereitungen zurück: die Absicht des Pharao (^{8b}), Länder unter seine Oberhoheit zu bringen, und seinen Befehl (^{9}) an seine Truppen und die Hilfsvölker, auszurücken zum Kampf. Der Vergleich mit der alles überschwemmenden Flut des Nil, die für Ägypten Gedeihen brachte, weist auf das Ziel hin, das der Pharao (Ez 29^{3} als das große Krokodil zwischen den Armen des Nil bezeichnet) mit dieser Expansion verband: Sie soll seinem Land Vorteile bringen. Den unterjochten Völkern aber bescherte sie wie eine Sturmflut Verderben. In ^{10} folgt die Erklärung für die plötzliche schreckliche Niederlage: Jahwe trat auf den Plan. Er kämpfte ($^{10a\gamma\delta}$) gegen den Pharao (vgl. das Lied über das Schwert des Herrn Jes 34^{5-8}) wie in einem »Heiligen Krieg«, in dem er für sein Volk eintrat. Der Pharao hatte ihn – das muß man wohl aus ^{8b} schließen – herausgefordert, weil er selbstmächtig, gegen den Willen des Herrn der Welt, seine Herrschaft über andere Völker aufrichten wollte. Hinter dieser Deutung der Niederlage von 605 steht wohl die Auffassung, daß Jahwe die Weltherrschaft seinem »Knecht« Nebukadnezzar geben wollte (27^{6}), nicht dem Pharao, vielleicht auch die Tatsache,

[10] Doch jener Tag ist ein Tag der Rache
für den Herrn, den Gott der Heere;
er rächt sich an seinen Gegnern.
Jes 34[5f] Da frißt das Schwert,
wird satt und trunken von ihrem Blut.
Denn ein Schlachtfest hält der Herr,
der Gott der Heere,
im Land des Nordens am Eufratstrom.
8[22] [11] Zieh hinauf nach Gilead, und hole Balsam,
Jungfrau, Tochter Ägypten!
Umsonst verbrauchst du viele Arzneien,
30[13] du findest keine Genesung.
[12] Von deiner Schande hören die Völker,
dein Wehgeschrei erfüllt die Erde.
Denn Held an Held ist gestürzt,
miteinander sind beide gefallen.

Die Eroberung Ägyptens: 46[13–26]

[13] Das Wort, das der Herr zum Propheten Jeremia sprach, als Nebukadnezzar, der König von Babel, heranrückte, um Ägypten zu erobern:
44[1] [14] Meldet es in Ägypten, verkündet es in Migdol,
verkündet es in Memfis und Tachpanhes!
Sagt: Stell dich auf, und mach dich bereit;
denn schon frißt das Schwert rings um dich her.

daß Necho (609) den frommen König Joschija (gegen den Willen des Herrn?) besiegt und getötet hatte. Gegen Jahwe, der rächt, d. h. straft, hilft kein noch so starkes Heer (zu Kusch, Put und Lud vgl. Gen 10[6.13]). [11] Die schwere Wunde, die Ägypten in der Niederlage erlitten hat, ist nicht zu heilen, selbst wenn Mittel angewendet würden wie (eine Anspielung auf die hochstehende ägyptische Ärzteschaft und Medizin) der berühmte, kostbare Balsam aus Gilead. [12] So bleibt nur vor aller Welt das Unterlegensein, »Schande« genannt, und die Klage. Der Autor von [3–12] deutet in bewegten Worten und echtem Mitgefühl das Ereignis von Karkemisch (605) im Licht seines Glaubens: Jahwe ist und bleibt der Herr, der den Lauf der Weltgeschichte bestimmt.

[13–24], ein zweites Gerichtswort über Ägypten, das [13] in die Zeit des Ägyptenfeldzugs Nebukadnezzars (wohl 568) datiert. Tatsächlich spricht es von einem Angriff auf das Nilland. Nachdem er die palästinensischen Staaten besiegt hat, steht der Babylonier an der Ostgrenze ([14]), von der die Meldung bis zur Hauptstadt weitergegeben werden soll. Wiederum hat der Verfasser klagend und mitfühlend ([15f]) bereits das Ende des Kampfes vor Augen: Der Pharao (»der Starke« Ägyptens) liegt besiegt am Boden. G denkt hier an den heiligen Apis-Stier, dem in Memfis gött-

15 Warum liegt dein Starker zu Boden gestreckt?
Er hielt nicht stand, weil der Herr ihn stieß.
16 Viele kamen durch ihn zu Fall,
sie stürzten, Mann für Mann.
Da sagten sie:
Auf, zurück zu unsrem Volk, 50[16]
ins Land unsrer Sippe,
vor dem rasenden Schwert!
17 Gebt dem Pharao, dem König Ägyptens, den Namen:
Getöse, das die Zeit verpaßte.
18 So wahr ich lebe – Spruch des Königs,
Herr der Heere ist sein Name –, 48[15]
wie der Tabor unter den Bergen
und wie der Karmel am Meer,
so mächtig rückt er heran.
19 Rüste dein Gepäck für die Verbannung,
du seßhafte Tochter Ägypten!
Denn Memfis wird zur Wüste,
wird niedergebrannt und menschenleer.

46[17] Den Namen, mit G, Vg; M: »dort«.
46[18] So mächtig: sinngemäß in EÜ eingefügt.

liche Verehrung erwiesen wurde. *ʾabbīr* bezeichnet auch den Stier; als ein solcher, der seine Feinde niederstößt, erscheint der Pharao auf Abbildungen der Frühzeit (AOB Nr. 26, 28). Wieder kommt der prophetische Sprecher in seiner Deutung der Niederlage zu der Einsicht ([15b]), daß Jahwe es ist, der den Pharao zu Boden gestoßen hat. In seinem Fall reißt dieser andere mit ins Verderben ([16a]), wohl nicht die fremden Händler, die sich im Land angesiedelt haben, sondern eher die Söldner ([21]). Sie versuchen ([16b]), sich in ihre Heimat zu retten. Den Grund dafür, daß Jahwe den Pharao bestraft, gibt [17] an: Dieser hat sich als mächtig betrachtet und bezeichnet, ein nutzloses Getöse, in dem er die Situation falsch einschätzte und nicht rechtzeitig erkannte, daß allein Jahwe Zebaot, der Herr aller Mächte und Gewalten, nicht Ägyptens Herrscher, der wahre König ist. Vielleicht spielt die Umbenennung auf den Namen des Pharao Hofra (= Aperies: 588–569), den sie dabei im ungünstigen Sinn gedeutet hätte, mit dem hebr. Wort *hæʿæbīr* an. G denkt in [17] an Necho. Nach [17], der als Scheltwort fungiert, schließt [18f] ein unter die Botenspruchformel gestelltes Drohwort an, das Ägypten insgesamt betrifft und [20–23] durch packende Bilder ergänzt wird. Übermächtig, alles erdrückend, wie Berge in der Ebene und am Meer empfunden werden ([18]), wird der Feind über das Land herfallen. Von einer Verschleppung der Ägypter ([19]) – hier schlägt wohl Israels Erfahrung durch – ist nichts bekannt. Der Feind gibt ([20]) keine Ruhe, bis er sein Ziel erreicht hat. Die Söldner, sozusagen wohlbehütet ([21]) an ihren Standorten in einem durch die Wüste geschützten Land, leisten keinen Widerstand.

20 Eine stattliche Jungkuh ist Ägypten,
die Bremse von Norden stürzt sich auf sie.
21 Auch seine Söldnertruppen mitten im Land
sind wie gemästete Kälber.
Aber auch sie machen kehrt,
sie fliehen alle und halten nicht stand.
Denn der Tag ihres Verderbens kommt über sie,
die Zeit ihrer Bestrafung.
22 Ägyptens Stimme gleicht dem Zischen der Schlange,
wenn jene anrücken mit Macht,
wenn sie mit Äxten einfallen,
Holzhackern gleich.
23 Sie fällen seinen Wald – Spruch des Herrn –,
den undurchdringlichen.
Zahlreicher als Heuschrecken sind sie,
man kann sie nicht zählen.
24 Zuschanden wird die Tochter Ägypten,
preisgegeben dem Volk aus dem Norden.

25 Der Herr der Heere, der Gott Israels, hat gesprochen: Seht, ich su-
11^{22} 23^{2} 43^{10-13} che heim den Amon von No [und den Pharao], Ägypten und seine
Götter, seine Könige und den Pharao samt allen, die sich auf ihn ver-
lassen. 26 Ich gebe sie in die Hand ihrer Todfeinde, in die Hand Ne-
11^{22} $19^{7.9}$ bukadnezzars, des Königs von Babel, und in die Hand seiner Unter-
tanen. Aber danach wird das Land wieder bewohnt sein wie in frühe-
ren Zeiten – Spruch des Herrn.

Trost für Israel und Drohungen gegen die Philister: 46^{27}–47^{7}

Ein Trostwort für Jakob-Israel: 46^{27-28}

30^{10} 27 Fürchte dich nicht, du, mein Knecht Jakob,
verzage nicht, Israel!
Denn ich bin es, der dich aus fernem Land errettet,
deine Kinder aus dem Land ihrer Gefangenschaft.

Ägypten kann, falls der Text 22a in Ordnung ist, wenn der Feind mit Macht anrückt, wie eine zischende Schlange drohen, muß aber wie diese versuchen, sich in Sicherheit zu bringen. Schließlich werden die Feinde in einem aus Syrien-Palästina stammenden Bild mit Holzfällern verglichen, die den ganzen Wald abholzen, also alles zerstören. Ihre Zahl ist sprichwörtlich der eines Heuschreckenheeres gleich. 24 faßt ohne Bild zusammen: Ägypten wird dem Feind aus dem Norden unterliegen.

25.26 schließen sich inhaltlich 43^{11-13} an und verwenden mit »heimsuchen«, d. h. zur Rechenschaft ziehen, und »Todfeinde«, wörtlich: »die ihnen nach dem Leben trach-

Jakob wird heimkehren und Ruhe haben;
er wird in Sicherheit leben,
und niemand wird ihn erschrecken.
28 Fürchte dich nicht,
du, mein Knecht Jakob – Spruch des Herrn –;
denn ich bin mit dir. 30^{11}
Ja, ich vernichte alle Völker,
unter die ich dich zerstreut habe.
Nur dich werde ich niemals vernichten; 4^{27} 10^{24}
ich züchtige dich mit rechtem Maß, 30^{11}
doch ganz ungestraft kann ich dich nicht lassen.

Über die Philister: 47^{1-7}

47 1 Das Wort des Herrn gegen die Philister, das an den Propheten Jeremia erging, bevor der Pharao Gaza eroberte.
2 So spricht der Herr:
Seht, Wasser wogen vom Norden heran
und werden zum flutenden Wildbach.
Sie überfluten das Land und was darin ist,
die Städte und ihre Bewohner.
Da schreien die Menschen,
laut klagen alle Bewohner des Landes
3 vor dem donnernden Hufschlag der Hengste, Ez 26^{10}
vor dem Dröhnen der Streitwagen,
vor dem Rasseln der Räder.

ten«, aus Jeremia bekannte Ausdrücke. Amon, der Gott von Theben, im Neuen Reich Staatsgott, wird hier als Gegenspieler Jahwes, wie es $^{3-24}$ der Pharao war, besonders hervorgehoben. Eine Heilszusage für Ägypten (^{26b}) schließt die drohende Jahwerede ab.
$^{27.28}$ bieten im Stil und in der Gedankenwelt Deuterojesajas zwei Heilsorakel, die fast genauso auch $30^{10.11}$ stehen. Sie sollen wohl die Verheißung (^{26b}) für die in Ägypten lebenden Juden ergänzen.
47^{1-7}, ein Ausspruch »über die Philister« (so G), der nachträglich auf einen Angriff des Pharao gegen Gaza (^{1}) bezogen wurde, enthält prophetisches Drohwort, das in eine Klage ($^{5b.6}$) und eine an sie anschließende Antwort (^{7}) mündet. Die Botenspruchformel (^{2}) ist später beigefügt. Als Jahwewort können $^{4b.6.7.}$ sicher nicht gelten. ^{1} Welches Ereignis die Überschrift meint, ein Unternehmen Nechos nach 609 oder 605, wo er vom Norden kam, vielleicht auch bei einem Zusammenstoß zwischen diesem Pharao und Nebukadnezzar 601, läßt sich nicht feststellen. Weil der Feind (^{2}) vom Norden heranrückt, beziehen manche den Ausspruch $^{2-7}$ auch auf Nebukadnezzar, der 604 Aschkelon (^{7}) eroberte (Babylonische Chronik, hrsg. von Wiseman). ^{2} Wie in einer Vision sieht der prophetische Autor den Feind, einer verheerenden Flut, einem in der Regenzeit tosenden Wildbach gleich, heranstürmen. Ohne Bild (^{3}): Das

Väter schauen sich nicht um nach den Söhnen;
denn ihre Hände sind schlaff
4 wegen des Tages, der kommt,
um alle Philister zu vernichten,
um auszurotten den letzten Helfer
für Tyrus und Sidon.
Ja, der Herr vernichtet die Philister,
den Rest von der Insel Kaftor.
16[6] 48[37] 41[5] 5 Kahlscheren wird sich Gaza,
Jes 15[1.2] Aschkelon wird verstummen.
Wie lange noch, du Rest der Anakiter,
mußt du dich wund ritzen?
Ez 21[8–10] 6 Weh, du Schwert des Herrn,
wie lange noch willst du nicht rasten?
Fahr zurück in die Scheide,
halt ein, und sei still!
7 Wie sollte es rasten,
da doch der Herr ihm Befehl gab?
Gegen Aschkelon und die Meeresküste,
dorthin hat er es bestellt.

47[4] Den letzten Helfer, wörtlich: »jeden entrinnenden Helfer«.
47[5] Anakiter, mit G; M: »ihres Tales«.

Geräusch des heraneilenden feindlichen Heeres lähmt alle, so daß sie nicht einmal zu den selbstverständlichen Reaktionen fähig sind. [4a] Die Zerstörung Philistäas und der großen Küstenstädte geschieht am »kommenden Tag«. Es ist der Tag des Herrn; denn Jahwe ([4b]) ist es, der die Verwüstung bewirkt. Die Philister kamen, auch nach Am 9[7], aus Kaftor, wohl eher Kreta als Kappadokien. [5] Zum Zeichen der Trauer, bei der Totenklage (16[6]) schert man sich kahl und ritzt sich wund. Nach Jos 11[22] blieben bei der Eroberung des Landes die Anakiter, die man sich als Riesen, wie etwa Goliat, vorstellte, in Gaza, Gat und Aschdod übrig. Eine Notklage, kenntlich am »wie lange«, mit dem klagenden Wehruf eingeleitet, spricht vom Schwert, das für Jahwe Dienst tut ([6a]; vgl. Ez 21[8–10]), und fordert es auf, nicht weiter zu wüten [6b]. Jahwe benützt den Feind als Schwert; [7] darum kann es nicht aufhören zu morden, bis es seine Arbeit getan, seinen Auftrag erfüllt hat. Die Verwüstung des Philisterlandes und der Küste wird (vgl. 46[10.18.21]) theologisch gedeutet. Sie kann letzten Endes nur von Jahwe, dem Herrn der Welt, bestimmt sein. Seinem Gericht muß sich alles beugen. Gottes Volk hat keinen Anlaß, sich zu freuen, wenn es über andere Völker hergeht, sondern sollte Mitgefühl zeigen und um das Ende der Strafe bitten.

48 spricht über Moab das weit ausladende Gerichtswort ([47]), das allerdings mit Klagen durchsetzt ist: vgl. [1–9.14–20.36–38]. An 48 zeigt sich, wie sehr die Völkersprüche aus anderen Texten schöpfen: [29–33] sind (mit Änderungen) Jes 16[6–10] entnommen; zu

Über Moab: 48^{1-47}

Die Zerstörung: 48^{1-10}

48^{1} Über Moab: So spricht der Herr der Heere, der Gott Israels:
Weh über Nebo, es wird verwüstet,
erobert wird Kirjatajim.
Zuschanden wird die Hochburg und geschleift.
2 Moabs Ruhm ist dahin.
In Heschbon plante man sein Verderben:
Kommt, wir rotten es aus,
so daß es kein Volk mehr ist.
Auch du, Madmen, wirst verstummen;
das Schwert verfolgt dich.
3 Horch! Wehgeschrei aus Horonajim:
Verwüstung und große Zerstörung!
4 Zerstört ist Moab!
So gellt der Schrei bis nach Zoar. Jes 15^{5}
5 Die Steige von Luhit
steigt man weinend hinauf.
Ja, am Abstieg von Horonajim
hört man über die Zerstörung
entsetzliches Schreien.

48^{1} Erobert, M: »zuschanden (fehlt in G, aus ^{1b}?), erobert«.
48^{2} Plante *(ḥaš^e bū):* Wortspiel mit dem Namen *ḥæšbōn* – Ob Madmen ein Ortsname ist oder mit Rücksicht auf *tiddommi* (»verstummen«, Wortspiel) als Unglücksname für Heschbon gewählt wurde, ist umstritten.
48^{4} Zoar: *ṣo^ca rāh,* mit G Jes 15^{5}; M: »die Kleinen«.

$^{34-47}$ vgl. die Randverweise. Wahrscheinlich ist das Wort gegen Moab nachträglich stark überarbeitet worden.
$^{1-10}$ Nach der ursprünglichen Überschrift (^{1}) wurde zusätzlich die erweiterte Botenspruchformel eingefügt, um das Folgende als Wort Jahwes zu bezeichnen; das gleiche Ziel hat die Glosse ^{8} »was Jahwe gesagt hat«. In Wirklichkeit bringt $^{1-4}$ einen Weheruf, eine Klage, über das zerstörte Moab. Das Unheil kam vom Norden (Heschbon [= *hesbān*], 20 km südwestlich von Amman, Nebo am Abhang des gleichnamigen Berges) und setzt sich nach Süden fort (Zoar an der Südspitze des Toten Meeres, Horonajim und Luhit wohl in der Nähe). Der Feind plant, Moab nicht nur als Staat, sondern auch als Volk zu vernichten ($^{2.42}$). Hier scheint der Autor im Gedanken an die Zerstörung Jerusalems (vgl. $4^{6}6^{1}14^{17}$ zu ^{3}) und an das stets gespannte bis feindselige Verhältnis zwischen Moab und Israel (vgl. Num 23^{3}–24^{18} Dtn 23^{5} 2 Kön 24^{2}) zu formulieren. Tatsächlich wird »in persischer Zeit« Moab »ammonitisch und arabisch unterwandert, zu Arabien gerechnet« (G Molin, in: BHH 1231). Es bleibt angesichts der schnell bis an das Südende des Lan-

6 Flieht, rettet euer Leben!
Macht es wie der Wildesel in der Wüste!
7 Weil du auf eigene Werke und Schätze vertraut hast,
wirst auch du erobert werden.
49^{3} In die Verbannung muß Kemosch ziehen
samt seinen Priestern und Fürsten.
8 Der Verwüster kommt über jede Stadt,
keine Stadt kann sich retten.
Verheert wird das Tal, verwüstet die Ebene,
so spricht der Herr.
9 Setzt ein Grabmal für Moab;
denn es verfällt ganz und gar.
Seine Städte werden zur Wüste,
niemand wohnt mehr darin.
10 Verflucht, wer den Auftrag des Herrn
lässig betreibt,
ja, verflucht, wer sein Schwert
abhält vom Blutvergießen.

Der Verwüster: 48^{11-28}

11 Ungestört war Moab von Jugend an,
Zef 1^{12} ruhig lag es auf seiner Hefe.
Es wurde nicht umgeschüttet von Gefäß zu Gefäß:
Nie mußte es in die Verbannung ziehen.

48^{6} Wie der Wildesel: *k^{e}ārōd,* mit G; M: »wie Aroër«.
48^{8} So, wörtlich: »was«.
48^{9} Grabmal *(ṣijjūn),* G: σημεῖα; M: »Blüte«. – Verfällt *(tiṣṣæh),* M: unsicher.

des ($^{3-5}$) voranschreitenden Zerstörung nur (^{6}) die Flucht in die Wüste hinein. ^{7a} reflektiert über den Grund für die schreckliche Zerstörung: Sie ist eine Strafe Gottes für überhebliches Selbstvertrauen, für ein falsches Sichstützen auf die eigene Macht und Abwehrkraft. ^{7b} Doch nicht sein Gott Kemosch – er muß nach seiner Niederlage mit in die Gefangenschaft ziehen – sondern Jahwe (vgl. $^{1.8.10}$) ist der Strafende. Die Verwüstung ist total ($^{8.9}$): Moab ist tot. Die Beischrift in ^{10} will besagen, daß Jahwe, in dessen Auftrag (vgl. $^{1.8}$) die Zerstörung geschieht, erzwingen kann, daß ganze Arbeit geleistet wird. Im übertragenen Sinn wurde ^{10} auf den Dienst Gottes angewendet, »schon von Gregor VII.« (Nötscher, EB).

$^{11-20}$ Die Ruhe, die Moab genoß, ist zu Ende; es kommt zum Kampf und zum Untergang. Moab, ein Weinland (^{32f}), und daher mit einem guten alten Wein verglichen, der ungestört lagerte (^{11}), hatte bisher keinen Angriff und keine Deportation erlebt. Jahwe schickt nun den Feind (^{12}), der es besiegt, verschleppt und sein Land zerstört. Als Ursache für das strafende Eingreifen Jahwes wird der

Darum blieb ihm sein Wohlgeschmack erhalten,
sein Duft veränderte sich nicht.
12 Darum kommen Tage – Spruch des Herrn –,
da schicke ich Kellermeister zu ihm;
sie gießen es um,
entleeren seine Gefäße und zerschlagen seine Krüge.
13 Moab wird an Kemosch zuschanden,
wie das Haus Israel zuschanden wurde
an Bet-El, auf das es vertraute.
14 Wie könnt ihr sagen: Helden sind wir,
starke Krieger zum Kampf?
15 Der Verwüster Moabs und seiner Städte steigt hinauf;
da steigen seine besten jungen Männer hinab,
um geschlachtet zu werden
– Spruch des Königs, 46^{18} 51^{57}
Herr der Heere ist sein Name.
16 Der Untergang Moabs rückt heran,
schnell eilt sein Unglück herbei.
17 Beklagt es alle, ihr seine Nachbarn,
und alle, die ihr seinen Namen kennt.
Sagt: Ach, wie ist zerbrochen der starke Stab, Jes 14^{5}
das herrliche Zepter!
18 Steig herab von deiner Würde,
setz dich in den Kot,
du thronende Tochter Dibon!
Denn Moabs Verwüster zieht hinauf zu dir,
zerstört deine Burgen.

48^{12} Seine Krüge *(ūn^e bālāw)*, M: »ihre Krüge«.
48^{18} Setz dich in den Kot: *ūš^e bī baṣṣ' oāh*, vgl. S, M: »Durst« statt »Kot«.

Götzendienst [13] bezeichnet; bei Israel war es der falsche Jahwedienst (1 Kön 12^{28-30}), wie die dtr Theologie oft betont. Moab wird wohl deshalb hier mit Israel verglichen, weil es, von David besiegt (2 Sam 8^{2}), Vasall Israels war, bis König Mescha (um 850) die Unabhängigkeit erstritt (2 Kön $3^{4f.27}$). Ein Klagelied [14–20] (kenntlich an den Klagerufen *'ēk* [14] und *'ēkāh* »wie« und an der Aufforderung »[be]klagt« [14.17]) spricht von der Vernichtung der Kämpfer ([14f]) durch den heranziehenden Feind. Damit ist der rasche Untergang besiegelt ([16]). Die Nachbarn werden zur Klage aufgefordert ([17]). Ihr Klagelied bringt die Trauer über das Zerbrechen (Stichwort in 48, vgl. *šbr* in [3–5.17.25.38]) der Macht (vgl. Jes 14^{5}) Moabs zum Ausdruck. [18] Dibon, Hauptort der Hochebene (= *dibān,* 6 km nördlich des Arnon), wird trotz seiner starken Befestigung »entthront«, zerstört. Die Kunde (»Moab ist verwüstet« mit dem Fall Dibons) verbreitet sich durch die Flüchtlinge schnell nach Süden ([19f]): Aroër liegt am Arnon. [15b] Ein Ergänzer hat nicht vergessen, in das bewe-

19 Stellt euch an den Weg und späht aus,
ihr Einwohner von Aroër!
Fragt den Flüchtling und die fliehende Frau,
sagt: Was ist denn geschehen?
20 Zuschanden ist Moab, ja, ganz zerbrochen.
Klagt und schreit!
Meldet am Arnon: Moab ist verwüstet.
21 Ein Gericht kam über das ebene Land,
über Holon, Jahaz und Mefaat,
22 über Dibon, Nebo und Bet-Diblatajim,
23 über Kirjatajim, Bet-Gamul und Bet-Meon,
24 über Kerijot und Bozra
und über alle Städte des Landes Moab,
die fernen und die nahen.
25 Abgehauen ist Moabs Horn,
zerschmettert sein Arm [– Spruch des Herrn].
26 Macht es betrunken;
V. 42 denn es hat geprahlt gegen den Herrn,
So stürze Moab in sein eigenes Gespei
und verfalle nun selbst dem Gespött.
27 Oder diente nicht Israel dir zum Gespött?
2[26] Wurde es etwa beim Diebstahl ertappt,
daß du höhnend den Kopf geschüttelt hast,
sooft du von ihm sprachst?
28 Verlaßt die Städte, wohnt in den Felsen,
ihr Bewohner von Moab!
Macht es wie die Taube, die nistet
an den Wänden der offenen Schlucht.

48[27] Zum Gespött: *liśḥoq* mit Übss.

gende Klagelied einzubringen, daß die schreckliche Zerstörung Moabs letztlich von Jahwe, dem einzig mächtigen König, verhängt wurde.
[21–25] machen durch eine Städteliste, die anscheinend nur Orte der Hochebene um Dibon aufführt, anschaulich, wie sehr die Macht ([25]) Moabs gebrochen ist. Horn und Arm symbolisieren Stärke und Tatkraft.
[26–28] Hinter [26] steht sicherlich das Bild vom Zornesbecher Jahwes (25[15–29]), mit dem der Herr für Hochmut straft: Wer gegen ihn großtut, wird der Lächerlichkeit preisgegeben. [27] erinnert, ebenfalls zur Begründung für das Strafgericht, an die Feindschaft gegen Israel: Schadenfreude, wie man sie gegenüber einem ertappten Dieb empfindet, und Hohn brachte ihm Moab nach der Niederlage entgegen. [28] (vgl. [6]) regt sich dennoch das Mitleid: Die Menschen sollen sich durch Flucht in Sicherheit bringen.
Zu [29–33] siehe den Kommentar zu Jes 16[6–12]. Der Autor in Jer 48[29–33] stellt in [30] den deutlichen Bezug auf Jahwe her, der auch das Tun Moabs verurteilt, so daß die klagenden Worte

Der Hochmut vor dem Fall: 48$^{29-39}$

29 Wir haben von Moabs Stolz gehört – Jes 16$^{6-12}$
es ist stolz über die Maßen –;
von seinem Hochmut und Stolz haben wir gehört,
von seinem Dünkel und hochfahrenden Sinn.
30 Ich kenne seinen Übermut – Spruch des Herrn –,
sein Geschwätz ist nicht wahr,
sein Tun ist nicht recht.
31 Darum jammere ich laut über Moab,
über ganz Moab klage ich
und seufze über die Leute von Kir-Heres.
32 Mehr als um Jaser weine ich um dich,
Weinstock von Sibma;
bis ans Meer zogen sich deine Ranken hin,
sie reichten bis Jaser.
Über deine Weinlese und Ernte
fiel der Verwüster her.
33 Verschwunden sind Freude und Jubelgeschrei
vom Fruchtland und vom Land Moab.
Die Kufen sind leer von Wein,
kein Winzer keltert,
kein Jauchzen ertönt.

34 Das Schreien von Heschbon und Elale dringt bis Jahaz, laut klagt Jes 15$^{4-8}$
man von Zoar bis Horonajim und Eglat-Schelischija; denn selbst das
Wasser von Nimrim versiegt. 35 Ich mache es für Moab unmöglich – Jes 16^{12}
Spruch des Herrn –, daß jemand auf der Kulthöhe opfert und seinen
Göttern Rauchopfer darbringt. 36 Darum jammert mein Herz um Jes 15^{5} 16^{11}
Moab wie eine Flöte, ja mein Herz jammert um die Leute von Kir- Jes 15^{7}
Heres wie eine Flöte, weil sie ihre ganze Habe verloren. 37 Jedes 16^{6}

48^{31} Ich ... seufze: *æhgæh;* M: »er ...«.
48^{32} Bis Jaser, M: »bis Meer Jaser«.
48^{34} Das ... Elale, vgl. Jes 15^{4}; M: »Vom Schreien von Heschbon bis Elale«. – versiegt, wörtlich: »werden zur Öde«.
48^{35} Auf der Kulthöhe opfert: *ma^{ca}læh ^{c}olāh ^{c}al habbāmāh.* Haplographie in M.

(^{31f}) als Klage Jahwes (zumindest in M durch die Formel »Spruch des Herrn«, die in G fehlt) erscheinen. Ferner ist durch »Verwüster« (^{32}) der Zusammenhang mit dem vorausgehenden Text hergestellt (vgl. $^{1.3.8.15.18.20}$).

$^{34-39}$ verwendet vor allem Jes 15.16 (vgl. die Auslegung dort), aber auch Texte aus Jer. Wieder ist die Beziehung auf Jahwe klar hergestellt: Er beendet den Götzendienst Moabs (^{35}). Die Klage ($^{36.38a.39}$) und Trauer (^{37}) um Moab ist groß. Jahwe hat es wie ein nutzloses Gefäß (vgl. 22^{28}) zerschlagen (vgl. ^{12}).

Jes 15^{2f} Haupt ist kahlgeschoren und jeder Bart abgeschnitten, an allen Hän-
den sind Trauermale, und um die Hüften Trauerkleider. [38] Auf allen
Dächern und Plätzen Moabs hört man nichts als Klage. Ja, ich zer-
22^{28} schlage Moab wie ein Gefäß, das niemand mehr will – Spruch des
V. ^{19f} Herrn. [39] Ach, wie ist es zerbrochen, wie hat Moab sich schmählich
V. ^{26f} 17^{17} zur Flucht gewandt! So wird Moab zum Gespött und zu einem Bild
des Entsetzens für all seine Nachbarn.

Das unabwendbare Strafgericht: 48^{40-47}

[40] Denn so spricht der Herr:
49^{22} Seht, wie ein Adler schwebt es heran
und breitet seine Schwingen über Moab aus.
[41] Die Städte werden erobert,
die Festungen eingenommen.
Das Herz der Helden Moabs ist an jenem Tag
wie das Herz einer Frau in Wehen.
[42] Vernichtet wird Moab, so daß es kein Volk mehr ist;
V. ^{26} denn es hat geprahlt gegen den Herrn.
Jes 24^{17f} [43] Grauen, Grube und Garn warten auf dich,
Bewohner von Moab – Spruch des Herrn.
[44] Wer dem Grauen entflieht, fällt in die Grube,
wer aus der Grube steigt, fängt sich im Garn.

48^{38} Ja, ich zerschlage, andere Übersetzung: »weil ich zerschlagen habe.«
48^{39} Zerbrochen, M: »zerbrochen, heult« (vgl. ^{20}).
$48^{43.44}$ Garn, wörtlich: »Klappnetz«.

$^{40-47}$ Noch einmal wird, eingeleitet mit der Botenspruchformel, das Gericht über Moab mit Hilfe anderer Texte ausgemalt. $^{40-42}$ bringen unter dem aus dem Edomspruch (49^{22}) entlehnten Bild vom angreifenden Adler eine Zusammenfassung dessen, was über die Zerstörung Moabs und die Begründung des Strafgerichts (zu ^{42} vgl. ^{26}) gesagt wurde. $^{43-44}$ bringen Bilder der Jagd: Es gibt kein Entrinnen vor Jahwe; seinem Zugriff kann sich niemand entziehen (vgl. das Wort des Propheten Amos zum Tag des Herrn, Am 5^{18-20}), »Grauen, Grube und Garn« ahmen ein Wortspiel (*paḥad, paḥat, pāḥ*) nach, das wohl als geflügeltes Wort (vgl. auch Jes 24^{17f}) für vielfache Gefahr umlief. Jahwe bringt über Moab ein Jahr der Heimsuchung, der Strafe, dem es nicht entgeht. ^{45} verwendet Num $21^{28}24^{17}$, um zu sagen, daß auch das bedeutende Heschbon die Flüchtlinge nicht schützen kann. Es wird selbst erobert, und von ihm her breitet sich das Unheil weiter aus über ganz Moab und über alle, die mit bloßem Getöse (vgl. 46^{17}) nichts zur Rettung bewirken. ^{46} ruft in Anlehnung an den Wehespruch Num 21^{29} das Wehe über das Volk aus: Ihm steht die Deportation (vgl. ^{7}) bevor. ^{47a} fügt überraschend einen heilvollen Ausblick an (ebenso $49^{6.39}$): Jahwe wendet das Geschick Moabs irgendwann einmal in der Zukunft, eine Aussage, die den

Ja, das werde ich über Moab bringen 11[23] 23[12]
im Jahr seiner Bestrafung – Spruch des Herrn.
45 Im Schatten von Heschbon bleiben erschöpft
Flüchtlinge stehen.
Doch Feuer geht aus von Heschbon, Num 21[28f] 24[17]
eine Flamme von Sihons Haus.
Es verzehrt die Schläfe Moabs,
den Scheitel der lärmenden Schreier.
46 Wehe dir, Moab,
verloren bist du, Volk des Kemosch.
Denn deine Söhne schleppt man in die Verbannung,
deine Töchter in die Gefangenschaft.
47 Aber in ferner Zukunft wende ich Moabs Geschick 49[6.39]
– Spruch des Herrn.
[Bis hierher geht das Gerichtswort über Moab.]

Über andere Nachbarvölker: 49[1–39]

Über die Ammoniter: 49[1–6]

49[1] Über die Ammoniter: So spricht der Herr:
Hat denn Israel keine Söhne,
oder besitzt es keinen Erben?
Warum hat Milkom den Stamm Gad beerbt,
warum ließ sich sein Volk in dessen Städten nieder?

48[45] M liest Perfektformen.
49[1.3] Milkom, mit Übss, M: »ihr König«. – [1] den Stamm: zur Verdeutlichung beigefügt.

Heilswillen Jahwes auch gegenüber den Völkern außerhalb Israels dokumentiert, aber konkrete Ereignisse nicht angibt. Wie der Herr nach eigenem Ermessen und Plan Unheil verhängt, so behält er sich in seiner göttlichen Freiheit auch vor, Heil zu wirken. Heilszusage – auch gegenüber Moab – ist sein letztes Wort. [47b] schließt der letzte Redaktor den mehrfach ergänzten Ausspruch über Moab ab.
49[1–6] sprechen über die Ammoniter, die nördlich von Moab wohnten, ein Schelt- ([1]) und Drohwort ([2]), eine Klage ([3]), ein erneutes Schelt- ([4]) und Drohwort ([5]) und eine Heilszusage ([6]) aus. Die erste Schelte wirft Ammon vor, daß es sich israelitisches Gebiet, das im Ostjordanland (südlich und nördlich des unteren Jabbok) gelegene Stammesgebiet Gads, wohl nach 732 bzw. 721, als Tiglat-Pileser die Bevölkerung deportierte (2 Kön 15[29]), angeeignet hatte. Das war, von Jahwe verliehen (Num 32 Jos 13[24–28]), israelitisches Land. Und solange es Israeliten gab, hatte niemand, auch nicht Milkom, der Königs-Gott der Ammoniter, darüber zu verfügen. [2] Die Strafe ist entsprechend: Jahwe wird nach der Verwü-

2 Darum seht, es kommen Tage – Spruch des Herrn –,
da lasse ich gegen das ammonitische Rabba
Kriegslärm ertönen.
Zum wüsten Trümmerhaufen wird es werden,
seine Tochterstädte brennen im Feuer nieder,
und Israel wird die beerben,
die ihm sein Erbteil raubten – spricht der Herr.
3 Klage laut, Heschbon, denn die Stadt ist zerstört.
Schreit, ihr Töchter von Rabba!
Legt Trauerkleider an, haltet die Totenklage,
lauft umher mit eingeritzten Wunden!
Denn Milkom muß in die Verbannung gehen
zusammen mit seinen Priestern und Fürsten.
4 Was rühmst du dich deiner Kräfte?
Deine Kraft wird zerrinnen, du abtrünnige Tochter,
die auf ihre Schätze vertraut und sagt:
Wer kommt an mich heran?
5 Schon lasse ich über dich kommen
Schrecken von allen Seiten
– Spruch des Herrn, des Gottes der Heere.
Ihr stoßt einander vorwärts (auf der Flucht),
und niemand wird die Flüchtlinge sammeln.
48^{47} 6 Aber danach wende ich das Geschick der Ammoniter
– Spruch des Herrn.

Über Edom: 49^{7-22}

7 Über Edom: So spricht der Herr der Heere:
Obd ^{8f} Gibt es keine Weisheit mehr in Teman?

49^{3} Stadt: *ᶜīr,* M: »Ai«.

49^{4} Deiner Kräfte? Deine Kraft wird zerrinnen, M: »der Täler, daß Überfluß hat dein Tal«.

stung der Hauptstadt Rabba (heute Amman) samt den abhängigen Ortschaften das Land an sein Volk Israel geben. 3 Die Zerstörung ist so stark, daß die Totenklage ertönt. Auch der Gott Milkom, der in und mit seinem Volk unterliegt, wird deportiert. 4 Die zweite Schelte wendet sich gegen die eigenmächtige Selbstsicherheit Ammons, das sich auf das fruchtbare untere Jabboktal als Garanten seines Reichtums und seiner Macht verließ. Abtrünnig wird es genannt, weil es, obwohl mit Israel stammverwandt (Gen 19^{30-38}), Israels und Jahwes (vgl. Zef 2^{8f}) Rechte (^{1}) nicht respektierte, und dies seit langem (Ri 11 1Sam 11 2 Kön $15^{29}24^{2}$ Am 1^{13}). 5 Die Strafe ist, daß Ammon aus dem Land fliehen muß. 6 Der Ausspruch aber schließt mit der Heilszusage wie 48^{47} die Worte über Moab.

$^{7-22}$ Die Rede über Edom beginnt, in Anlehnung an Obd $^{5-8}$, mit einem Gerichtswort Jahwes $^{7-11}$, fährt mit

Ging den Klugen der Rat verloren,
ist ihre Weisheit verdorben?
8 Flieht, macht kehrt,
tief unten versteckt euch, Einwohner von Dedan!
Denn ich bringe über Esau Verderben,
die Zeit seiner Bestrafung.
9 Wenn Winzer zu dir kommen, Obd ^{5}
lassen sie keine Nachlese übrig.
Wenn Diebe in der Nacht kommen,
zerstören sie nach Lust.
10 Ja, ich selbst hole Esau aus dem Versteck, Obd ^{6}
decke seine Schlupfwinkel auf,
so daß er sich nicht mehr verbergen kann.
Seine Brut wird vernichtet,
seine Verwandtschaft und seine Nachbarn,
so daß keiner mehr sagt:
11 Laß deine Waisen! Ich will für sie sorgen,
deine Witwen können sich verlassen auf mich.

12 Denn so spricht der Herr: Sogar jene, die es nicht verdient hätten,
aus dem Becher zu trinken, müssen daraus trinken, und da solltest du 25^{15-17}
verschont bleiben? Du bleibst nicht verschont, du mußt trinken.
13 Denn ich schwöre bei mir selbst – Spruch des Herrn: Zu einem Bild 44^{22}
des Entsetzens, zum Hohn, zur Öde und zum Fluch wird Bozra, und
alle seine Nachbarstädte werden für immer zu Trümmerhaufen.

49^{10} So daß keiner mehr sagt: *w*^{e}*'ēn 'omer,* vgl. BHK, M: »und er ist nicht mehr«.

einem $25^{28f}44^{22}$ nachgebildeten Gerichtswort fort (^{12f}) und bringt schließlich ein drittes ($^{14-22}$), das $^{14-16}$ Obd $^{1-4}$ einbringt, verwandte Texte heranzieht ($^{17f.22}$) und in $^{19-21}$ fast wörtlich die Drohrede gegen Babel in 50^{44-46} übernimmt. Zu $^{7-11.14-16}$ vgl. den Kommentar bei Obd $^{1-8}$.

$^{7-11}$ Die weit bekannte Weisheit der Edomiter (Obd ^{8} Ijob $2^{11}15^{18}$ 1 Kön 5^{10f} Bar 3^{22f}) hat versagt (^{7}). Sie haben nicht, wie es ein Weiser tut, Zusammenhänge erkannt, sondern Zustände falsch beurteilt, Entwicklungen nicht wahrgenommen, so daß Jahwes Strafe (^{8}) überraschend kommt. Teman ist Stadt und Gebiet in Edom (Lage unbekannt). Der Prophet mahnt zur Flucht; auch das südliche, durch seine Karawanen bekannte Nachbarvolk Dedan soll sich in Sicherheit bringen. Esau steht für Edom (Gen 36^{1}). ^{9} Die Feinde werden mit Winzern und Dieben verglichen, die nichts übriglassen. ^{10f} Nach der Zerstörung ist niemand mehr da, der sich der Witwen und Waisen annehmen könnte.

^{12f} sagt, in Auslegung von 25^{28f}, daß Edom nicht verschont bleiben kann, wenn Jerusalem und Juda gestraft worden sind (586). Jahwe schwört sogar: Edoms Vernichtung wird sprichwörtlich groß und umfassend sein (vgl. 44^{22}). Bozra (heute *el-buseira),* etwa 45 km südöstlich des Toten Meeres, war die Hauptstadt Edoms.

Obd 1–4 14 Ich habe vom Herrn eine Kunde gehört,
ein Bote ist zu den Völkern gesandt:
Schart euch zusammen, rückt aus gegen Edom,
tretet an zum Kampf!
15 Ja, ich mache dich klein unter den Völkern,
verachtet unter den Menschen.
16 Deine furchterregende Macht hat dich betört,
dein vermessener Sinn,
weil du in Felsklüften wohnst,
an Bergeshöhen dich klammerst.
Baust du dein Nest auch hoch wie der Adler,
ich stürze dich von dort hinab – Spruch des Herrn.
17 Edom wird zu einem Bild des Entsetzens;
19[8] 50[13] jeder, der vorbeikommt, ist entsetzt
und spottet über alle Schläge, die es erlitt.
50[40] 18 Wie beim Untergang von Sodom und Gomorra
Jes 13[19f] und ihrer Nachbarstädte, spricht der Herr,
so wird auch dort niemand mehr wohnen,
kein Mensch darin leben.
19 Wie ein Löwe, der heraufkommt
aus dem Dickicht des Jordan
zu den immergrünen Auen,
so jage ich sie jählings davon
und setze meinen Erwählten dort ein.
Denn wer ist mir gleich,
wer zieht mich zur Rechenschaft,
und wo ist der Hirt, der vor mir standhält?
20 Darum hört den Beschluß,
den der Herr gegen Edom gefaßt hat,
und die Pläne, die er ersann
gegen Temans Bewohner:
Wegschleppen wird man die Hirtenknaben,
ihr Weideplatz wird sich über sie entsetzen.

49[16] Deine furchterregende Macht: *tiflaṣt*[e]*kā* Hap.leg., Deutung unsicher.
49[19] Meinen Erwählten: *ūb*[e]*ḥīrī;* M: »wer (ist) erwählt«.
49[20] Hirtenknaben, wörtlich: »die Geringen der Schafe«.

Zu [14–16] vgl. bei Obd [1–4]. Völker sollen gegen Edom kämpfen. Hochmut ist auch hier der Grund für die Bestrafung; es wird klein, weil es sich selbst als groß und mächtig hingestellt hat. [17f] verschärfen die Drohung: Edom wird wie Sodom und Gomorra total zerstört (vgl. Gen 19[23ff]).

Zu [19–21] siehe die Auslegung zu 50[44–46], wo das Wort seinen ursprünglichen Platz hat. [22] wendet 48[40.41a] auf Edom an.

21 Von Edoms dröhnendem Fall erbebt die Erde,
bis zum Schilfmeer hört man sein Schreien.
22 Seht, wie ein Adler steigt es empor, 48^{40f}
schwebt es heran
und breitet seine Schwingen über Bozra aus.
Das Herz der Helden Edoms ist an jenem Tag
wie das Herz einer Frau in Wehen.

Über Damaskus: 49^{23-27}

23 Über Damaskus: Bestürzt sind Hamat und Arpad;
denn böse Nachricht mußten sie hören.
Sie wanken vor Kummer wie das Meer, Jes 57^{20}
das nicht zur Ruhe kommen kann.
24 Damaskus wird schwach, es wendet sich zur Flucht,
Schrecken erfaßt es,
Angst und Wehen ergreifen es wie eine Gebärende.
25 Wie ist doch die ruhmreiche Stadt verlassen,
die Burg der Freude!
26 Darum fallen ihre jungen Männer auf den Plätzen, 50^{30}
alle Krieger kommen um an jenem Tag
– Spruch des Herrn der Heere.
27 Ich lege Feuer an die Mauer von Damaskus; 17^{27} Am $1^{4.14}$
es verzehrt die Paläste Ben-Hadads.

Über die arabischen Stämme: 49^{28-33}

28 Über Kedar und die Reiche von Hazor, die Nebukadnezzar, der König von Babel, erobert hat.

49^{23} Vor ... Meer: *kajjām midd^e'āgāh;* M: »am Meer ist Kummer«.
49^{25} Doch: *lū;* M: »nicht«. – Der Freude: *māśōś* mit Übss.

$^{23-27}$, ein Orakel über Damaskus, das 25^{17-25} nicht erwähnt wird, besteht aus einer Klage ($^{23-25}$), die durch ein aus 50^{30} und Am $1^{4.14}$ entliehenes Drohwort ergänzt wurde. Damaskus wurde von einer Katastrophe, vielleicht einer Niederlage im Krieg (^{26f}) getroffen; die Bevölkerung muß fliehen. Das Unglück, das über die bedeutende Stadt (^{25}) hereinbrach, ist so unerwartet und groß, daß die beiden Stadtstaaten Hamat (heute *ḥama* am Orontes) und Arpad (30 km nördlich von Aleppo), die öfter zusammen genannt werden (2 Kön $18^{34}19^{13}$ Jes 10^{9}), in Klagen ausbrechen. Um welches Ereignis es sich handelt, ist nicht zu erkennen. Nordsyrien sieht sich davon betroffen. Der Ergänzer (^{26f}) sieht Jahwe am Werk, der Gericht hält. Ohne den mächtigen Gott, den Herrn aller Mächte und Gewalten (*ṣ^ebā'ōt*), geschieht bei den Völkern nichts; er gebietet über die ganze Welt.

$^{28-33}$ Nebukadnezzar hat nach der

So spricht der Herr:
Auf, zieht gegen Kedar,
bezwingt die Söhne des Ostens!
29 Man raubt ihre Zelte und Herden,
ihre Decken und ihr ganzes Gerät;
auch ihre Kamele nimmt man mit,
6^{25} 20^{3} und man ruft über sie: Grauen ringsum!
46^{5} 30 Flieht, macht euch eilends davon,
V. 8 tief unten versteckt euch,
ihr Bewohner von Hazor – Spruch des Herrn.
Denn Nebukadnezzar, der König von Babel,
V. 20 hat gegen euch einen Beschluß gefaßt
und einen Plan gegen euch ersonnen.
31 Auf, zieht gegen das sorglose Volk,
das in Sicherheit lebt – Spruch des Herrn –,
das keine Tore und Riegel hat;
man haust ja einsam für sich.
32 Ihre Kamele werden erbeutet,
ihre vielen Herden geraubt.
In alle Winde zerstreue ich sie,
25^{23} die Leute mit gestutztem Haar,
von allen Seiten bringe ich ihnen Verderben
– Spruch des Herrn.
9^{10} 33 Hazor wird zur Behausung für die Schakale,
V. 13.18 50^{3} eine Wüste für immer.
Niemand wird mehr dort wohnen,
kein Mensch darin leben.

49^{30} Gegen euch, s. BHK; M: »gegen sie«.
49^{32} Von allen Seiten: *ūmikkōl ᶜabārīm;* M: »von allen seinen Seiten«.

Babylonischen Chronik (hrsg. von Wiseman) 599/8 sein Heer gegen die »Wüste« geschickt und die arabischen Stämme ausgeplündert. Auch das ist von Jahwe so gefügt, sagt unser Text. 28 Jahwe gibt gleichsam den Befehl bzw. durch einen Botenspruch die Erlaubnis, die dann der König von Babel in die Befehlsworte kleidet (31), zu dieser kriegerischen Aktion. Denn er hat »alle Länder in die Hand« Nebukadnezzars gegeben; »alle Völker sollen ihm untertan sein« (27^{6f}). Wieder scheint es die Überheblichkeit, das Vertrauen auf die eigene Kraft, durch die man sich absolut sicher wähnt (31), zu sein, die mit dieser Strafexpedition geahndet wird. Kedar bezeichnet die Beduinen in der syrischen Wüste, östlich von Palästina. »Die Reiche von Hazor« ist vielleicht ein Sammelbegriff für die Beduinen, die in festen, allerdings unbefestigten (31) Siedlungen wohnen (*ḥāṣer* »Siedlung, Gehöft«). Schon damals gab es neben den frei umherziehenden auch (zeitweise oder dauerhaft) ansässige Nomaden (vgl. Gen 25^{16} und die Patriarchenerzählungen der Gen). Diese vor allen,

Über Elam: 49,34–39

34 Das Wort des Herrn gegen Elam, das zu Beginn der Regierung
Zidkijas, des Königs von Juda, an den Propheten Jeremia erging.
35 So spricht der Herr der Heere:
Seht, ich zerbreche den Bogen Elams, Jes 22,6
seine stärkste Waffe.
36 Ich bringe über Elam vier Winde
von den vier Enden des Himmels. Sach 2,10 6,5
In alle diese Winde zerstreue ich sie,
so daß es kein Volk gibt,
zu dem nicht Versprengte aus Elam kommen.
37 Ich jage den Elamitern Schrecken ein
vor ihren Feinden,
vor allen, die ihnen nach dem Leben trachten.
Unheil lasse ich über sie kommen, 11,23
meinen glühenden Zorn – Spruch des Herrn.
Ich schicke das Schwert hinter ihnen her, 9,15
bis ich sie vernichtet habe.
38 Ich stelle meinen Thron in Elam auf 1,15 43,10
und vernichte dort König und Fürsten –
Spruch des Herrn.
39 Aber in ferner Zukunft wende ich Elams Geschick V. 6 48,47
– Spruch des Herrn.

49,36 *haggōj,* lies *gōj.* – kommen: *jābo'ū* (Pl. statt Sing.).

soweit sie sich in der östlichen Steppe und Wüste aufhielten, werden »Söhne des Ostens« genannt (vgl. Gen 29,1 Ri 6,3 Jes 11,14 Ez 25,4 Ijob 1,3). Zu der besonderen Haartracht der Beduinen vgl. 9,25 25,23. Das Wort über die arabischen Stämme spricht mit Bedauern (29) über die Beraubung. Feindschaft kennt es nicht.

34–39 Das Orakel gegen Elam (östlich von Babylonien, nördlich vom Persischen Golf mit der Hauptstadt Susa) ist in die Zeit unmittelbar nach der ersten Wegführung (597) nach Babel datiert. Ein historischer Anlaß dafür ist nicht auszumachen. Elam, 640 von Assurbanipal unterworfen, nach dem Untergang des assyrischen Reiches wohl wieder relativ selbständig, ging schließlich im Perserreich auf. Ob Nebukadnezzar einen Feldzug gegen Elam unternahm, ist nicht bekannt. Der Ausspruch in 35–39 ist, formal richtig mit der Botenspruchformel eingeleitet, ganz Wort Jahwes. Er vernichtet Elams kriegerische Macht, die Bogenschützen, die »das Beste ihrer Stärke« waren (Jes 22,6). Wie mit einem gewaltigen Sturm, der von allen Seiten losbricht, jagt er, der Schöpfer und Herr der Welt, die Elamiter aus ihrem Land (36): Er führt einen Feind herbei, der sie völlig besiegt (37), wie mit bekannten Formulierungen gesagt wird. Jahwe tritt als Richter (38) auf, auch diesem starken Weltreich gegenüber: Es wird seine Selbständigkeit verlieren. 39 Künftig aber schenkt Jahwe ihm

Über Babel: 50^{1}–51^{64}

50^{1} Das Wort gegen Babel, das Land der Chaldäer, das der Herr durch den Propheten Jeremia gesprochen hat.

Das Ende des Exils: 50^{2-7}

2 Verkündet unter den Völkern und meldet,
4^{6} [errichtet ein Wegzeichen und meldet]
verheimlicht nichts, sondern sagt:
10^{14} Jes 46^{1} Erobert ist Babel, zuschanden ist Bel,
zerschmettert Merodach
[zuschanden sind seine Götterbilder,
zerschmettert seine Götzen].
V. 9 3 Denn ein Volk aus dem Norden
rückt gegen Babel heran;
49^{33} das macht sein Land zur Wüste.

50^{2} Errichtet ... meldet: fehlt in G, aus Jes 13^{2}, vgl. 4^{6}. – Zuschanden sind ... Götzen: fehlt in G, wohl eine, das Vorausgehende verallgemeinernde Glosse.

wieder Heil. Tatsächlich hat Susa im Perserreich wieder eine bedeutende Rolle gespielt. Das Elam-Wort verkündet eindrucksvoll die absolute und unwiderstehliche, Gericht und Heil wirkende Macht Gottes, der auch Herr über ein fernes und starkes Reich ist.

50.51 Die weit ausladende Spruchfolge, eine ganze Sammlung (vgl. 51^{60f}: ein Buch) von Aussprüchen gegen Babel, ist zugleich auch Wort für Gottes Volk, das immer wieder angesprochen wird. Gehäuft und vielfach wird hier verkündet, daß Babel verdorben, zerstört, zur Wüste wird, aber auch, daß Israel heimkehrt. Am Ende 51^{59-64} steht eine Erzählung darüber, was mit dem Buch der Babel-Worte geschehen sollte. Diese sind Jeremia in den Mund gelegt. Prophetenworte (besonders aus Jer und Jes) werden verwendet und sogar zitiert. Es ist nicht mehr die Zeit des Propheten, die hier vorausgesetzt ist, und nicht die Botschaft Jeremias, die sich hier äußert. 50f. sprechen in die Situation des Exils hinein. Vielleicht ist aber Babel bereits (vgl. 51^{46}) in eschatologischer Sicht teilweise schon ein Deckname für eine Weltmacht, die sich feindlich gegen Israel und Jahwe stellt.

50^{1} Als Überschrift liest G nur: Wort des Herrn, das er über Babel gesprochen hat. M sagt aus, daß es durch Vermittlung Jeremias (vgl. 37^{2}) geschah, wohl eine späte Wertung der Prophetie (vgl. *b^ejad* »durch die Hand« Hag $1^{1.3}2^{1.10}$ Sach $7^{7.12}$). Jeremia selbst empfindet sich »wie der Mund« Jahwes (15^{19}).

2.3 wird in einem grundsätzlichen Wort, das im folgenden entfaltet wird, das Ende Babels angesagt; es soll weltweit verkündet werden. Mit Babel fällt sein Gott Merodach (= Marduk), auch Bel (= Baal »Herr«) genannt (51^{44} Jes 46^{1}). Volk und Gott siegen oder unterliegen nach altorientalischer Auffassung zusammen. Jahwe ist die einzige und große

Niemand mehr wohnt darin,
Mensch und Vieh ergreifen die Flucht 9[9]
und laufen davon.
4 In jenen Tagen und zu jener Zeit – 33[15]
Spruch des Herrn –
kommen die Söhne Israels
gemeinsam mit den Söhnen Judas.
Weinend gehen sie ihren Weg 31[9]
und suchen den Herrn, ihren Gott.
5 Nach Zion fragen sie,
dorthin ist ihr Blick gerichtet.
Sie kommen und verbünden sich mit dem Herrn 32[40]
zu einem ewigen, unvergeßlichen Bund.
6 Eine verlorene Herde war mein Volk, V. [17] 23[1]
ihre Hirten führten sie in die Irre,
trieben sie ziellos in die Berge.
Von Berg zu Hügel zogen sie weiter
und vergaßen ihren Lagerplatz.
7 Wer auf sie stieß, fraß sie auf,
und ihre Feinde sagten: 2[3]
Wir begehen kein Unrecht;
sie haben ja gegen den Herrn gesündigt,
den Hort der Gerechtigkeit, die Hoffnung ihrer Väter. 31[23]

50[5] Dorthin, wörtlich: »auf den Weg dorthin«.
50[6] In die Berge: *ʿal (hæ)hārīm* mit Übss.
50[7] Statt »Jahwe« am Ende des Verses, das in G fehlt, liest man wohl besser: *hōj* im Sinne eines Anrufs.

Ausnahme. Er bleibt der Herr, auch wenn sein Volk besiegt wird. Babel war für Juda und seine Nachbarvölker der Feind aus dem Norden, nun erlebt es das gleiche Schicksal: Die Meder und Perser – hier nicht genannt – kommen über die Stadt und das Land.
[4–7] Mit doppelter »eschatologischer« Formel eingeleitet, folgt die Verheißung der Wiedervereinigung und Heimkehr Israels und Judas sowie der Hinwendung zu Jahwe. Bei der Flucht ([3]) aus Babel haben sie Zion als festes Ziel, wo sie sich in Reue und Buße (»weinend« [4]) Jahwe anschließen, der einen »ewigen Bund« (im Sinn der Heilszuwendung von 32[40]) gewährt. Sie aber wollen – und darum geht es hier ([5]) – Jahwe anhangen in ewiger, unvergeßlicher Verpflichtung, ohne sich jemals wieder abzuwenden oder zuwiderzuhandeln. [6] Früher vollzogen sie, verführt von ihren Hirten, den Königen und den maßgebenden Leuten (vgl. 23[1f]), auf den Bergen den Höhenkult und vergaßen, daß sie zu ihrem Gott gehörten und ([7]) bei ihm geborgen waren. Die Folge war, daß ihre Feinde sie mit Recht zur Strafe für diese Sünde gegen den Herrn »auffraßen« (2[3]10[25] Jes 9[11]), d. h. angriffen und zugrunde richteten.
[8–16] In einem dreiteiligen Ausspruch ([8–10.11–13.14–16]), der jeweils mit einem

Der Entscheidungskampf: 50^{8-20}

51^{6} 8 Flieht aus Babel und aus dem Land der Chaldäer!
Jes 48^{20} Zieht aus, und seid wie Leitböcke,
die der Herde vorangehen.
9 Denn seht, ich selbst stachle auf
und führe gegen Babel
eine Schar großer Völker vom Nordland her;
sie greifen es an, und von dort wird es erobert.
Ihre Pfeile sind wie die eines siegreichen Helden,
der nie zurückkehrt ohne Erfolg.
10 Plünderung trifft Chaldäa,
alle, die es plündern, werden satt
– Spruch des Herrn.
11 Freut euch nur, und jubelt,
ihr, die ihr mein Erbteil geraubt habt.
Ja, hüpft wie Kälber auf der Wiese,
und wiehert wie Hengste!
12 Große Schmach trifft eure Mutter;
sie, die euch geboren hat, muß sich schämen.
Seht doch, das letzte unter den Völkern:
Wüste, Dürre und Steppe.
13 Durch den Zorn des Herrn bleibt Babel unbewohnt
und wird völlig zur Wüste;
19^{8} 49^{17} jeder, der an Babel vorbeikommt, ist entsetzt
51^{37} und spottet über alle Schläge, die es erlitt.
14 Rüstet euch ringsum zum Kampf gegen Babel,
all ihr Bogenschützen!
Schießt, und spart die Pfeile nicht!
[Denn gegen den Herrn hat es gesündigt.]

50^{8} Zieht aus: *ṣᵉʾū* mit dem Qere.
50^{9} Siegreichen: *maśkīl;* M: »kinderlosen«.
50^{11} Wie Kälber auf der Wiese: *kᵉʿæglē baddæšæʾ* mit G, Vg; M: »wie eine dreschende Kuh«.
50^{14} Schließt: *jᵉrū* mit Hss. – [ ] fehlt in G, vgl. ^{29}.

Imperativ neu ansetzt, wird wiederum der Untergang Babels verkündet. $^{8-10}$ Die Fremden, vor allem wohl die aus anderen Ländern Verschleppten, werden aufgefordert, Babel zu verlassen, schnell und sich rücksichtslos wie die Leitböcke durchsetzend. Denn Jahwe führt die feindlichen Völkerheere, aus denen die Bogenschützen als besonders gefährlich erwähnt werden, heran. Das reiche Chaldäa bietet allen genug, die es plündern. $^{11-13}$ Seine Bewohner sind noch sorglos und genießen das Leben; sie denken nicht daran, daß sie Jahwes Land weggenommen haben, was ihnen hier als Unrecht angelastet wird. Der Herr straft

15 Schreit ihm von allen Seiten
den Kampfruf entgegen!
Es muß sich ergeben, seine Säulen fallen,
seine Mauern werden niedergerissen.
Ja, das ist die Rache des Herrn. V. 28
Nehmt Rache an Babel!
Was es selber getan hat, das tut jetzt an ihm! V. 29
16 Rottet in Babel den Sämann aus
und den, der zur Erntezeit mäht.
Vor dem rasenden Schwert 46[16]
wendet sich jeder zu seinem Volk,
jeder flieht in sein Land.
17 Ein versprengtes Schaf war Israel,
von Löwen gehetzt.
Zuerst hat es der König von Assur gefressen,
zuletzt hat ihm Nebukadnezzar, der König von Babel,
die Knochen abgenagt.
18 Darum – so spricht der Herr der Heere,
der Gott Israels:
Fürwahr, ich rechne ab
mit dem König von Babel
und seinem Land,
wie ich abgerechnet habe
mit dem König von Assur.
19 Israel aber bringe ich zurück auf seinen Weideplatz;
es soll auf dem Karmel und im Baschan weiden,
sich im Bergland Efraim und in Gilead sättigen.

50[17] Gehetzt: *hiddīḥūhā.*

Stadt und Land und setzt sie, durch die Feinde verwüstet, an die letzte Stelle unter den Völkern. [14–16] werden die Feinde zum Sturm auf die Stadt aufgerufen, in deren Fall Jahwe die Strafe vollzieht, ihre früheren Taten (Ausplünderung und Vernichtung anderer Völker) entsprechend vergilt. Selbst die bäuerliche Bevölkerung soll verschwinden und mit dem Aufhören von Saat und Ernte auch die Existenzgrundlage für Volk und Staat. Noch einmal werden die Fremden zur Flucht aufgerufen.

[17–20] enthalten ein Heilswort für Israel ([17a.19]) und für Juda ([20]), sowie ein Drohwort gegen den König von Babel ([17b.18]). Israel war wie ein von Löwen verfolgtes und von seiner Weide vertriebenes Schaf; es wird aber von Jahwe wieder in sein Land zurückgebracht. Mit der doppelten »eschatologischen« Formel (vgl. [4]) eingeführt und gewichtet ([20]), wird Juda gemäß Jes 40[2] zugesagt, daß seine Schuld kraft der Vergebung durch Gott nicht mehr besteht. In [17b.18] werden die Löwen [17a] als die Könige von Assur und Babel inter-

20 In jenen Tagen und zu jener Zeit
– Spruch des Herrn –
wird man nach der Schuld Israels suchen,
Jes 40^{2} doch sie ist nicht mehr vorhanden,
nach den Sünden Judas,
doch man findet sie nicht mehr.
33^{8} Denn ich verzeihe dem Rest,
den ich übriglasse.

Die völlige Zerstörung: 50^{21-32}

21 Zieh gegen Meratajim,
zieh gegen das Land
und gegen die Bewohner von Pekod!
Erschlag sie, und gib sie dem Untergang preis
– Spruch des Herrn;
1^{7} tu genau, was ich dir befehle!
22 Kriegslärm herrscht im Land
und großer Zusammenbruch.
23 Wie wurde zerschlagen und zerschmettert
51^{20} der Hammer der ganzen Welt!
Welch ein Bild des Entsetzens ist Babel geworden
unter den Völkern!
24 Du, Babel, hast dir selbst eine Falle gestellt,
und bist auch gefangen worden, ehe du es merktest.
Du wurdest erwischt und gepackt;
denn du hattest den Herrn herausgefordert.

50^{21} Zieh gegen das Land: ^{ca}*leh* ^{c}*al 'æræṣ.* – Gib sie dem Untergang preis: *w*^{e}*haḥ*^{a}*rīmem;* M: »nach ihnen«.
50^{24} Du hast eine Falle gestellt: *jāqošt;* M: »ich habe ...«.

pretiert und ihre Bestrafung – die des Babyloniers steht in der Sicht des Verfassers noch aus – angesagt.

$^{21-32}$ Jahwe befiehlt (^{21}) dem Feind, den sogenannten Bann zu vollziehen, Menschen und Tiere samt dem ganzen Besitz zu vernichten und alles auf diese Weise Jahwe zu weihen (vgl. Jos 11^{12ff} 1 Sam 15^{3} Dtn 13^{16ff}). Wenn vom »Bann« gesprochen wird, soll damit zum Ausdruck gebracht werden, daß es sich um einen »Krieg Jahwes« handelt, in dem die ganze Beute eigentlich Jahwe gehört. Meratajim und Pekod nehmen babylonische Namen auf (*nār marātu* »Bitterfluß« ist das Mündungsgebiet des Eufrat-Tigris; Pukudu wird ein Stamm in Ostbabylonien genannt), sind aber symbolisch gemeint: »Doppeltrotz« (*m*^{e}*rī* »Trotz«) und »Heimsuchung« (*pqd* »heimsuchen«). Beide sollen Babel bezeichnen, das angegriffen und zerstört wird (^{22}). Deswegen stimmt man (^{23}) ein Klagelied über Babel, den »Hammer der ganzen Welt« (vgl. 51^{20-26}) an, das (Ende ^{24}) in eine Begründung (^{25}) für die Vernichtung Babels übergeht: Es hat sich selbst (^{24}) in diese Lage ge-

25 Der Herr hat seine Rüstkammer geöffnet
und die Waffen seines Zornes hervorgeholt.
Denn das ist ein Werk,
das der Herr, der Gott der Heere,
im Land der Chaldäer vollbringt.
26 Kommt nach Babel vom Ende der Erde!
Öffnet seine Speicher,
werft alles auf einen Haufen zusammen,
wie man Haufen von Korn aufschüttet.
Dann gebt es dem Untergang preis;
kein Rest soll ihm bleiben.
27 Erschlagt alle seine Jungstiere,
hinunter mit ihnen zum Schlachten!
Weh über sie; denn ihr Tag ist gekommen, V. 31
die Zeit ihrer Bestrafung.
28 Horcht! Entronnene Flüchtlinge aus dem Land Babel!
Sie verkünden in Zion
die Rache des Herrn, unseres Gottes, 51[11]
[die Rache für seinen Tempel].
29 Ruft Schützen auf gegen Babel,
alle Bogenschützen!
Belagert die Stadt ringsum,
laßt keinen entrinnen!
Vergeltet ihr nach ihrem Tun;
alles, was sie selber getan hat, V. 15
das tut auch an ihr!
Denn gegen den Herrn hat sie frech gehandelt,
gegen den Heiligen Israels.

50[26] Der Erde: zur Verdeutlichung zugesetzt.
50[28] [] Zusatz aus 51[11], der in G fehlt.

bracht; denn es hat sich in einen Streit mit Jahwe eingelassen, sich mit ihm gemessen. [29] gibt vielleicht einen Hinweis, um was es sich konkret handelt. Mit dem jesajanischen Ausdruck »der Heilige Israels« könnte auf die frühere, prahlerische Weltmacht Assur (Jes 10[15]) hingewiesen sein, die nicht Jahwes Pläne, sondern ihre eigenen in der maßlosen Unterdrückung der Völker (Jes 10[7]) ausführte. Babel macht es ebenso. [25] Jahwe antwortet mit seinen Waffen, den feindlichen Völkern. [26] Er ruft sie herbei, und auf seinen Befehl vollziehen sie den Bann am ganzen Besitz wie auch an den kriegstüchtigen Männern ([27a]). Erneute Klage ([27b]) gibt, ähnlich wie in [23], Antwort auf das furchtbare Geschehen. Dies alles wird ([28]) dem Volk des Herrn in Zion gemeldet. Ihm wird klar, daß Jahwe die Weltmacht gestraft hat. [29–32] wird mit Wiederholungen (vgl. [29a] mit [15] und [31b] mit [27b]) wiederum zum Angriff und zur Zerstörung Babels aufgerufen. Dabei geht es vor allem um die Entfaltung der Aussage

49[26] [30] Darum fallen ihre jungen Männer auf den Plätzen,
all ihre Krieger kommen um an jenem Tag
– Spruch des Herrn.
51[25] [31] Nun gehe ich gegen dich vor, du Freche,
– Spruch des Herrn, des Gottes der Heere.
Denn dein Tag ist gekommen,
die Zeit deiner Bestrafung.
Am 5[2] [32] Die Freche strauchelt und fällt,
niemand richtet sie auf.
21[14] Am 1[4.7] Ich lege Feuer an ihre Städte,
das ringsum alles verzehrt.

Die Befreiung Israels: 50[33–46]

[33] So spricht der Herr der Heere:
Unterdrückt sind die Söhne Israels
zusammen mit den Söhnen Judas.
Von allen, die sie in Gefangenschaft führten,
werden sie festgehalten;
man weigert sich, sie zu entlassen.
[34] Doch ihr Erlöser ist stark,
Herr der Heere ist sein Name.
Er führt ihre Sache mit Kraft,
um der Erde Ruhe zu schaffen,
Unruhe aber Babels Bewohnern.
[35] Das Schwert über die Chaldäer –
Spruch des Herrn –
und über die Bewohner von Babel,
über seine Fürsten und seine Weisen!
[36] Das Schwert über die Wahrsager,
sie werden zu Narren!
Das Schwert über seine Helden,
sie brechen zusammen!

von [24], daß Babel den Herrn herausgefordert habe. Er entgegnet der »Frechheit«, wie die Stadt nun genannt wird ([32]), mit der Herausforderungsformel, die den Kampf ansagt, in dem Babel untergeht.

[33–40] Diese Verse stehen in einem Zusammenhang, insofern geschildert wird, daß die Befreiung ([33f]) des Jahwevolkes durch eine kriegerische Zerstörung ([35–38]) erfolgt, die eine vollständige Verwüstung ([39f]) bewirkt. [33f] In Ägypten wurde Israel festgehalten, von Assur wurde es unterdrückt so, wie Juda jetzt von Babel festgehalten und unterdrückt wird (vgl. Jes 52[4f]). Aber Jahwe ist ein starker Anwalt (*go'el*), der, wie ein Verwandter für seine Familie und ihre Angelegenheiten sich einsetzt, ihren Rechtsstreit (*rīb*) führt (vgl. Spr 23[11]), die Sache seines Volkes mit aller Kraft vertritt. Er, der Erlöser, löst sie aus der Gefangen-

37 Das Schwert [über seine Rosse und Wagen und]
über alles Völkergemisch in seinen Reihen,
es wird zu Weibern!
Das Schwert über seine Schätze,
sie werden geraubt!
38 Das Schwert über seine Wasser,
sie vertrocknen!
Denn es ist ein Land voll von Götzenbildern,
und durch die Schreckbilder werden sie toll.
39 Darum werden Wüstenhunde
und Hyänen dort hausen,
und Strauße werden sich dort niederlassen.
Nie mehr soll es bewohnt sein, Jes 13[20]
ewig nicht mehr besiedelt werden.
40 Wie Gott einst Sodom und Gomorra 49[18]
und ihre Nachbarstädte zerstört hat
– Spruch des Herrn –,
so wird auch dort niemand wohnen,
kein Mensch darin leben.
41 Seht, ein Volk zieht von Norden heran, 6[22–24]
ein großes Volk und viele Könige
brechen auf von den Grenzen der Erde.
42 Sie kommen mit Bogen und Sichelschwert;
grausam sind sie und ohne Erbarmen.
Ihr Lärm gleicht dem Brausen des Meeres,
und sie reiten auf Rossen,
Krieger, zum Kampf gerüstet
gegen dich, Tochter Babel.

50[37] [ ] ist aus 51[21] zugesetzt.
50[38] Das Schwert: *ḥæræb;* M: »Trockenheit«.

schaft aus. Er kauft sie nicht los wie ein Löser (Lev 25[25] Ijob 19[25]) den Verwandten, der in Schuldknechtschaft geraten ist; er kämpft sie frei. Auch die übrigen Völker können dann in Ruhe leben, während Babel in Angst und Schrecken versetzt wird. [35–38] Jahwe selbst befiehlt seinem Schwert (vgl. 47[6f]), d. h. dem von den entbotenen Feinden geführten Krieg, in einem Schwertlied, zuzuschlagen. Sechsmal fährt es nieder und leistet ganze Arbeit, bis alles, sogar die Kanäle, die dem Land Fruchtbarkeit verschaffen, vernichtet sind. [38b] Die Drohung wird mit dem Götzendienst nachträglich begründet. An diese Schelte schließt sich ein weiteres Gerichtswort ([39f]) an, das Bilder der Verwüstung aus Jes 13[20–22] nimmt. Wie das Gebiet von Sodom und Gomorra soll das Land nie mehr besiedelt werden.
[41–43] sind aus 6[22–24] genommen, hier auf Babel bezogen. Sie malen den Feind, dem auch das mächtige Weltreich nicht wiederstehen kann, in seiner grausamen Schrecklichkeit.

43 Sobald der König von Babel von ihnen hört,
da erschlaffen ihm die Hände;
es packt ihn die Angst,
das Zittern, wie eine Gebärende.
4^{7} 49^{19-21} 44 Wie ein Löwe, der heraufkommt
aus dem Dickicht des Jordan
zu den immergrünen Auen,
so jage ich sie jählings davon
und setze meinen Erwählten dort ein.
Denn wer ist mir gleich,
wer zieht mich zur Rechenschaft,
und wo ist der Hirt, der vor mir standhält?
45 Darum hört den Beschluß,
den der Herr gegen Babel gefaßt hat,
und die Pläne, die er ersann
gegen das Land der Chaldäer:
Wegschleppen wird man die Hirtenknaben,
ihr Weideplatz wird sich über sie entsetzen.
46 Vom Ruf »Erobert ist Babel« erbebt die Erde,
unter den Völkern hört man sein Schreien.

Gottes Strafgericht: 51^{1-14}

51^{1} So spricht der Herr:
Seht, gegen Babel und die Bewohner Chaldäas
wecke ich den Geist eines Verwüsters.

50^{44} Zu $^{44-46}$ vgl. 49^{19-21}.

51^{1} Chaldäas, so G: im Text *leb qāmāj* »Herz der sich gegen mich Erhebenden«, ein Atbasch.

$^{44-46}$ = 49^{19-21} (dort auf Edom und Teman bezogen). Jahwe vergleicht sich mit einem Löwen, der überraschend aus dem Dickicht des Jordan heraus eine Herde überfällt, raubt und zerstreut, um seine unvergleichliche, unwiderstehliche und niemals besiegbare Stärke ins Bild zu setzen. Kein Hirt (König) kann ihn abwehren. Falls der schwierige Text mit »und setze meinen Erwählten dort ein« (M: »und wer ist erwählt? Über es setze ich«) richtig überliefert und gedeutet ist, dürfte wohl an Kyrus (vgl. Jes $42^{1}44^{28}45^{1}$), (49^{19} an Nebukadnezzar, Jahwes Knecht) zu denken sein. Auch hier geht der Plan Jahwes (^{45}) auf die gänzliche Vernichtung Babels. Selbst »die Geringen der Herde« schleppt man weg. EÜ deutet (mit Duhm, der auf Sach 13^{7} »die Kleinen« und Jer 14^{3} »die Diener« hinweist) auf die Hirtenknaben; oder sind die geringsten Schafe gemeint? Jedenfalls ist das Land leer und verödet. ^{46} Die Kunde vom Fall der Weltmacht erschüttert die ganze Erde und alle Völker.

51^{1-4} Unter die Botenspruchformel gestellt, folgen weiterhin Aussprüche

2 Ich sende Worfler nach Babel; 15^{7}
die werden es worfeln und sein Land auskehren,
wenn sie es umzingeln am Tag des Unheils.
3 Nicht erschlaffe, wer den Bogen spannt,
der Gepanzerte werde nicht müde.
Schont seine jungen Männer nicht,
gebt sein ganzes Heer dem Untergang preis!
4 Erschlagene liegen herum im Land der Chaldäer,
Durchbohrte auf seinen Straßen.
5 Denn nicht verwitwet sind Israel und Juda, Jes 54^{4}
nicht verlassen von ihrem Gott,
dem Herrn der Heere.
Doch das Chaldäerland ist voll von Schuld
gegen den Heiligen Israels.
6 Flieht aus Babel, jeder rette sein Leben, 50^{8}
damit ihr nicht umkommt bei seinem Schuldgericht.
Denn es ist die Zeit der Rache für den Herrn; 50^{15}
was Babel verübt hat, zahlt er ihm heim.
7 Babel war in der Hand des Herrn
ein goldener Becher, 25^{15} Off 17^{4}
der die ganze Erde berauschte.
Von seinem Wein haben die Völker getrunken;
deshalb haben sie den Verstand verloren.
8 Jählings fällt Babel und wird zerschmettert. Jes 21^{9}
Klagt laut darüber!

51^{2} Worfler: *zorīm,* mit Übss.; M: »Fremde«. – umzingeln: *jaḥ*^{a}*nū,* M: »sie sind«.
51^{3} Nicht (zweimal): *'āl;* M: »zu«. – erschlaffe: *jæræf* mit S. – der … müde: *jīgaʿ l*^{e}*būš sirjonō.* – Text und Übersetzung von ^{3} unsicher.
51^{5} Verlassen: sinngemäß beigefügt.

über die Zerstörung Babels, die Jahwe plant und durchführen läßt, weil die Stadt, anders als Jeremia es sieht, sein Widerpart ist (so der Atbasch). Der Verwüster (vgl. 4^{7}), dem er den Plan und Mut eingibt (vgl. Esra $1^{1.5}$), Babel anzugreifen, wird von ihm gerufen ($50^{9.21}$). Es sind nach ^{11} die »Könige von Medien«. Die Zerstörung ist vollständig; nichts bleibt übrig im Land. Die Feinde werden (^{3}) aufgerufen, ganze Arbeit zu leisten.
$^{5-10}$ Die Israeliten aber, die dies alles miterleben (^{5f}), stehen unter Jahwes Schutz, der Babels Schuld ahndet und ihm, den Untaten gemäß, vergilt. Sie sollen das dem Gericht verfallene Land verlassen. ^{7} Das reiche, prächtige Babel hat nach dem Willen des Herrn die Völker im Strafgericht Gottes (25^{15}) um ihre Selbständigkeit gebracht; ^{8a} nun wird es zerstört. $^{8b.9}$ Man muß bereits die Totenklage über es anstimmen; denn es ist, wie ein Sterbender, nicht mehr zu retten, selbst wenn von außen jede nur denkbare Hilfe gebracht würde. Die

46^{11} Holt Balsam für seine Wunde,
vielleicht ist es zu heilen.
9 Wir wollten Babel Heilung bringen,
es war aber nicht mehr zu heilen.
Verlaßt es! Gehen wir, jeder in sein Land!
Denn sein Gericht reicht bis zum Himmel hinauf,
ragt bis zu den Wolken empor.
10 Der Herr hat unsre gerechte Sache
ans Licht gebracht.
Kommt, laßt uns in Zion erzählen,
was der Herr, unser Gott, getan hat.
11 Schärft die Pfeile, füllt die Köcher!
Der Herr hat den Geist
Jes 13^{17} der Könige von Medien erweckt;
denn er hegt den Plan,
Babel zu vernichten.
50^{28} Ja, das ist die Rache des Herrn,
die Rache für seinen Tempel.
50^{2} 12 Errichtet ein Feldzeichen gegen Babels Mauern,
verstärkt die Wache!
Stellt Posten auf, legt Leute in den Hinterhalt!
Denn der Herr hat seinen Plan gefaßt,
und er führt auch aus,
was er Babels Einwohnern angedroht hat.
13 Die du an den großen Wassern wohnst,
so reich an Schätzen,
dein Ende ist da, dein Maß ist voll.
14 Geschworen hat der Herr der Heere
bei sich selbst:
Wärst du auch mit Menschen angefüllt
wie mit Heuschrecken,
man stimmt doch den Kampfruf gegen dich an.

göttliche Strafe ist riesengroß, nicht abwendbar. 10 Die verschleppten Judäer, die Babel zu Unrecht – anders Jeremia – unterdrückt hat, kommen nach Zion und danken für die Rettung (vgl. Ps 66^{16f}).

11–14 Der Herr führt seinen Plan, Babel zerstören zu lassen, mit Hilfe der »Könige von Medien« aus. Damit sind vermutlich die Perser gemeint, denen die 612 (Eroberung Ninives) mit den Babyloniern verbündeten mächtigen Meder eingegliedert waren. Die Schuld, die Jahwes strafendes Handeln herausfordert, ist hier die Zerstörung des Tempels (anders Jer 7). Auch der Reichtum der Stadt, ihre starken Festungsanlagen, der Schutz durch die Eufrat-Kanäle und die Verteidigungskraft zahlreicher Bewohner können den Untergang nicht verhindern. Babels Zeit ist vorbei.

15–19 = 10^{12-16}, vgl. dort. Der Lobpreis auf den einzigen wahren und mächtigen Gott wurde eingefügt, um

Gottes Größe: 51$^{15-19}$

15 Er hat die Erde erschaffen durch seine Kraft, 10$^{12-16}$
den Erdkreis gegründet durch seine Weisheit,
durch seine Einsicht den Himmel ausgespannt.
16 Läßt er seine Stimme ertönen,
dann rauschen die Wasser am Himmel. 10^{13}
Wolken führt er herauf vom Rand der Erde; Ps 135^{7}
er läßt es blitzen und regnen,
aus seinen Kammern entsendet er den Wind.
17 Töricht steht jeder Mensch da, ohne Erkenntnis,
beschämt jeder Goldschmied mit seinem Götzenbild;
denn seine Bilder sind Trug,
kein Atem ist in ihnen.
18 Nichtig sind sie, ein Spottgebilde.
Zur Zeit ihrer Heimsuchung gehen sie zugrunde.
19 Anders der Gott, der Jakobs Anteil ist.
Denn er ist der Schöpfer des Alls
und Israel der Stamm, der ihm gehört.
Herr der Heere ist sein Name.

Babel als Hammer Gottes: 51$^{20-26}$

20 Du warst mein Hammer, meine Waffe für den Krieg. 50^{23}
Mit dir zerschlug ich Völker,
mit dir stürzte ich Königreiche,
21 mit dir zerschlug ich Roß und Lenker,
mit dir zerschlug ich Wagen und Fahrer,
22 mit dir zerschlug ich Mann und Frau,
mit dir zerschlug ich Greis und Kind,
mit dir zerschlug ich Knabe und Mädchen,
23 mit dir zerschlug ich Hirt und Herde,
mit dir zerschlug ich Bauer und Gespann,
mit dir zerschlug ich Statthalter und Vorsteher.

51^{19} Und Israel, mit hebr. Hss, T, Vg und 10^{16}.

auszudrücken, daß niemand die Durchführung des Planes Jahwes (^{11f}), hinter dem er ganz steht (^{14}), verhindern kann.

$^{20-24}$ Babel war ein Hammer in Gottes Hand, der alles zerschlug, sein Werkzeug, mit dem er Krieg führte. Einst war Assur der »Stock seines Zornes« für Jahwe, mit dem er die Völker züchtigte (Jes 10^{5}). Er mußte den Stock zerbrechen, weil dieser eigenmächtig verfuhr. So muß er sich gegen den Hammer Babel wenden, der Zion nicht hätte zerschlagen sollen. Wieder sucht der Verfasser die Begründung für das göttliche Straf-

50,19.29 24 Aber ich übe Vergeltung an Babel
und an allen Bewohnern Chaldäas
für alles Böse, das sie an Zion
vor euren Augen verübten
– Spruch des Herrn.
50,31 25 Nun gehe ich gegen dich vor,
du Berg des Verderbens,
der die ganze Erde verdarb – Spruch des Herrn.
Ich strecke meine Hand gegen dich aus,
ich wälze dich weg von den Felsen
und mache dich zum ausgebrannten Berg.
26 Man wird von dir keinen Eckstein
und keinen Grundstein mehr holen,
nein, Wüste bleibst du für immer
– Spruch des Herrn.

Die Strafe für die Schuld: 51,27–40

27 Errichtet ein Feldzeichen auf der Erde,
stoßt ins Horn unter den Völkern!
Bietet Völker zum Heiligen Krieg auf gegen die Stadt,
ruft Königreiche herbei gegen sie!
Ararat, Minni und Aschkenas,
hebt Truppen aus gegen sie,
laßt Rosse anrücken,
borstigen Heuschrecken gleich!
28 Bietet Völker zum Heiligen Krieg auf gegen sie,
die Könige von Medien,
seine Statthalter und Vorsteher
und das ganze Land ihrer Herrschaft!

gericht in dem Ungehorsam gegen Jahwe. Und er findet diesen in der Zerstörung Zions. 25f Als »Berg des Verderbens«, d. h. als Ort des Götzendienstes (2 Kön 23,13), hat Babel die ganze Erde, alle Völker verdorben. Jahwe nimmt die Herausforderung an und verdirbt diesen Berg mit wuchtigen Schlägen und mit Feuer, so daß die zerschlagenen oder ausgeglühten Steine nicht mehr zum Bauen verwendet werden können. Die Stadt wird keine Rolle mehr spielen; niemand wird – so das Bild von Eckstein und Grundstein – sich nach ihr ausrichten, bei ihr Schutz und Halt suchen.

27–32 Der Heilige Krieg, Jahwes Feldzug gegen Babel, wird ausgerufen. Dagegen gibt es keinen Widerstand (30). Jahwe ruft seine Hilfstruppen herbei, die für ihn den Kampf führen: neben den Medern und Persern (28.11) auch die Reiche Armeniens (Ararat = akkadisch Urartu; Minni = akkadisch mannaia, südöstlich des Urmiasees; Aschkenas, d. h. wohl: die Skythen, akkadisch Aschguza, vgl. Gen 10,3). Der Sturz Babels löst eine gewaltige Erschütte-

29 Da bebt und zittert die Erde,
wenn sich an Babel der Plan des Herrn erfüllt,
das Land von Babel zur Wüste zu machen,
die niemand bewohnt.
30 Die Helden Babels geben den Kampf auf
und hocken in ihren Burgen.
Ihre Heldenkraft ist versiegt,
Weiber sind sie geworden. 50[37]
Seine Wohnungen steckt man in Brand, Jes 19[16]
seine Riegel zerbricht man. Nah 3[13]
31 Läufer über Läufer stürmt heran,
Bote über Bote,
um dem König von Babel zu melden,
seine Stadt sei von allen Seiten erobert,
32 die Flußübergänge seien besetzt,
die Kähne im Feuer verbrannt,
die Krieger entmutigt.
33 Denn so spricht der Herr der Heere,
der Gott Israels:
Die Tochter Babel gleicht der Tenne,
wenn sie festgestampft wird;
noch eine kurze Frist,
dann ist für sie die Erntezeit da.
34 Nebukadnezzar, der König von Babel,
hat mich gefressen und weggerafft,
mich beiseite gestellt wie ein leeres Gefäß.
Er hat mich wie ein Drache verschlungen,
hat sich den Bauch gefüllt
und mich aus dem Ort meiner Wonne vertrieben.
35 Was ich an Unrecht und Schaden erlitt,
komme über Babel!,
so sollen die Bürger Zions sagen.

51[32] Die Kähne: Übersetzung unsicher.
51[34] Vertrieben: *hiddīḥānī;* M: – »er hat mich abgespült«.
51[35] Schaden: *wᵉšibrī;* M: »mein Fleisch«.

rung [29] unter der Völkerwelt aus. Von allen Seiten dringt man in die Stadt ein; auch Kanäle und Wassergräben bieten kein Hindernis.
[33] Wieder taucht das Bild der Tenne auf: Sie ist hergerichtet; nun kann das Dreschen beginnen: Die Zeit des Kampfes ist da, alles ist schon vorbereitet.
[34–40] Jerusalem spricht ([34f]), schilt und klagt an: Der König von Babel hat die Bevölkerung getötet oder weggeführt, so daß die Stadt wie ein leeres Gefäß war. Sie verlangt Bestrafung und Vergeltung. [36–40] Jahwe entspricht diesem Verlangen und vollzieht das Strafgericht, wie mit häufig verwendeten Ausdrücken ge-

Mein Blut komme über die Bewohner Chaldäas!,
so soll Jerusalem sagen.
36 Darum – so spricht der Herr:
Ich selber führe deine Sache
und will dich rächen.
Ich lasse seinen Strom vertrocknen
und seine Quelle versiegen.
37 Babel wird ein Trümmerhaufen,
eine Behausung für die Schakale,
50,13 ein Ort des Entsetzens und des Spottes,
wo niemand wohnt.
38 Alle zusammen brüllen sie wie Löwen,
knurren wie Junglöwen.
39 Ihrer Gier bereite ich das Gelage,
berausche sie, daß sie betäubt werden,
in ewigen Schlaf versinken
und nie mehr erwachen – Spruch des Herrn.
50,27 40 Ich führe sie hinab wie Lämmer zum Schlachten,
wie Widder und Böcke.

Die endgültige Vernichtung: 51,41–58

41 Weh, genommen und erobert
ist der Ruhm der ganzen Erde.
Weh, Babel ist zu einem Bild des Entsetzens geworden
unter den Völkern.
42 Das Meer überflutet Babel,
vom Schwall seiner Wogen wird es bedeckt.
2,6 43 Seine Städte werden zur Wüste,
ein Land der Dürre und Steppe,
wo niemand wohnt
und wo kein Mensch mehr hindurchzieht.

51,39 Daß sie betäubt werden: *j^{ec}ullāfū;* M: »daß sie jauchzen«.
51,41 Genommen: M fügt hinzu: »ist Scheschak«, ein Atbasch für Babel, s. 25,26.
51,43 Wo niemand, mit G; M: »ein Land, wo niemand«.

sagt wird. Er hat die Macht dazu. Er kann den Eufrat, Lebensader und Schutz zugleich, austrocknen lassen. Und wenn die Babylonier toben wie ein zum Fraß (vgl. 34) versammeltes Löwenrudel, Jahwe ist imstande, sie an ihrer Gier, mit der sie noch mehr Völker unterjochen wollen, zugrunde gehen zu lassen. Sie selbst werden das Opfer (40) ihres Machtstrebens.

41–43 Eine Totenklage gibt Antwort auf die schrecklichen Schilderungen von Tod und Untergang. Sturmflut (42) oder eine Verwandlung in Wüste (43) bringen das Ende. Kein Spott

44 Den Bel von Babel suche ich heim
und entreiße seinem Rachen,
was er verschlungen hat.
Die Völker strömen nicht mehr zu ihm.
Auch die Mauer von Babel muß fallen. –
45 Zieh weg aus seiner Mitte, mein Volk!
Jeder rette sein Leben
vor dem glühenden Zorn des Herrn.
46 Euer Herz soll nicht verzagen.
Fürchtet euch nicht
bei dem Gerücht, das man im Land hört
– man wird im einen Jahr dieses
und im andern Jahr jenes Gerücht hören –,
und wenn Gewalttat im Land regiert
und Herrscher gegen Herrscher steht.
47 Darum seht, es kommen Tage,
da suche ich die Götzen Babels heim;
sein ganzes Land wird zuschanden,
und alle seine Erschlagenen, seine Gefallenen,
liegen in seinem Gebiet.
48 Dann jubeln über Babel Himmel und Erde
und alles, was in ihnen ist,
wenn von Norden her die Verwüster einfallen
– Spruch des Herrn.
49 Babel muß fallen
für die Erschlagenen Israels,

51^{49} Für die Erschlagenen: *l*^{e}*ḫal*^{e}*lē,* in M Haplographie.

kommt in dem kleinen Lied auf. Die Trauer ist echt. Die glänzende Weltstadt ist jäh versunken, verödet. So vergehen Ruhm und Macht unter dem Zugriff Gottes.

$^{44-46}$ Jahwe nimmt das Wort: Wenn Bel und die gewaltige Stadtmauer Babels Größe, sein Ruhm und seine Zuversicht sind, dann wird er beiden das Ende bereiten: Er wird Bel entreißen, was er geraubt hat, besonders die fremden Völker; die Mauer fällt (^{44}). Im Prophetenwort wird das Volk des Herrn daher aufgefordert, Babel zu verlassen. ^{46} ist in eine Situation drängender Erwartung gesprochen, in der Gerüchte umlaufen und die durch Gewalttaten wie durch Rivalitäten der Herrschenden gekennzeichnet ist, um zur Geduld und zu furchtlosem Ausharren zu mahnen (vgl. Mt 24^{6f}). Gedanke und Formulierung finden später Eingang in die eschatologische Rede vom Ende der Welt.

$^{47-51}$ In einem Jahwespruch wird (^{47}) angekündigt, daß beim Untergang Babels, der in der ganzen Welt Freude auslösen wird, die babylonischen Götter fallen: Jahwe hat gesiegt, Völker sind befreit (vgl. Jes $44^{23}49^{13}$). Dies wird nun $^{49-51}$ auf Israel angewendet. Für seine Gefallenen und für die der anderen Völker

ebenso wie die Erschlagenen der ganzen Welt
für Babel gefallen sind.
50 Ihr, die ihr dem Schwert entronnen seid,
zieht weg, haltet euch nicht auf!
Denkt in der Ferne an den Herrn,
und tragt Jerusalem in eurem Herzen!
51 Schämen müssen wir uns;
denn Schmach mußten wir hören.
Schamröte bedeckt unser Gesicht;
denn Fremde sind gekommen
über die Heiligtümer des Hauses des Herrn.
52 Darum seht, es kommen Tage
– Spruch des Herrn –,
da suche ich seine Götzen heim,
und in seinem ganzen Land röcheln Erschlagene.
Jes 14^{13} 53 Wenn Babel auch bis zum Himmel emporsteigt
und sich in unzugänglicher Höhe verschanzt,
so werden doch auf meinen Wink
Verwüster es überfallen – Spruch des Herrn.
54 Horch, lautes Schreien von Babel her,
großer Zusammenbruch im Land der Chaldäer.
55 Denn der Herr verwüstet Babel
und macht seinem lauten Lärmen ein Ende,
mögen seine Wogen brausen
wie gewaltige Wasser,
mag tosend ihr Lärm erschallen.
56 Ja, der Verwüster kommt über Babel.
Seine Helden werden gefangengenommen,
ihre Bogen zerbrochen.

51^{50} Zieht weg, mit G: *(meḥārābāh) l^e kū.*

muß Babel fallen. Die Verschleppten dürfen nach Jerusalem zurückkehren. In der Bestrafung der babylonischen Götter wird vergolten, was dem Heiligtum Jahwes angetan wurde. Ein mahnender Ton ist in [50] nicht zu überhören. Die Menschen im Exil sind mutlos. [51] Sie antworten auf den Aufruf heimzukehren mit dem Hinweis, daß sie die Unterlegenen sind, und daß Jahwe sein Heiligtum nicht geschützt und vor der Zerstörung bewahrt hat. Es fällt ihnen schwer ([50b]), auf ihren Gott zu vertrauen und zu glauben, daß er in Jerusalem wieder Heil schenken wird.

[52–57] Die Erwiderung erfolgt zunächst im Jahwewort [52f], dann [54–56] in einem Bericht darüber, daß diese Ankündigung des Herrn bereits vollzogen wird, um mit einem bestätigenden Wort, das wiederum Jahwe selber spricht ([57]), zu schließen. Dabei werden Gedanken und Aussagen wiederholt und womöglich noch gesteigert: Es kann keinen Zweifel geben. Der Herr wird seinen Plan

Denn der Herr ist ein Gott der Vergeltung;
genau rechnet er ab.
57 Die Fürsten und Weisen Babels,
seine Statthalter, Vorsteher und Kriegshelden V. 28
mache ich betrunken, V. 39
in ewigen Schlaf sollen sie sinken
und nie mehr erwachen – Spruch des Königs,
Herr der Heere ist sein Name.
58 So spricht der Herr der Heere:
Die breite Mauer von Babel
wird geschleift bis auf den Grund,
seine hohen Tore werden niedergebrannt.
So mühen sich Völker um nichts, Hab 2 13
Nationen plagen sich ab für das Feuer.

Ein geschichtlicher Nachtrag: 51 59–64

59 Der Auftrag, den der Prophet Jeremia dem Seraja, dem Sohn Nerijas, des Sohnes Machsejas, erteilt hat, als dieser mit Zidkija, dem König von Juda, in dessen viertem Regierungsjahr nach Babel reiste. Seraja war oberster Quartiermeister.
60 Jeremia hatte all das Unheil, das 50 1–51 58

durchführen, die Weltmacht zerbrechen samt ihren Götzen, selbst wenn sich die Mauern der Stadt bis zum Himmel auftürmten (53) und die Kraft ihrer Geschäftigkeit unerschöpflich erschiene (55). Noch einmal wird sein Handeln mit der gerechten Vergeltung (56) begründet, die wie ein Grundthema die lange Reihe der Aussprüche gegen Babel durchzieht (50 29 51 6.24.56) und die in der nachexilischen Zeit (Jes 34 8 59 18 65 6 66 6) erwartet wurde. Die Aussage »Herr der Heere ist sein Name« unterstreicht die göttliche Zusage (50 34) wie auch Jahwes Entschlossenheit (48 15) und Macht (46 18 51 19).

58 Aber ist Babel nicht eine ungeheure Festung, viel zu stark, als daß sie erobert werden könnte? Diesem Zweifel begegnet ein abschließendes Jahwewort (58a): Die Festungsanlagen werden vollständig geschleift. Die Mauern stellten »mit einer Länge von 18 km und entsprechender Dicke und Höhe immerhin die größte Stadtbefestigung dar, die die antike Welt bis dahin gesehen hatte« (R. Borger, in: BHH 178). Durch Xerxes I. wurde die Stadt nach einem Aufstand gründlich zerstört. Alexander der Große hatte geplant, sie wieder aufzubauen. Durch die Gründung von Seleuzia, 90 km nördlich, durch Seleukus I. (um 300 v. Chr.) ging Babel immer mehr zurück und wurde zur »wüsten Öde«. Wie ein Siegel ist Hab 2 13 an das Ende der Babelsprüche gestellt. An Babel zeigt sich, daß Jahwe bewirkt, daß Völker, wenn er es so verfügt, seien sie auch so gewaltig wie diese Weltmacht, sich vergebens mühen und nur erarbeiten, was untergehen soll.

59–64 Die Aussprüche gegen Babel werden mit einer Erzählung abgeschlossen, in der Jeremia die aufge-

über Babel kommen sollte, in einer einzigen Buchrolle aufgeschrie-
ben, alle jene Worte, die über Babel aufgezeichnet sind. [61] Jeremia
sagte zu Seraja: Wenn du nach Babel kommst, sieh zu, daß du alle
40[2] diese Worte laut vorliest. [62] Dann sag: Herr, du selbst hast diesem
Ort angedroht, ihn zu vernichten, so daß niemand mehr darin wohnt,
V. [26] 50[3] weder Mensch noch Vieh; für immer soll er zur Wüste werden. [63] So-
bald du diese Buchrolle zu Ende gelesen hast, binde an sie einen
Stein, und wirf sie in den Eufrat! [64] Sprich dabei: So soll Babel versin-
ken und nicht wieder hochkommen, wegen des Unheils, das ich über
48[47] die Stadt bringe. [So weit reichen die Worte Jeremias.]

51[64] Bringe: M fügt hinzu »und plagen sich ab« (aus [58]), ein Zeichen dafür, daß die Schlußbemerkung ursprünglich nach [58] stand und nach Hinzufügung der Erzählung [59–64] an deren Ende versetzt wurde.

zeichneten Unheilsworte nach Babel schickt, dort verlesen und im Eufrat versenken läßt. Die Erzählung ist anscheinend nach dem Verfahren komponiert, das auch die Verfasser der Babel-Sprüche und mindestens teilweise der anderen Völkersprüche anwenden: Unter Benützung und mit Hilfe anderer Stellen wird ein neuer »jeremianischer« Text geschaffen: Seraja, ein bekannter Name judäischer Anführer (2 Kön 25[18.23] Jer 40[8]52[24]), wird hier zum Bruder Baruchs (s. 32[12]), dem ähnlich er einen Parallelauftrag erhält: Wie Baruch im vierten Jahr Jojakims (36[1]), soll er im vierten Jahr Zidkijas gesammelte Unheilsworte ([60], vgl. 36[4]) vorlesen (Baruch in Jerusalem, Seraja in Babel): Wie einst gegen seine Stadt, so wendet sich Jahwe nun gegen die feindliche Hauptstadt. Der Anlaß, dies zu tun, wird 29[3] nachgebildet, vielleicht unter Verwendung einer überlieferten Nachricht von einer Reise, die Zidkija nach Babel machen mußte. G geht dabei noch einen Schritt weiter: Der Herr befiehlt hier Jeremia ([59]; vgl. 36[2]); Seraja zieht als Gesandter des Königs nach Babel. Ein echtes Jeremiawort läßt sich aus [62.64] nicht gewinnen. Auch der zum Versenken der Rolle gesprochene Spruch »sie soll nicht aufstehen . . . bringe« wiederholt bekannte Worte (vgl. 25[27] und 4[6]6[19] u. ö. sowie »vor dem Unheil« 7[12]44[3]). Der Prophet selber hat zur Zeit Zidkijas die Unterwerfung unter Babel gefordert (27[12]). Verlesung und Zeichenhandlung (Versenken der Babel-Sprüche im Eufrat) erfolgen im uneigentlichen Sinn: Beide haben, anders als bei Jeremia, keinen Zeugen. – Die Erzählung bezeugt aber den festen Glauben an die Wirksamkeit des Gotteswortes. Einmal ausgesprochen, entfaltet es seine Kraft. Es wird dort tätig, wohin es gesandt ist. Es hat nicht nur Macht über Jahwes Volk, sondern ebenso und nicht weniger über die anderen Völker, und seien sie so mächtig wie das große Babel.

52 bildet einen aus 2 Kön 24[18]–25[30] (vgl. die Auslegung dort) genommenen Anhang. Der Kurzbericht über die Einsetzung Gedaljas (2 Kön 25[22–26]) ist wegen 40[7]–41[18] weggelassen.

[1–3] Von diesem Abschnitt gehören [1.2] zum Rahmen, mit dem die dtr Beurteilung die Berichte und Erzählungen über die einzelnen Könige ver-

ANHANG: DIE ZERSTÖRUNG JERUSALEMS: 52^{1-30}

Die Eroberung Jerusalems: 52^{1-11}

52 1 Zidkija war einundzwanzig Jahre alt, als er König wurde, und re-
gierte elf Jahre in Jerusalem. Seine Mutter hieß Hamutal und war
eine Tochter Jirmejas aus Libna. 2 Er tat, was dem Herrn mißfiel,
ganz so, wie es Jojakim getan hatte. 3 Weil der Herr zornig war, kam
es mit Jerusalem und Juda so weit, daß er sie von seinem Angesicht
verstieß.
Zidkija hatte sich gegen den König von Babel empört. 4 Im neunten
Regierungsjahr Zidkijas, am zehnten Tag des zehnten Monats,
rückte Nebukadnezzar, der König von Babel, mit seiner ganzen
Streitmacht vor Jerusalem und belagerte es. Man errichtete rings-
herum einen Belagerungswall. 5 Bis zum elften Jahr des Königs Zid-
kija wurde die Stadt belagert. 6 Am neunten Tag des vierten Monats
war in der Stadt die Hungersnot groß geworden, und die Bürger des
Landes hatten kein Brot mehr. 7 Damals wurden Breschen in die
Stadtmauer geschlagen. Als der König und alle Krieger das sahen, er-
griffen sie die Flucht und verließen die Stadt bei Nacht auf dem Weg
durch das Tor zwischen den beiden Mauern, das zum königlichen
Garten hinausführt, obwohl die Chaldäer rings um die Stadt lagen.
Sie schlugen die Richtung nach der Araba ein. 8 Aber die chaldä-
ischen Truppen setzten dem König nach und holten Zidkija in den
Niederungen von Jericho ein, nachdem alle seine Truppen ihn verlas-
sen und sich zerstreut hatten. 9 Man ergriff den König und brachte

52^7 EÜ fügt nach 39^4 ein: »als der König, sahen«.

sieht. ^{2a} bringt in einem Satz zusammengefaßt, was in dtr Sicht über die Regierungszeit Zidkijas zu sagen ist. Wenn er allerdings Jojakim gleichgestellt wird, entspricht dies insofern nicht dem Bild, das Jer von den beiden Königen zeichnet, als Jojakim gewalttätig das Volk unterdrückte, Zidkija schwächlich die unheilbringende Aufstandspartei nicht in die Schranken zu weisen vermochte. Er war nicht die treibende Kraft des Aufstands, den natürlich er (^{3b}) zu verantworten hatte.

$^{4-11}$ Gegen den Empörer zog Nebukadnezzar nicht selbst heran; er blieb in Ribla am Orontes (^{9}). Daß Jerusalem 1½ Jahre lang belagert werden mußte und nur durch den Hunger (vgl. 37^{21}) bezwungen wurde, zeigt, wie stark die Stadt durch ihre strategische Lage und die Befestigungen war (vgl. $22^{20-23}21^{4f}$). Als Zidkija nach seiner vergeblich versuchten Flucht in südlicher Richtung – die Chaldäer standen sicherlich im Norden mit dem größten Teil ihres Heeres – ergriffen und zu Nebukadnezzar nach Ribla gebracht worden war, wurden außer seinen Söhnen (2 Kön 25^7) nach ^{10} auch »alle Großen Judas« hingerichtet.

ihn nach Ribla in der Landschaft Hamat zum König von Babel, und
dieser sprach über ihn das Urteil. [10] Der König von Babel ließ die
Söhne Zidkijas vor dessen Augen niedermachen; auch alle Großen
Judas ließ er in Ribla niedermachen. [11] Zidkija ließ er blenden und in
32[5] Fesseln legen. Der König von Babel brachte ihn nach Babel und hielt
ihn in Haft bis zu seinem Tod.

Die Wegführung in die Verbannung: 52[12–30]

[12] Am zehnten Tag des fünften Monats – das ist im neunzehnten Jahr
des Königs Nebukadnezzar, des Königs von Babel – rückte Nebusa-
radan, der Kommandant der Leibwache, der zum engeren Dienst des
Königs von Babel gehörte, in Jerusalem ein [13] und steckte das Haus
des Herrn, den königlichen Palast und alle Häuser Jerusalems in
Brand. Jedes große Haus ließ er in Flammen aufgehen. [14] Auch alle
Umfassungsmauern Jerusalems rissen die chaldäischen Truppen, die
dem Kommandanten der Leibwache unterstanden, nieder. [15] Den
Rest der Bevölkerung, der noch in der Stadt geblieben war, sowie
alle, die zum König nach Babel übergelaufen waren, und den Rest
der Handwerker schleppte Nebusaradan, der Kommandant der Leib-
wache, in die Verbannung. [16] Nur von den armen Leuten im Land
ließ Nebusaradan, der Kommandant der Leibwache, einen Teil als
Wein- und Ackerbauern zurück.
27[19–22] [17] Die bronzenen Säulen am Haus des Herrn, die fahrbaren Gestelle
und das Eherne Meer beim Haus des Herrn zerschlugen die Chaldäer
und nahmen alle Gegenstände aus Bronze mit nach Babel. [18] Auch die
Töpfe, Schaufeln, Messer, Schalen und Becher sowie alle bronzenen
Geräte, die man beim Tempeldienst verwendete, nahmen sie weg.
[19] Ebenso nahm der Kommandant der Leibwache die Becken, Koh-
lenpfannen, Schalen, Töpfe, Leuchter, Becher und Schüsseln weg, die
sämtlich aus Gold oder aus Silber waren, [20] ferner die zwei Säulen,
das eine »Meer« [die zwölf bronzenen Rinder unter dem Meer], die
Gestelle, die König Salomo für das Haus des Herrn hatte anfertigen
lassen – die Bronze von all diesen Geräten war nicht zu wiegen.

52[15] Den Rest, M: »Und einen Teil der armen Bevölkerung und den Rest«: mit Blick auf [16] eingefügt.

Über den Parallelbericht hinaus wird [11] auch mitgeteilt, daß Zidkija, an dem sich 32[5] erfüllt, bis zu seinem Tod in Haft blieb.

[12–27] Anscheinend lag ein ganzer Monat (vgl. [6] mit [12]) zwischen der Eroberung der Stadt und ihrer Zerstörung. Nebusaradan wurde wohl eigens dazu von Ribla aus gesandt, nachdem die Nachricht vom Fall Jerusalems eingetroffen war. Nach der Zerstörung der Stadt und des Tempels (vgl. 7[1–15]), die ganz bewußt geplant, nicht im Verlauf der Eroberung erfolgt war, wurden ein Großteil der Bevölkerung deportiert und

21 Was die Säulen betrifft, so hatte jede Säule eine Höhe von acht-
zehn Ellen, und ein Band von zwölf Ellen umschlang sie; ihre Dicke
betrug vier Finger; innen war sie hohl. 22 Oben hatte sie ein Kapitell
aus Bronze. Die Höhe des einen Kapitells betrug fünf Ellen; das Ka-
pitell umgaben Flechtwerk und Granatäpfel, alles aus Bronze. Ebenso
war es bei der zweiten Säule [und den Granatäpfeln]. 23 Es waren
sechsundneunzig frei hängende Granatäpfel; im ganzen waren hun-
dert Granatäpfel rings um das Flechtwerk.
24 Der Kommandant der Leibwache nahm ferner den Oberpriester Se-
raja, den zweiten Priester Zefanja und die drei Schwellenwächter mit.
25 Aus der Stadt nahm er einen Hofbeamten, der Kommandant der
Soldaten war, und sieben Leute vom persönlichen Dienst des Königs
mit, die sich noch in der Stadt befanden, sowie den Schreiber des
Heerführers, der die Bürger des Landes auszuheben hatte, schließlich
sechzig Mann von der Bürgerschaft, die sich noch in der Stadt befan-
den. 26 Nebusaradan, der Kommandant der Leibwache, nahm sie fest
und schickte sie zum König von Babel nach Ribla. 27 Der König von
Babel ließ sie in Ribla in der Landschaft Hamat hinrichten. So wurde
Juda von seiner Heimat weggeführt.
28 Das ist die Anzahl der Leute, die Nebukadnezzar wegführen ließ:
in seinem siebten Regierungsjahr 3023 Judäer, 29 im achtzehnten Jahr
Nebukadnezzars 832 Personen aus Jerusalem; 30 im dreiundzwanzig-
sten Jahr Nebukadnezzars führte Nebusaradan, der Kommandant
der Leibwache, an Judäern 745 Personen weg; im ganzen waren es
4600 Personen.

weitere führende Leute ($^{24-27}$) in Ribla abgeurteilt und hingerichtet: Jahwe macht sein Wort wahr, daß er sie zur Rechenschaft ziehen und bestrafen werde ($5^{9.29}$). Auffallend ausführlich wird in dem Bericht über die Tempelgeräte ($^{17-23}$) gesprochen, wobei die Fassung in Jer weitere Einzelheiten hinzufügt, wohl nach 1 Kön 7^{13-51}; denn auch die bronzenen Rinder, die bereits unter Ahas (2 Kön 16^{17}), anscheinend im Vollzug einer Tributleistung an den König von Assur, verschwanden, werden genannt. Was 27^{19-22} gesagt ist, hat sich in vollem Maß erfüllt.

$^{28-30}$ stehen nicht in 2 Kön 25. Die drei berichteten Deportationen erfolgten nach den Zeitangaben 597, 586 und 581. Über die letztere, die vielleicht weitere Unruheelemente im Land beseitigte, haben wir keine weiteren Nachrichten. Die Regierungsjahre werden hier nach babylonischer Zählung aufgeführt, bei der das Antrittsjahr im Gegensatz zur judäischen Rechnung nicht mitgezählt wurde; daher die Differenz zwischen ^{12} und ^{29}, ^{28} und 2 Kön 24^{12}. Die Zahlen, bei denen zwischen Judäern und Jerusalemern unterschieden wird, beruhen auf Überlieferung, die sich, wie verschiedentlich versucht wurde, auf ihre Richtigkeit nicht überprüfen läßt. ^{16} Jedenfalls war nicht das ganze Land leer, wie 2 Chr 36^{20f} vorgibt.

$^{31-34}$ Wie die Königsbücher schließt auch Jer mit der Nachricht über die Begnadigung Jojachins (wohl 21./23.3.560). Ewil-Merodach (babylonisch: Amel-Marduk) hatte sich

AUSBLICK: DIE BEGNADIGUNG JOJACHINS: 52^{31-34}

31 Im siebenunddreißigsten Jahr nach der Wegführung Jojachins, des
Königs von Juda, am fünfundzwanzigsten Tag des zwölften Monats,
begnadigte Ewil-Merodach, der König von Babel, im Jahr seines
Regierungsantritts Jojachin, den König von Juda, und entließ ihn
aus dem Kerker. 32 Er söhnte sich mit ihm aus und wies ihm seinen
Sitz oberhalb des Sitzes der anderen Könige an, die bei ihm in Babel
waren. 33 Er durfte seine Gefängniskleidung ablegen und ständig bei
ihm speisen, solange er lebte. 34 Sein Unterhalt – ein dauernder Unterhalt
– wurde ihm bis zu seinem Todestag vom König von Babel in
der bestimmten Menge täglich geliefert, solange er lebte.

anscheinend entschlossen, »Jojachin von Juda als königlichen Vasall öffentlich zu rehabilitieren« (E. Zenger: BZ NF 12, 1968, 27). Das gab neue Hoffnung. Jahwe, der die Geschichte lenkte und ohne dessen Willen nichts geschah, konnte, wenn es sein Wille war, hier zum Heil seines Volkes anknüpfen. Sein letztes Wort war nicht Drohung und Verhängung von Strafe. Sein Heilswille ist nicht verschwunden.

Der Anhang zum Jer will bezeugen, daß Jahwe sein Wort wahr macht. Er droht nicht mit leeren Worten; er führt aus, was er beschlossen hat und verkündigen läßt. 52 zeigt, daß Jeremia, dem die ihn belastende Unheilsverkündigung aufgetragen war, ein zuverlässiger Prophet des Herrn war (vgl. Dtn 18^{18-22}). Seine Botschaft ließ aber auch Raum für ein künftiges Heilshandeln Gottes: Der Herr hat die Macht, Israel in seinem Land wieder aufzurichten. Dann empfängt das Volk Gnade aus der ewigen Liebe und Treue Gottes (31^{2ff}).

ABKÜRZUNGEN

Alttestamentliche Bücher

Gen	Genesis
Ex	Exodus
Lev	Levitikus
Num	Numeri
Dtn	Deuteronomium
Jos	Josua
Ri	Richter
Rut	Rut
1 Sam	1 Samuel
2 Sam	2 Samuel
1 Kön	1 Könige
2 Kön	2 Könige
1 Chr	1 Chronik
2 Chr	2 Chronik
Esra	Esra
Neh	Nehemia
Tob	Tobit
Jdt	Judit
Est	Ester
1 Makk	1 Makkabäer
2 Makk	2 Makkabäer
Ijob	Ijob
Ps	Psalmen
Spr	Sprichwörter
Koh	Kohelet
Hld	Hoheslied
Weish	Weisheit
Sir	Jesus Sirach
Jes	Jesaja
Jer	Jeremia
Klgl	Klagelieder
Bar	Baruch
Ez	Ezechiel
Dan	Daniel
Hos	Hosea
Joël	Joël
Am	Amos
Obd	Obadja
Jona	Jona
Mi	Micha
Nah	Nahum
Hab	Habakuk
Zef	Zefanja
Hag	Haggai
Sach	Sacharja
Mal	Maleachi

Neutestamentliche Bücher

Mt	Matthäus
Mk	Markus
Lk	Lukas
Joh	Johannes
Apg	Apostelgeschichte
Röm	Römerbrief
1 Kor	1. Korintherbrief
2 Kor	2. Korintherbrief
Gal	Galaterbrief
Eph	Epheserbrief
Phil	Philipperbrief
Kol	Kolosserbrief
1 Thess	1. Thessalonicherbrief
2 Thess	2. Thessalonicherbrief
1 Tim	1. Timotheusbrief
2 Tim	2. Timotheusbrief
Tit	Titusbrief
Phlm	Philemonbrief
Hebr	Hebräerbrief
Jak	Jakobusbrief
1 Petr	1. Petrusbrief
2 Petr	2. Petrusbrief
1 Joh	1. Johannesbrief
2 Joh	2. Johannesbrief
3 Joh	3. Johannesbrief
Jud	Judasbrief
Offb	Offenbarung des Johannes

Sonstige Abkürzungen

Aq	Aquila
AT	Altes Testament
atl	alttestamentlich
chr/chron	chronistisch
D	Deuteronomist
diff	im Unterschied zu
dtn	deuteronomisch
dtr	deuteronomistisch
Dtr	Deuteronomistisches Geschichtswerk
DtrH	historischer Deuteronomist
DtrN	nomistischer Deuteronomist

DtrP	prophetischer Deuteronomist	Q	Qumran-Hss
		R	Redaktor
E	Elohist	S	Syrische Übersetzung
EÜ	Einheitsübersetzung	Sm	Pt der Samaritaner
G	Septuaginta	Sym	Symmachus
H	hebräischer Text	T	Targum
HG	Heiligkeitsgesetz	Th	Theodotion
Hier	Hieronymus	V	Vers
Hs(s)	Handschrift(en)	VV	Verse
J	Jahwist	Vg	Vulgata
Je	Jehowist	NVg	Neo-Vulgata
korr	korrigiert	Übs(s)	Übersetzung(en)
La	Vetus Latina		
M	Masoretischer Text		
Mur	Murabba'at		
NT	Neues Testament		
ntl	neutestamentlich		
P	Priesterschrift		
Par	Parallele		
par	parallele Stellen		
Pg	Priesterschrift, Grundschicht		
Pt	Pentateuch		

Bei Randverweisen am Bibeltext:

‖	zeigt Parallelstellen an
+	gibt die Grundstelle oder Stellen an, wo wichtige Begriffe erläutert werden.
→	verweist auf abhängige, insbesondere ntl Stellen.

Umschrift der hebräischen Lautzeichen

Aleph	ʼ	Sade	ṣ
Bet	b	Qoph	q
Gimel	g	Resch	r
Dalet	d	Sin	ś
He	h	Schin	š
Waw	w	Taw	t
Zajin	z	Qames	ā
Chet	ḥ	Patach	a
Tet	ṭ	Sere	e, ē
Jod	j	Segol	æ
Kaph	k	Chireq	i, î
Lamed	l	Cholem	o, ō
Mem	m	Qames chatuph	ò
Nun	n	Schureq	ū
Samek	s	Qibbus	u
Aijn	ʻ	Sch^{e}wa mobile	e (hochgestellt)
Pe	p bzw. f	Chateph	a, æ, o (hochgestellt)

( ) erklärender Zusatz des Übersetzers
[ ] unechter Text bzw. alte Zusätze

Handbücher, Sammelwerke, Zeitschriften

AnBib	Analecta biblica
AncB	Anchor bible
AOAT	Alter Orient und AT
AOT	Altorientalische Texte zum AT
ATD	Das Alte Testament Deutsch
AThANT	Abhandlungen zur Theologie des AT und NT
ATSAT	Arbeiten zu Text und Sprache des AT
AzTh	Arbeiten zur Theologie
BA	Biblical archeologist
BAT	Die Botschaft des Alten Testaments
BBB	Bonner biblische Beiträge
BBC	Broadman bible commentary London
BC	Biblischer Commentar über das AT
BEvTh	Beiträge zur evangelischen Theologie
Bib	Biblica
BibOr	Biblica et orientalia
BibTh	Biblical theology
BiJer	La Bible de Jerusalem
BiKi	Bibel und Kirche
BiNo	Biblische Novizen
BJRL	Bulletin of the John Rylands library
BK	Biblischer Kommentar
BOT	Boeken van het OT
BS	Bibliotheca sacra
BSt	Biblische Studien
BVC	Bible et vie chrétienne
BWANT	Beiträge zur Wissenschaft des AT und NT
BZ	Biblische Zeitschrift
BZAW	Beihefte zur Zeitschrift für die alttestamentliche Wissenschaft
CAT	Commentaire de l'Ancien Testament
CBQ	Catholic biblical quarterly
CNEB	Cambridge bible commentary, on the New English Bible
Conc	Concilium
COT	Commentaar op het OT
DBS	Dictionnaire de la bible, Supplément
EB	Die Heilige Schrift in deutscher Übersetzung. »Echter Bibel«.
EBiC	Everyman's bible commentary
EdF	Erträge der Forschung
EHAT	Exegetisches Handbuch zum AT
EHS	Einleitung in die Heilige Schrift
EHS.T	Europäische Hochschulschriften. Reihe 23: Theologie
EJ	Encyclopaedia Judaica
EPC	Epworth preachers commentaries
EtB	Etudes bibliques
ET(h)R	Études théologiques et religieuses
EThSt	Erfurter theologische Studien
EvTh	Evangelische Theologie
ExBib	Exempla biblica
FRLANT	Forschungen zur Religion und Literatur des AT und NT
FzB	Forschung zur Bibel
GeiS	Geistliche Schriftlesung
GTA	Göttinger Theologische Arbeiten
HAT	Handbuch zum AT
HK	Handkommentar zum AT
HSAT	Die Hl. Schrift des AT, hrsg. v. Franz Feldmann/ Heinrich Herkenne
HUCA	Hebrew union college annual
ICC	International critical commentary of the Holy Scriptures
IEJ	Israel exploration journal
IntB	Interpreter's bible
Interp	Interpretation
IOVC	Interpreter's one volume commentary on the bible
JBL	Journal of biblical literature
JLW	Jahrbuch für Liturgiewissenschaft

JQR	Jewisch quarterly review
JSOT	Journal for the study of the OT
Kairos	Kairos
KAT	Kommentar zum AT
KatBl	Katechetische Blätter
KBL	Köhler, L. u. Baumgartner, W. Lexicon in Veteris Testamenti libros
KEH	Kurzgefaßtes exegetisches Handbuch
KHC	Kurzer Hand-Commentar zum AT
KKHS	Kleinkommentare zur Heiligen Schrift
KlBl	Klerus-Blatt
LebW	Das lebendige Wort
LebZeug	Lebendiges Zeugnis
MSSOTS	Monograph Series. Society for OT Studies Cambridge
MThZ	Münchener theologische Zeitschrift
NEB	Die Neue Echter Bibel
OBO	Orbis Biblicus et Orientalis
Or	Orientalia
OTL	Old Testament library
OTS	Oudtestamentische studien
PC	Proclamation commentaries
PEQ	Palestine exploration quarterly
PreOT	Prediking van het OT
QuadSem	Quaderni di Semistica
RB	Revue biblique
RGG	Religion in Geschichte und Gegenwart
RHPhR	Revue d'histoire et de philosophie religieuses
RivBib	Rivista biblica
SacP	Sacra Pagina
Sal	Salesianum
SB (F)	Sacra bibbia. Firenze
SBB	Stuttgarter biblische Beiträge
SBL, DissSer	Society of biblical literature, Dissertation Series
SBS	Stuttgarter Bibelstudien
SJTh	Scottish journal of theology
SKKAT	Stuttgarter Kleiner Kommentar AT
SSN	Studia Semtica Neerlandica
StANT	Studien zum AT und NT
Tarb	Tarbiz
TB	Theologische Bücherei
THAT	Theologisches Handwörterbuch zum AT
ThBib	Theologische Bibliothek
ThGl	Theologie und Glaube
ThLZ	Theologische Literaturzeitung
ThQ	Theologische Quartalschrift
ThR	Theologische Rundschau
ThRv	Theologische Revue
ThSt	Theologische Studien
ThV	Theologische Versuche
ThViat	Theologia viatorum
ThWAT	Theologisches Wörterbuch zum AT
ThZ	Theologische Zeitschrift
TOTC	Tyndale OT commentaries
TThSt	Trierer theologische Studien
TThZ	Trierer Theologische Zeitschrift
UF	Ugarit-Forschungen
UUA	Uppsala universitets årsskrift
VT	Vetus Testamentum
VTS	Vetus Testamentum Supplements
WB	Die Welt der Bibel
WMANT	Wissenschaftliche Monographien zum AT und NT
ZAW	Zeitschrift für die alttestamentliche Wissenschaft
ZThK	Zeitschrift für Theologie und Kirche